U0914864

弗布克企业人力资源精细化管理系列

人力资源管理关键点精细化设计

王胜会　编著

人民邮电出版社
北　京

图书在版编目（CIP）数据

人力资源管理关键点精细化设计 / 王胜会编著．—
北京：人民邮电出版社，2013.6
（弗布克企业人力资源精细化管理系列）
ISBN 978-7-115-31694-3

Ⅰ.①人…　Ⅱ.①王…　Ⅲ.①企业管理—人力资源管理　Ⅳ.①F272.92

中国版本图书馆 CIP 数据核字（2013）第 078624 号

内容提要

本书围绕人力资源管理业务，从风险控制、流程控制两大角度提炼出了人力资源管理过程中的关键点，构建了一套全新、实用、高效的人力资源管理业务关键点体系。

本书涉及事项包括企业组织架构管理、人力资源规划管理、招聘与录用管理、培训与开发管理、薪酬福利管理、绩效考核管理、职业生涯管理、员工关系管理、人员流动控制管理等，为企业全面控制人力资源管理业务关键点、加强人力资源管控工作提供了“拿来即用”或“稍改即用”的指导性手段。

本书适合企业中高层管理人员尤其是人力资源管理人员、人力资源培训管理人员阅读，也适合管理咨询人士以及高等院校相关专业的师生阅读、使用。

弗布克企业人力资源精细化管理系列
人力资源管理关键点精细化设计

◆ 编　　著　王胜会
　责任编辑　王莹舟
　执行编辑　陶丽萍
◆ 人民邮电出版社出版发行　　北京市崇文区夕照寺街 14 号
　邮编 100061　　电子邮件 315@ptpress.com.cn
　网址 http://www.ptpress.com.cn
　北京隆昌伟业印刷有限公司印刷
◆ 开本：787×1092　1/16
　印张：17　　2013 年 6 月第 1 版
　字数：102 千字　　2013 年 6 月北京第 1 次印刷

ISBN 978-7-115-31694-3

定　价：39.00 元

读者服务热线：（010）67129879　印装质量热线：（010）67129223
反盗版热线：（010）67171154
广告经营许可证：京崇工商广字第 0021 号

“弗布克企业人力资源精细化管理系列”序

随着市场竞争不断加剧，企业越来越重视人力资源的科学管理。人力资源管理过程中的优势已经成为企业竞争力的重要体现。只有岗位职责明晰、按照制度执行、按照流程执行，人力资源管理工作才能**执行到位**、**执行专业**、**执行有效**，才能提高人力资源管理的效率，提升企业的竞争力。但是，大多数企业目前还没有形成科学、完善的人力资源管理体系。

中国的企业一直没有停止对先进管理理念的探索，但相比理念而言，企业在执行具体工作的过程中更急需的是实务性的工具。

“弗布克企业人力资源精细化管理系列”图书旨在解决企业人力资源管理的专业性、执行的规范化问题。本系列图书紧紧围绕“精细化”这一主题，在提供人力资源管理各岗位职责的同时，还为人力资源岗位任职者提供了各种可以借鉴的**制度范例**、**文书模板**、**执行流程**和**工具表单**，能够有效避免企业人力资源管理浮于表面、流于形式的问题。

本系列具体包括《人力资源部岗位职责与考核精细化管理》、《人力资源管理制度与表单精细化设计》、《人力资源管理流程与节点精细化设计》、《人力资源管理关键点精细化设计》、《人力资源管理文书与方案精细化设计》五本图书。本系列图书的内容结构具备以下五大特色。

1. 岗位职责与考核精细化

本系列图书按照组织设计和工作分析的原理，从部门、岗位两个层面，为企业人力资源部门的职责设计和岗位设计提供了**分层化**、**工具化**、**实务化**、**精细化**的解决方案，旨在帮助企业设计科学、高效的部门职能和岗位职能，提高相关岗位人员及组织整体的工作效率。

2. 管理制度与表单标准化

本系列图书设计了人力资源管理过程中实用的标准化管理制度，并在制度后面增加了该制度中用到的，或与其紧密相关的表单，给出了细化、可执行的范本，方便读者“拿来即用”，同时增强了制度的针对性和可执行性，以提升实际执行的效果。

3. 管理流程与节点规范化

本系列图书非常规范化地设计了人力资源管理过程中的主要流程图，并对流程图中的关键节点进行了细化说明，明确了各个节点的权责分工，说明了具体工作事项，给出了输入、输出文件，有助于业务执行过程的规范化、高效化。

4. 管理文书与方案模板化

本系列图书对企业人力资源管理过程中所需的各类文书、方案进行了模板化的设计，为业务管理和执行人员提供了大量模板范例及参照范本，对于这些工具模板，读者可直接套用或稍改即用。

5. 各项业务关键点清晰化

本系列图书中的《人力资源管理关键点精细化设计》从业务分析入手，确定了人力资源管理各项业务的主要风险点、流程图，分析各流程中的关键节点，进而确定各项业务的关键点。同时，本系列图书对各项业务关键点进行了详细剖析，并用图、表、流程的形式清晰地展现出来，帮助读者深刻了解人力资源管理各项业务。

综上所述，“弗布克企业人力资源精细化管理系列”图书本着**管理岗位设计精细化、制度表单标准化、流程节点规范化、文书方案模板化、业务关键点清晰化**的设计理念，通过岗位职责与考核、制度与表单、流程与关键节点、文书与方案、业务关键点等实用模块，为读者提供了全方位的人力资源管理工作指导与参考依据，是人力资源管理人员在工作中必不可少的工具书。

由于时间原因，本系列图书中可能仍有不足之处，欢迎广大读者批评指正，以便我们改版时能够做得更好，读者用起来也更加方便。

前　言

业务关键点是企业业务流程、风险控制中的重要环节。做好业务关键点的控制工作，有助于企业建立完善的风险控制机制，提升风险控制及业务执行水平。

《人力资源管理关键点精细化设计》是“弗布克企业人力资源精细化管理系列”图书中的一本。本书从人力资源管理业务事项入手，分析了人力资源管理过程中的风险点和主要业务流程中的关键节点，在此基础上提炼出了39个人力资源管理业务关键点。同时，本书对各个业务关键点进行深度剖析，以体系图、流程图、制度范例、图表工具等形式对业务关键点的执行过程、执行要求进行了详细讲解，有利于企业对人力资源管理关键点事项进行全面控制。

本书作为人力资源管理业务关键点控制的工具书，内容结构具有以下四大特点。

1. 遴选主要业务流程关节点

本书从人力资源管理各项业务入手，确定了主要的业务风险和业务流程，并从风险控制流程、主要业务流程中提取了流程的关键节点，形成流程关键节点体系，为业务关键点的选取奠定了基础。

2. 构建人力资源管理业务关键点体系

本书从人力资源管理风险点和流程关节点两个方面遴选出39个人力资源管理业务的关键点，构建了完善的人力资源管理业务关键点体系。人力资源管理业务关键点的选取不仅符合风险控制的原则，而且能够满足各项业务的执行要求，使人力资源管理各项业务工作的执行达到事半功倍的效果。

3. 全面剖析主要业务关键点

在筛选出人力资源管理业务关键点的基础上，本书对业务关键点的来源、获取依据、业务内容、控制原则等要素用图的形式灵活地表现出来，并辅以业务关键点控制中用到的**流程图、工具图表和控制制度**，全方位地展现了业务关键点的控制要领，以帮助企业提升人力资源管理工作效率和风险控制水平。

4. 提供了“拿来即用”的流程制度及表单

本书提供了人力资源管理各项业务的主要流程图，还提供了与关键点控制和执行紧密相关的**流程**、**制度**、**表单**等配套工具，这些配套工具的通用性、规范性很强，可以作为企业开展人力资源管理工作的模板，有助于企业人力资源管理人员更规范、更高效地开展工作。

综上所述，本书涵盖了企业人力资源管理关键点体系构建中的关键问题和执行细节问题，书中所设计的业务关键点及其配套工具具有**系统性**、**实用性**、**模板化**的特点，均可供读者“拿来即用”或“稍改即用”。

在本书编写的过程中，孙立宏、刘井学负责资料的收集和整理，王建霞负责图表的编排，杨化狄参与编写了本书的第1章，徐朝阳参与编写了本书的第2章，周书娟参与编写了本书的第3章，李健参与编写了本书的第4章，屈玉侠参与编写了本书的第5章，姜东青参与编写了本书的第6章，田玲参与编写了本书的第7章，董越参与编写了本书的第8章，高玉卓参与编写了本书的第9章，滕晓丽参与编写了本书的第10章，全书由王胜会统撰定稿。

弗布克

2013年4月

目 录

第1章

人力资源管理关键点设计

1.1 人力资源管理风险点控制

1.1.1 人力资源管理主要风险点

风险是指在一定的环境和期限内产生和客观存在的，有可能导致损失发生的不确定性因素。

人力资源管理风险点是指企业在人力资源管理的过程中产生和客观存在的，有可能降低经营效率、带来经营损失的不确定性因素。总体来说，人力资源管理的风险点主要存在于人力资源管理工作相关的九个方面中，具体的风险点说明如表 1-1 所示。

表 1-1　人力资源管理主要风险点说明

序号	风险点名称	风险点说明
风险点 1	组织架构管理风险	1. 组织架构设计不合理，造成组织混乱，管理成本增加 2. 岗位权责设置不明确，员工对自身职责了解不全面 3. 组织架构设定后，未明确规定组织架构的运行流程，导致企业运行成本增加 4. 缺乏组织架构优化的管理制度，导致组织架构优化无据可依
风险点 2	人力资源规划风险	1. 对人力资源需求或供给预测不准确，导致招聘成本增加 2. 人力资源规划评估机制不健全，导致人力资源规划评估缺乏科学性和准确性 3. 人力资源规划控制工作缺乏相应的监督机制，导致不能及时查处违规操作行为
风险点 3	招聘与录用管理风险	1. 企业缺乏完善的人才招聘测评机制，增加了人岗不匹配发生的概率 2. 招聘计划制订不完善，导致招聘流程混乱，招聘成本增加 3. 缺乏相应的面试甄选工具，导致不能全面地了解候选人，加大人员招聘风险 4. 试用期员工考核机制不健全，导致对试用期员工的评价不全面，加大录用风险

（续表）

序号	风险点名称	风险点说明
风险点4	培训与开发管理风险	1. 企业未建立岗位胜任组织模型，或者缺乏岗位胜任组织模型建立的程序，导致人员培训无据可依 2. 缺乏培训需求调研实施的管理制度或规范，导致培训需求分析工作混乱，不能准确掌握员工培训需求 3. 培训课程开发没有与企业及员工需求相结合，导致所开发的课程缺乏实用性，也造成企业人力、财力以及时间的浪费 4. 培训项目完成后，缺乏对培训效果的评估，不能全面了解员工满意度
风险点5	薪酬福利管理风险	1. 设定薪酬福利时，未对企业内部及外部市场进行调研，导致对薪酬福利的设定缺乏内部公平性和外部竞争性 2. 设定薪酬福利时没有充分考虑层级、岗位价值的差别，导致设定的薪酬缺乏激励性 3. 调整薪资的时间、范围不明确，降低了企业薪酬制度的权威性
风险点6	绩效考核管理风险	1. 绩效目标在设定时未充分考虑企业发展的战略目标，导致绩效目标偏离企业发展方向 2. 未对绩效考核指标进行量化，导致员工对绩效考核指标理解错误 3. 绩效考核完成后，缺乏相应的绩效反馈机制，导致员工无法进行绩效改进，绩效考核形同虚设
风险点7	职业生涯管理风险	1. 企业未设立相应的员工职业生涯规划机制，员工不能明确自己的发展方向，导致员工流失率增加 2. 企业未明确员工的晋升通道，导致员工缺乏工作的动力和积极性
风险点8	员工关系管理风险	1. 未明确劳动合同签订及解除的执行流程，加大了劳动合同签订及解除的风险 2. 劳动争议风险规避的机制不健全，导致企业劳动争议仲裁案件增多，增加企业人力资源成本 3. 未制定职业安全事故预防对策，提高了安全事故发生的可能性
风险点9	人员流动控制管理风险	1. 未明确规定员工离职需交接的内容，特别是财务和工作内容方面，导致企业利益受损 2. 缺乏对人员流动情况的统计，导致企业管理层不能真正了解企业人才的稳定情况，增加经营和管理成本

1.1.2 人力资源风险点控制体系

人力资源管理风险点控制是指对人力资源管理的各个风险点设定具体的控制目标，对人力资源管理作业施加影响的过程和行为。

企业在运营过程中，应从内部预防并控制风险，开展人力资源管理风险识别、分析评估、风险控制等风险管理活动，构建有效的人力资源管理风险点控制体系，提升人力资源管理效率。

人力资源管理风险点控制体系应由两大维度组成：一方面是横向的，有效地识别各类人力资源管理风险点；另一方面则是纵向的，针对各类风险开展有效的控制工作。人力资源管理风险点控制体系可以用图 1-1 来表示。

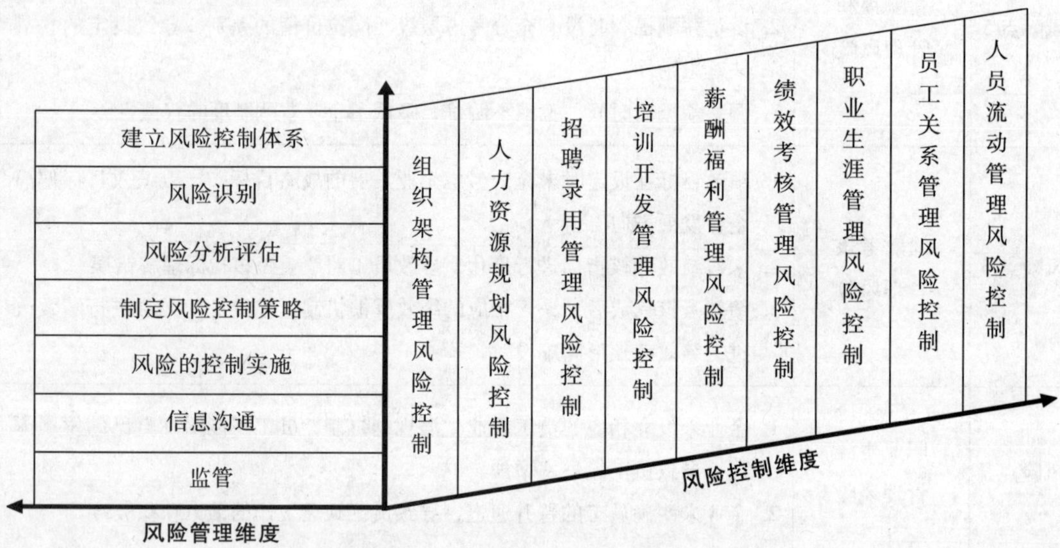

图 1-1 人力资源管理风险点控制体系

1.2 人力资源管理关节点控制

1.2.1 人力资源管理主要关节点

在管理流程中，每一个动作事项都对应着某一个环节，这一环节被称为管理流程的“节点”。而对企业某一流程的执行效率乃至企业的整体经济效益起着至关重要作用的节点即为该流程的“关键节点”，简称“关节点”。

1. 关节点的来源

人力资源管理关节点的来源主要有两个，一是来源于风险点控制流程的关节点，二是来源于人力资源管理的核心工作流程的关节点。

当对人力资源管理的风险点进行直接控制，但不能直接有效地达到杜绝隐患的目的时，需对风险点进行流程分解，并找出风险点管理中的关节点，对关节点进行有效的控制。此外，对于人力资源管理的核心工作，也可以通过流程分解找出关节点，并加以控制。关节点来源示意图如图1-2所示。

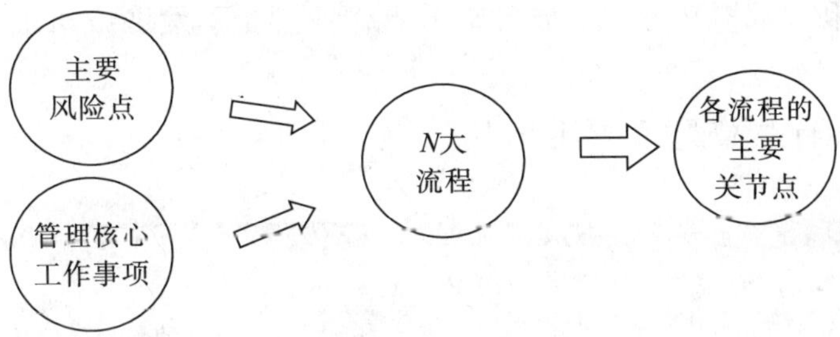

图1-2　人力资源管理主要关节点的来源示意

2. 人力资源管理的主要关节点分析

人力资源管理人员通过了解所有的流程可以选出人力资源管理流程中的主要关节点。人力资源管理的主要关节点如图1-3所示。

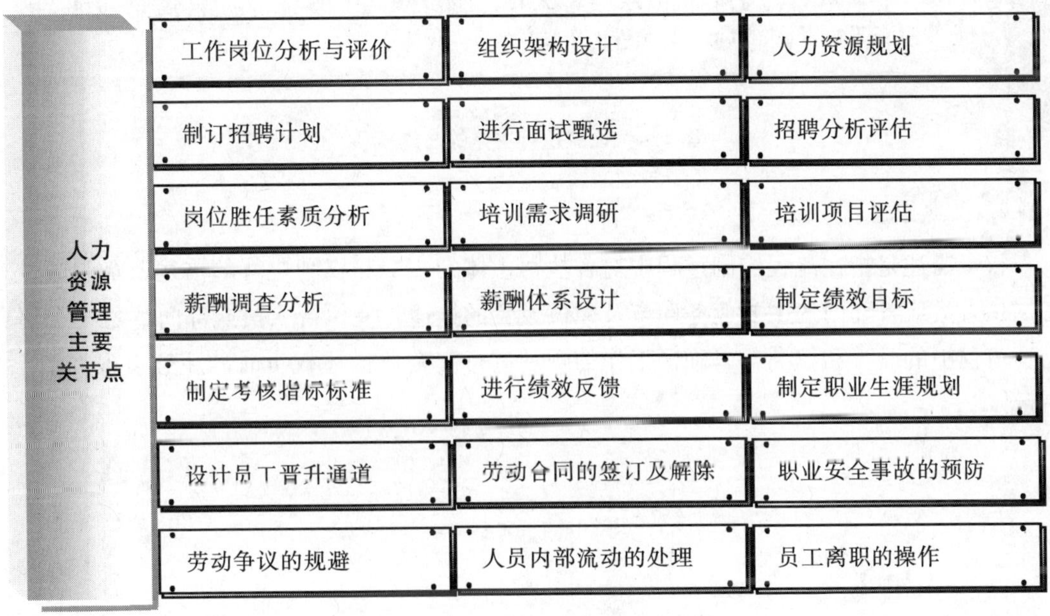

图1-3　人力资源管理主要关节点示意

1.2.2 人力资源关节点控制体系

人力资源管理关节点的控制即是对流程中业务执行环节的控制。企业管理者需明确业务执行环节的执行主体和其具体的权责，建立起人力资源管理关节点控制体系。

1. 明确执行主体

执行主体是指在人力资源管理流程中，依照企业制定的各项管理制度和规定，在业务执行中享有权利和承担义务，并能带动节点作业发生、发展或结束的组织、部门或岗位。

企业在设置执行主体时，需要注意以下事项，如图 1-4 所示。

1
◎ 清楚地了解组织、部门或岗位的专业分工
◎ 在设置执行主体时，应对组织、部门或岗位的工作内容细分，将执行主体最小化

2
◎ 降低各执行主体之间的合作成本，减少不同岗位之间的协调环节，这主要通过工作关系分析和工作定量分析来实现

3
◎ 牵制各执行主体之间的职责，将不相容的职务进行分离，明确划分各岗位或部门的职责权限，确保不相容岗位相互分离、制约和监督。例如，在流程中涉及授权、签发、审核、执行、记录等工作时必须专人负责

图 1-4 设置执行主体的注意事项

2. 权责描述

权责描述是指在流程控制过程中对各执行主体的职责和权利进行的描述。企业通过对各岗位人员或各部门的主要业务职责及岗位设置的描述，使执行人员或部门清楚地了解自己在流程中的职责和权利，以确保工作的顺利进行。企业描述权责时的注意事项如图 1-5 所示。

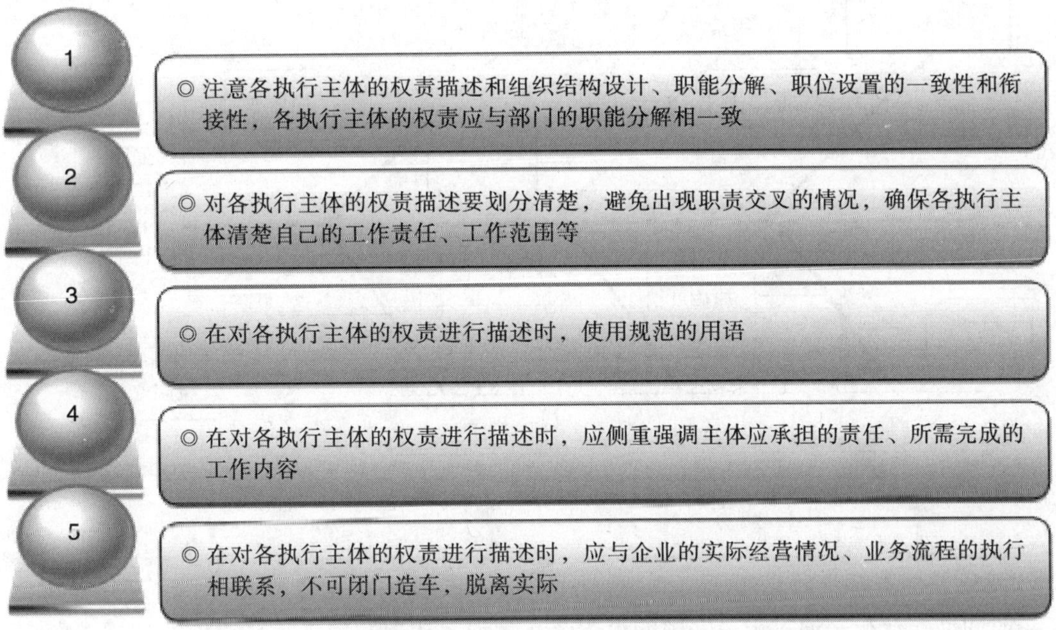

图 1-5　权责描述的注意事项

1.3　人力资源管理关键点选择

1.3.1　人力资源管理关键点分析工具

人力资源管理人员可综合运用鱼骨图分析诊断法、时间动作分析诊断法、基于活动的成本分析诊断法等方法，对人力资源管理的现状进行快速、有效的诊断，找出人力资源管理过程中存在的重大问题，从而找出人力资源管理的关键点。

1. 鱼骨图分析诊断法

鱼骨图分析诊断法能首先发现人力资源管理中存在的表象问题，然后对可能造成这些问题的因素、子原因及相关活动进行系统的分析和梳理，直至查明造成问题的真正原因，找出人力资源管理的关键点。其具体分析过程如图 1-6 所示。

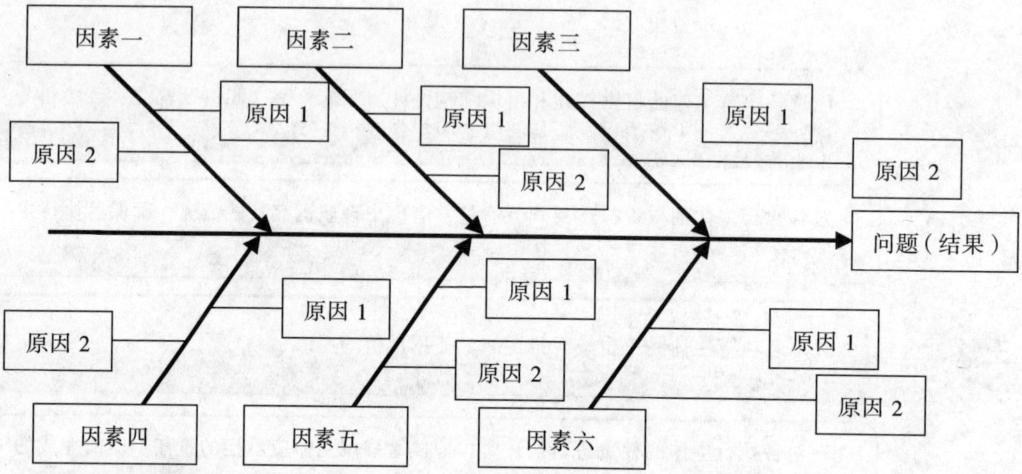

图 1-6　鱼骨图分析诊断法

2. 时间动作分析诊断法

时间动作分析是通过记录完整的流程节点活动，从中发现具有真正价值的活动所实际占用的时间，以便压缩非价值创造环节的相关活动所占用的时间，从而提高流程运作效率。

通过时间动作分析诊断法可以找出所用时间长且非增值活动较多的环节，确定其为人力资源管理关键点，从而对其进行严格的控制，提高企业的管理效率。

时间动作分析诊断法通常通过一张“时间动作研究表”来体现，需要分析的具体内容如表 1-2 所示。

表 1-2　时间动作研究

序号	流程作业	增值活动	非增值活动	传递	等待或耽搁	存储	时间（分钟）	操作人员
1								
2								
3								
…								
步骤合计								
时间合计（分钟）								

通过对流程作业中的动作、时间进行分析，可以加深对流程作业任务的全方位理解，找出增值活动和非增值活动，具体如表 1-3 所示。

表 1-3　流程活动时间分析

作业任务	持续时间（分钟）	传递或等待时间（分钟）
活动 1	A	
活动 2		B
活动 3	C	
活动 4		D
……		
时间总计	M	N
备注	1. $\frac{\text{增值时间}}{\text{非增值时间}}=\frac{M}{N}$ 2. 通过计算和分析，可以找出导致作业任务完成时间较长的各个环节，在进行关键点控制时，应着重对这些环节进行监控	

3. 基于活动的成本分析诊断法

基于活动的成本分析诊断法（Activity Based Cost，简称 ABC 法），是在人力资源管理的范围内分析人力资源管理的每项活动，确定影响成本的各种因素和产生成本的多少，来确定人力资源管理的关键点的一种方法。分析诊断的具体步骤如图 1-7 所示。

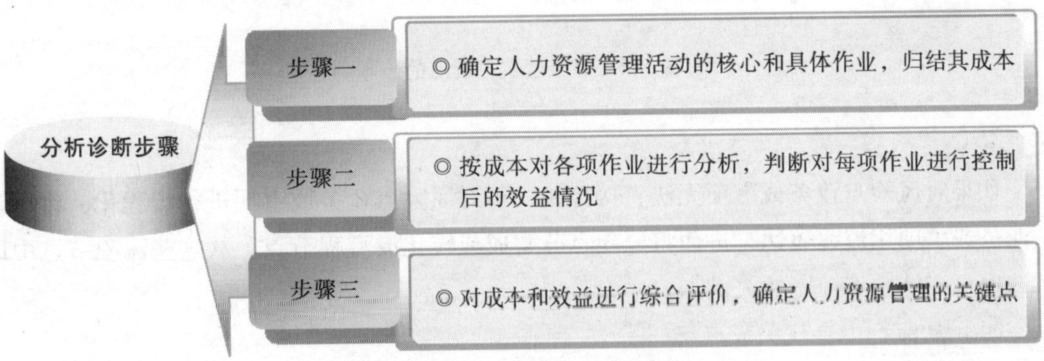

图 1-7　基于活动的成本分析诊断步骤

1.3.2　从风险的角度遴选关键点

从风险的角度遴选关键点可以使用从风险控制的角度直接遴选关键点和从风险管控流程当中间接遴选关键点两种方法。

1. 直接遴选关键点

直接遴选关键点是指通过对人力资源管理过程中潜在风险的识别、分析，选择出需要严格控制的关键点，以便进行有效的控制，降低管理的风险。关键点的选择步骤如图1-8所示。

风险点识别

◎ 管理人员通过对风险产生的原因进行分析、归纳，识别出人力资源管理过程中存在的风险，找出风险点

风险点分析

◎ 人力资源管理风险点的分析是指分析风险点及其造成的影响和发生这种结果的可能性，识别影响结果和可能性的各种因素

风险点评估

◎ 企业需制定风险评估的标准，并对人力资源管理的风险点进行评估，确定每个风险点的风险水平，为关键点的选择提供依据

关键点选择

◎ 企业对人力资源管理的风险点进行评估、比较后，确定其先后顺序，然后将不重要的或影响低的风险排除在外，找出人力资源管理的关键风险点，即关键点

图1-8 直接遴选关键点的步骤

2. 间接遴选关键点

如果对风险点业务或事项无法直接控制，可对风险点业务或事项进行流程化，将风险点业务或事项用流程表达，进而将风险点分解成或转化成流程节点，从这些流程节点中即可选出可实施重点控制的关键点。

(1) 从流程中寻找关节点

为了有效地控制风险点，企业管理人员需了解对风险点的管理流程，分析各个流程节点，了解其对风险的影响程度，以便找出主要关节点。

(2) 从关节点中寻找关键点

企业管理人员在选取关键点时，需选择那些绩效低下、地位重要、切实可行的关节点。关键点的选择原则如表1-4所示。

表1-4　从流程节点选择关键点的原则

原则	具体说明
绩效低下	◆ 目前绩效低下，存在工作效率低、效益低的问题的，都是关键点的选取对象
地位重要	◆ 关节点在企业风险点管控流程中的地位很重要，也就是说，把有关问题进行改善或流程再造后，将使风险不再存在，或降低其影响
切实可行	◆ 这个关节点改造后的事项是否容易落实，流程再造后能否很快见到实效

1.3.3　从节点的角度遴选关键点

为了对人力资源管理诸事项进行更方便、有效的控制，企业也可以从管理流程的角度选择关键点进行控制。

1. 选择核心流程

企业由于资金、资源、人员有限，在对人力资源诸事项的管理中，需明确各事项的核心业务，确认核心流程，以便进行有效控制。核心流程的选择方法主要有绩效—重要性矩阵法、成本—收益矩阵法。

（1）绩效—重要性矩阵法

绩效—重要性矩阵法利用漏斗原理对人力资源管理某个事项的所有流程进行初步筛选，再利用绩效—重要性矩阵法来识别需要进行重点控制的核心流程，具体的模型如图1-9所示。

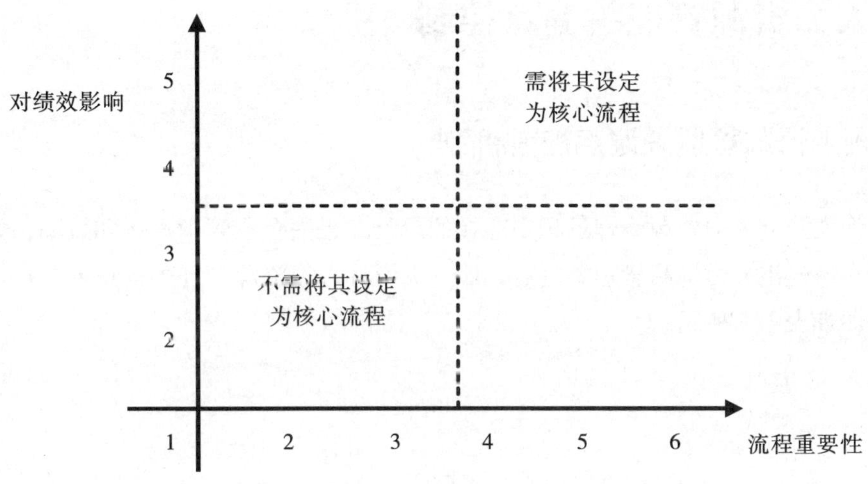

图1-9　利用绩效—重要性矩阵法选择核心流程

（2）成本—收益矩阵法

成本—收益矩阵法是通过分析流程对人力资源管理工作的重要性及控制成本的大小来进行综合评价，确定核心流程的先后顺序，具体的模型如图 1-10 所示。

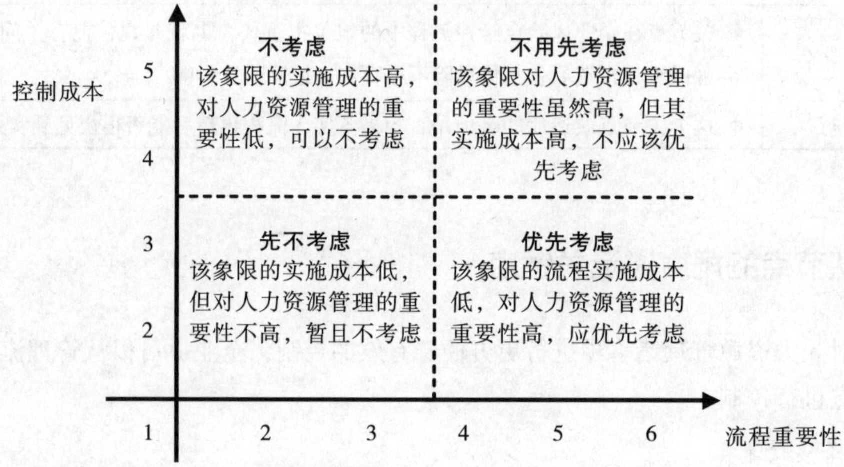

图 1-10　利用成本—收益矩阵法选择核心流程

2. 选择关键点

企业在明确核心流程的基础上，要对目前存在的问题进行诊断和分析，找出企业问题的关键所在，对于一些关键的问题，企业可采取建立流程、制定制度、设计工具模板等方法对其进行控制，减少管理活动中存在的风险。

1.4　人力资源管理关键点控制

1.4.1　人力资源管理关键点控制机制

为了切实降低人力资源管理过程中存在的风险，提高企业管理水平和效率，人力资源管理人员在遴选出人力资源管理关键点之后，需设计人力资源管理关键点控制机制。其具体设计程序如表 1-5 所示。

表1-5　关键点控制机制设计程序

序号	设计程序	具体说明
1	树立良好的控制理念	◆ 企业应高度重视、狠抓落实，将关键点的控制思想转化成企业的领导思想和管理思想，将其作为一项长期的工作来做
2	关键点识别	◆ 企业应通过调研，利用系统、科学的方法对各类控制点进行识别和分析，找出控制的关键点
3	制定关键点控制策略	◆ 企业应制定企业关键点控制策略，梳理、优化流程，制定相关制度和表单，进行关键点的控制
4	建立岗位分离机制	◆ 企业应建立岗位分离机制，对权限分配实行分级管理
5	梳理关键点控制流程	◆ 企业应梳理各关键点的控制流程，通过对流程中各个节点的全程控制，将风险管理及应对策略落实到各项工作和各个相关职能当中，做到“人人是防线，处处有预警”
6	加强监控工作	◆企业应有效监控关键点控制体系的运行，及时解决控制工作中的问题，并督促各岗位人员认真履行其职责

1.4.2　用流程进行管理关键点的控制

企业在对管理关键点进行控制的过程中，对某些经常容易出现问题的环节要重点抓、重点检查，及时总结经验教训，找到解决办法，以达到防患于未然、降低人力资源管理风险的目的。

1. 流程控制

流程控制是指对人力资源管理的关键点制定相应的控制流程，把工作程序、权限控制、授权批准等控制措施设置在控制流程中，使不符合相关规定的行为无法在系统内操作。

关键点控制流程能帮助企业控制运营风险，提高执行力。具体的控制方法如表1-6所示。

表 1-6 流程控制关键点的方法

控制措施	具体说明
设定工作程序	◆ 用工作程序来控制员工的工作行为，使其按照既定的程序和步骤进行工作，这样可提高员工的工作效率和执行力
控制工作权限	◆ 企业权力机构或上级管理者明确规定员工的职责范围和工作权限，使员工按设定的权限开展工作，确保其不越界开展工作、不违规操作
控制授权范围	◆ 在控制工作权限的基础上，使所有的员工在办理每项业务时都能事先得到适当的授权，并在授权范围内办理有关业务，承担相应的责任

2. 控制流程模板

关键点控制流程能帮助企业控制运营风险，提高执行力，从而提升企业整体效益。下面提供一种控制流程的模板，供读者参考。

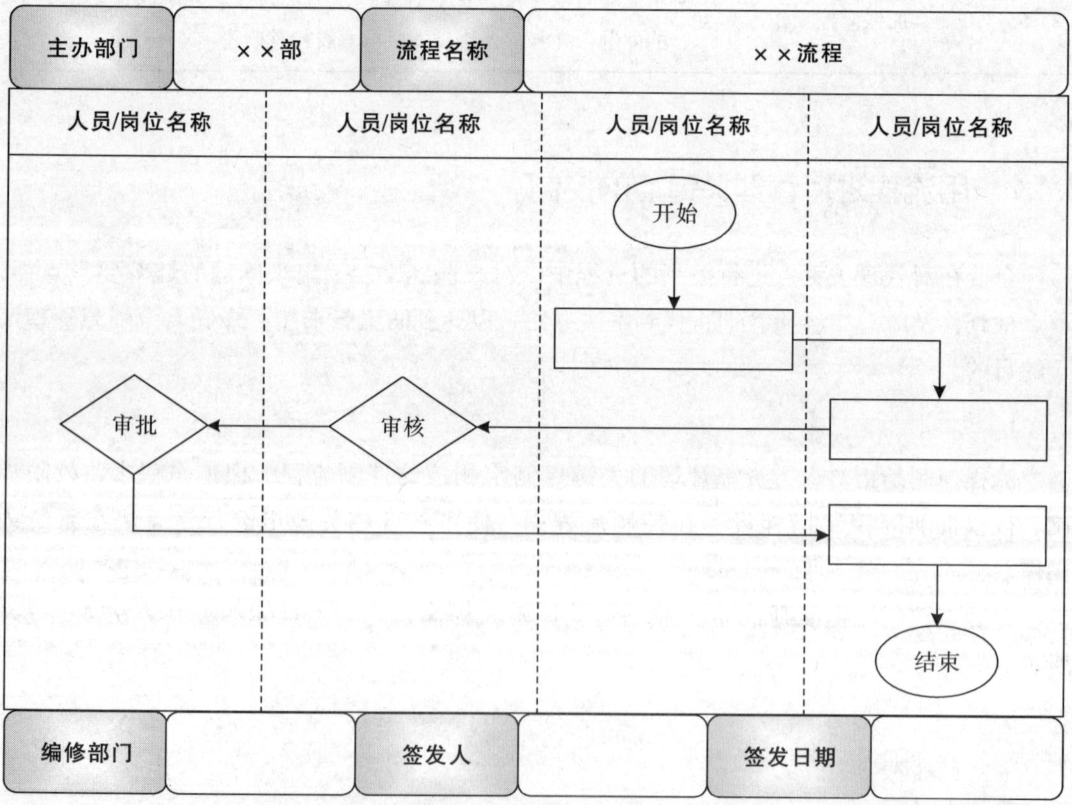

1.4.3 用程序进行管理关键点的控制

1. 控制方法的说明

用程序进行管理关键点控制即对人力资源管理过程中经常性的、重复出现的活动，要求执行人员按规定的标准化程序来完成，以保证达到人力资源管理的控制目标和要求。

用程序进行管理关键点的控制要求按照牵制的原则进行程序设置，所有人力资源管理的主要业务活动都要建立切实可行的办理程序，避免业务工作的无章可循、职责不清、相互推诿，有利于及时处理业务、提高工作效率、追究有关责任人的责任。

2. 控制程序模板

为了使管理控制程序标准化，企业可按照以下模板进行控制程序的设计，控制程序模板采用"关键步骤＋说明"的形式，具体如图1-11所示。

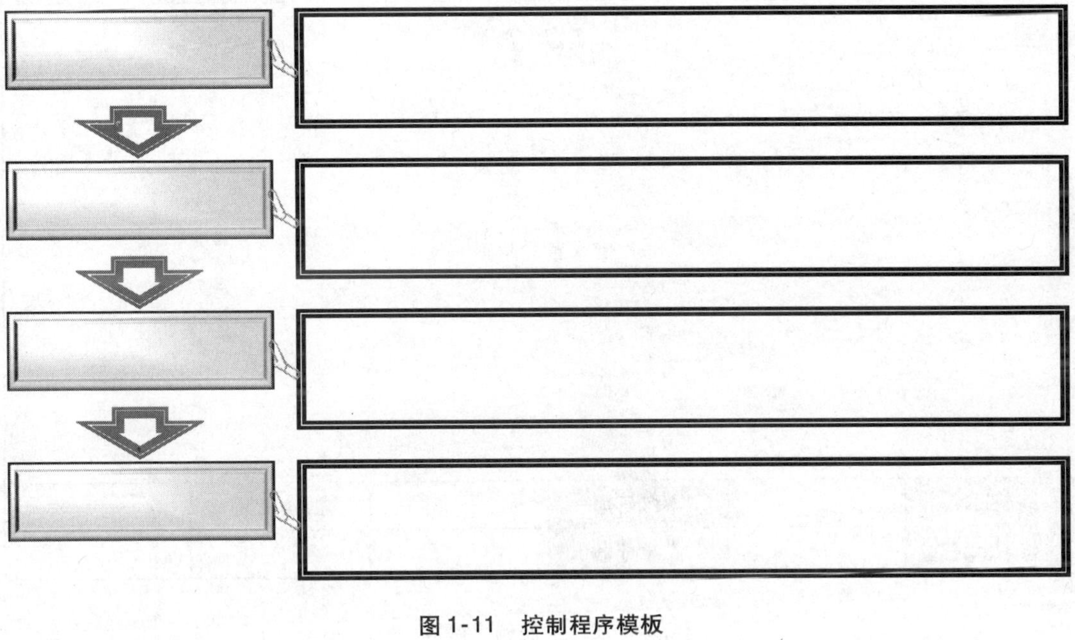

图1-11 控制程序模板

1.4.4 用制度进行管理关键点的控制

1. 制度控制

企业可通过制度控制的方法来进行关键点的控制，即对每个关键点制定控制制度。

控制制度应明确每个岗位的职责，使责任落实到岗，奖罚落实到人，同时应界定关键点的相关活动过程中的控制环节以及采取的控制手段与防范措施，从而加强对各关键点的管理。

控制制度可以使用“细则”、“办法”、“规定”、“制度”、“规范”等形式，其内容通常包括制度的名称、总则、正文、附则、附件等五个方面。管理人员在制定关键点控制制度时，应注意使制度内容完备、合规、合法，并具有可操作性。

2. 控制制度模板

控制制度是规范员工行为的标准之一，是企业进行规范化、制度化管理的基础，企业只有制定控制制度，才能逐渐规范其业务。控制制度的模板如图1-12所示。

制度名称	××管理细则/办法/规定			受控状态	
				编　号	
执行部门		监督部门		编修部门	

第1章　总则

第1条　目的

第2条　适用范围

第2章　细则

第×条

第×章　附则

第×条

第×条

编制日期		审核日期		批准日期	
修改标记		修改处数		修改日期	

图1-12　控制制度模板

1.4.5　用图表进行管理关键点的控制

用图表进行管理关键点的控制能够规范关键点管理过程，避免遗漏相关信息数据，同时达到提升企业管理水平、提高管理效率的目的。

1. 管理图控制

管理图控制是一种在管理控制中常用的管控方法，这种方法将希望得到管控的项目及其相互关系，通过各类图示表示，能使管理人员更直观地获知各事项之间的关系。管理图控制的方法可以提高管理的透明度，从而达到提高管理效率的目的。

2. 表单控制

在对管理关键点的控制过程中，使用规范化的工具表单，能够固化职能、统一规则、优化流程、提高效率。也就是说，通过表单控制，可以使企业管理更加精细化、标准化和程序化。

管理人员在使用表单对关键点进行控制时，为了促进表单在控制过程被科学、合理地推行和应用，应注意以下四个方面的事项，具体如图 1-13 所示。

1 使用之初

◎ 在使用表单之初，新的工作方式必然会受到员工不同程度的排斥，因此管理人员需要让员工理解使用表单的好处，如可以使工作更加简洁、规范和高效等

2 使用过程中

◎ 在使用表单的过程中，要强调“全面参与”的原则，让员工相互监督、共同切磋、统一思想

3 上报审批

◎ 使用人员需及时上报使用的表单
◎ 管理人员对于所有上报的表单也要认真分析和批阅。只有从管理层开始重视对表单的使用，才能让员工重视此事，否则，表单只能成为形式主义

4 对已修订表单的反馈

◎ 管理人员对于审核、修订的表单要给下属做出反馈，特别是要做出书面回复

图 1-13　表单使用注意事项

第2章

组织架构管理关键点

2.1 组织架构管理关键点分析

2.1.1 组织架构管理主要风险点

企业要加强对组织架构的控制，确保组织架构的安全，提高组织架构运行的效率，就需要对组织架构管理中可能存在的风险进行全面了解。企业需要关注的组织架构管理中的主要风险如表 2-1 所示。

表 2-1 组织架构管理主要风险点说明

序号	风险点名称	风险点说明
风险点 1	组织架构设计风险	1. 进行组织架构设计时未充分考虑经营业务的性质，导致组织架构缺乏可操作性 2. 组织架构对企业发展战略的支持不够全面，导致组织架构与动态环境不匹配
风险点 2	岗位职责设置风险	1. 关键岗位员工对自身权责的认识不够准确，在工作中比较盲目 2. 未明确规定员工的权限，授权情况的记录不够正式等，使员工在工作时比较被动 3. 岗位职责描述不够准确，存在不相容职务未分离的情况，使员工在工作中相互推诿
风险点 3	组织架构运行风险	1. 未明确规定组织架构的运行流程，组织架构运行时会出现管理混乱的现象 2. 组织架构运行灵活性较差，根据环境变化做出调整的能力较弱，这会阻碍企业的正常管理 3. 组织架构运行不能满足信息沟通的需要，导致信息的上传、下达和在各层级、各业务活动间不够畅通
风险点 4	组织架构调整风险	1. 缺乏组织架构调整的管理制度，导致在组织架构调整中无章可循 2. 缺乏对新组织架构实施效果的分析，会影响组织架构的优化效果
风险点 5	组织架构监控风险	1. 监督机制不健全、不完善、不合理，导致不能及时查处相关人员的违规操作行为 2. 缺乏对权限设置和履行情况的审核和监督，导致不能及时纠正和处理越权和权限缺位的行为

2.1.2 组织架构管理三大流程图

1. 组织内部机构权责设计流程图

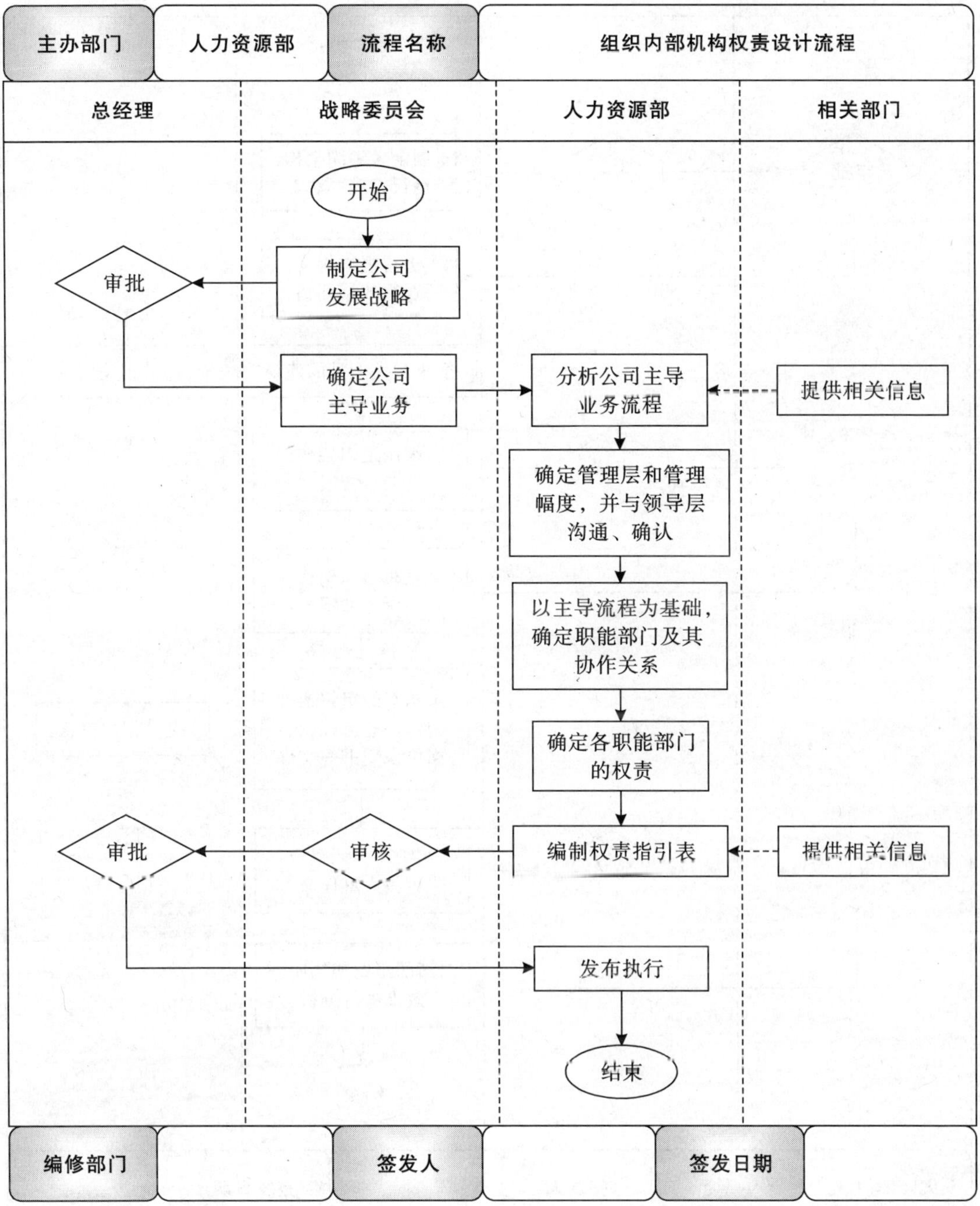

2. 组织架构调整业务流程图

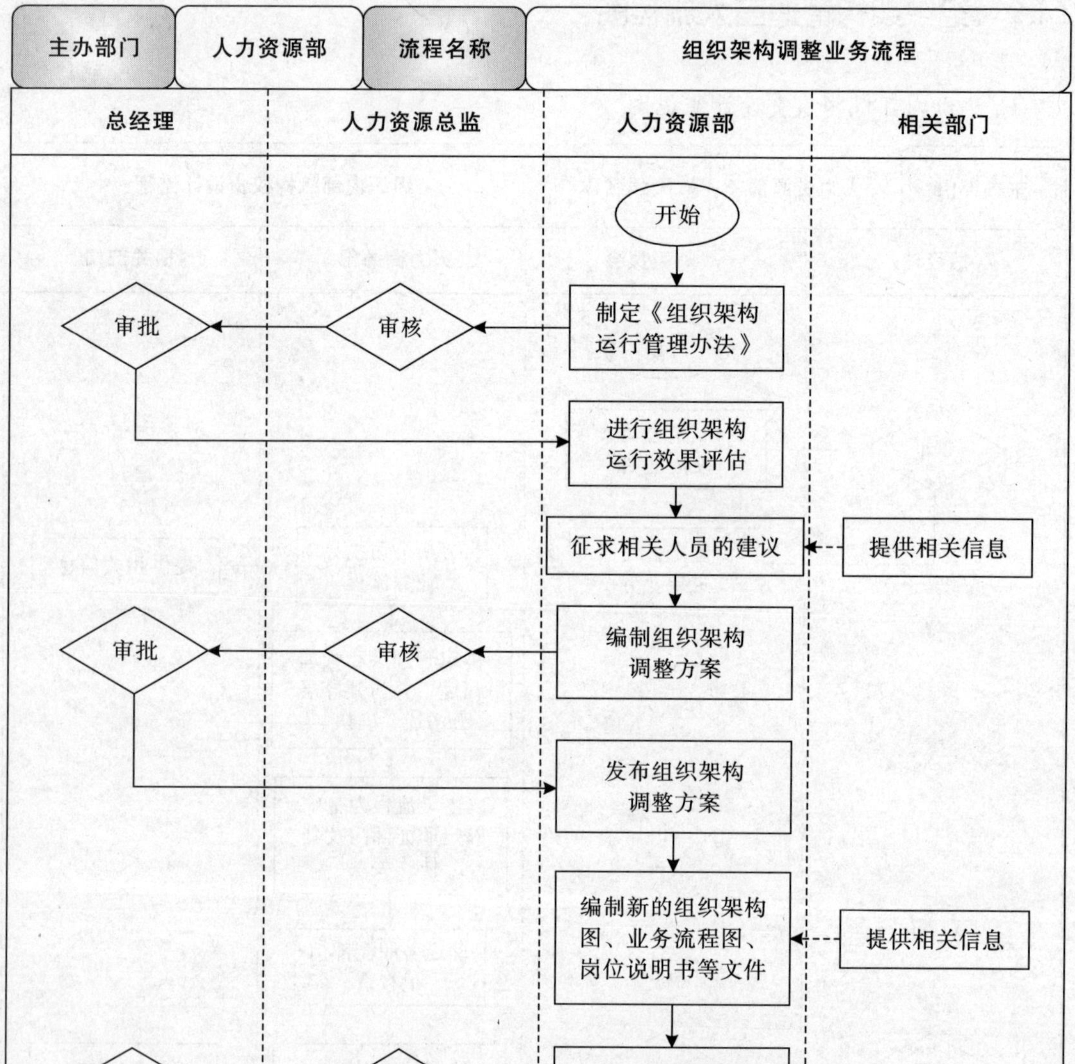

3. 重大与重要事项决策流程图

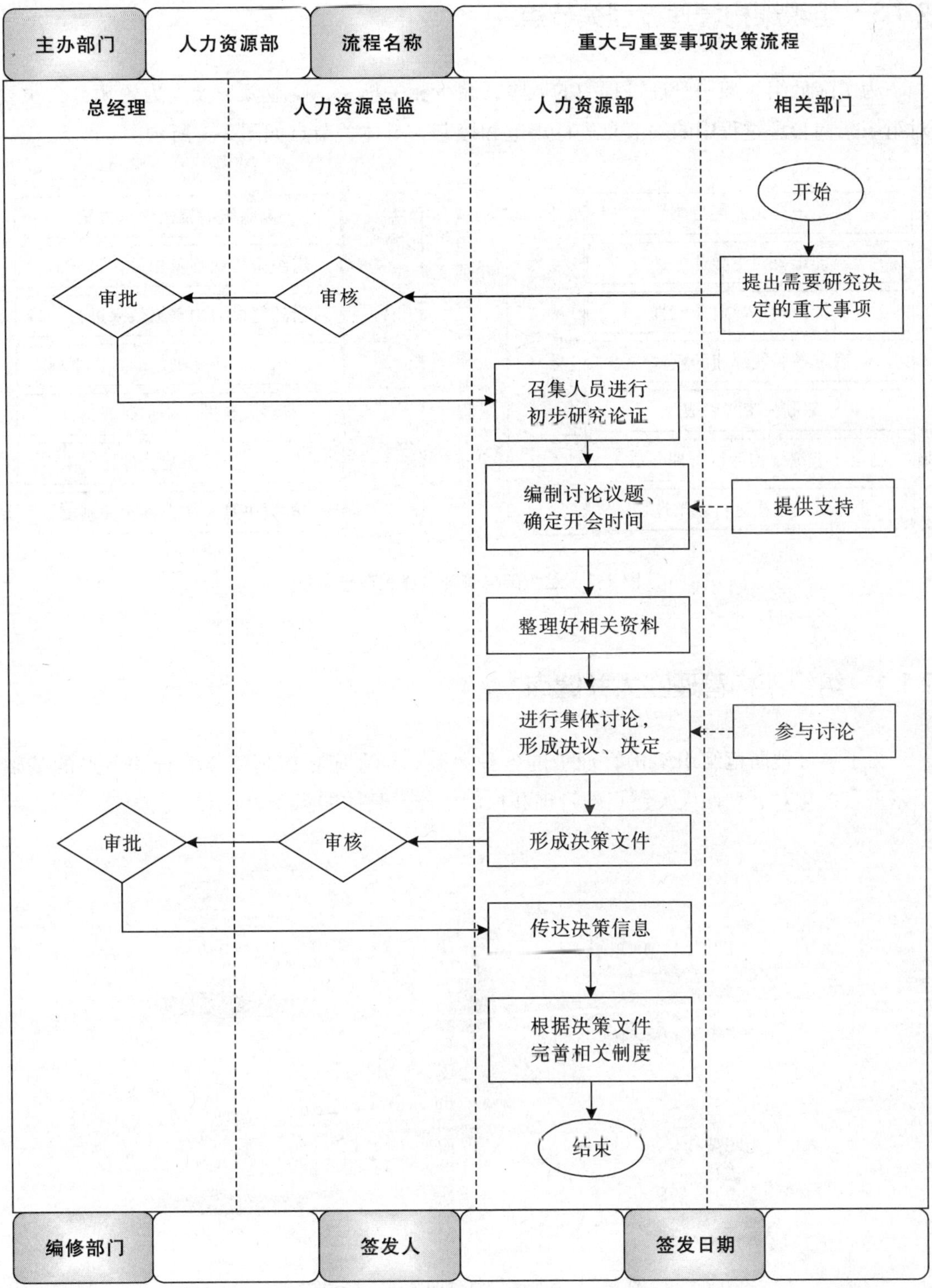

2.1.3　组织架构管理流程关节点

为了降低组织架构管理过程中的风险，减少相关损失，企业领导及人力资源部人员要对组织架构管理过程中的关节点进行规范和控制。具体关节点如图 2-1 所示。

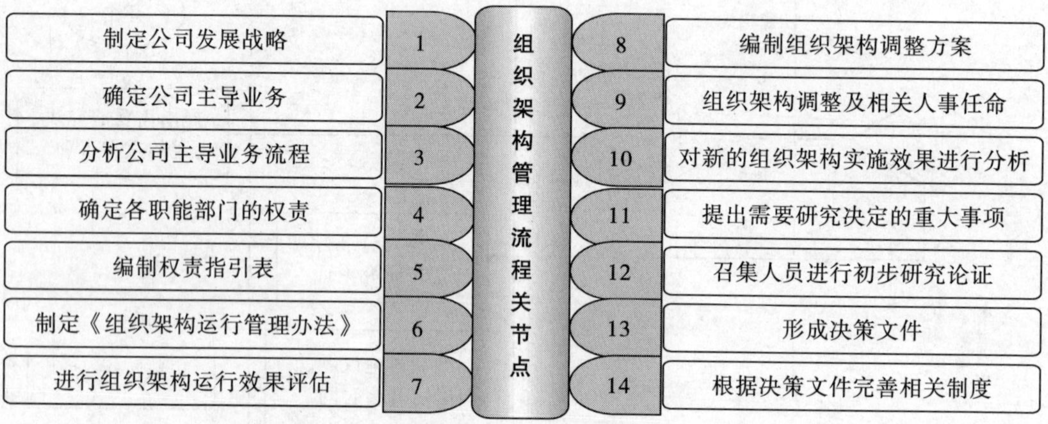

图 2-1　组织架构管理流程关节点示意

2.1.4　组织架构管理四大关键点

为了更好地防范组织架构管理中的各种风险，企业应在梳理工作流程关节点的基础上，重点强化对下列四大关键点的管理和控制工作，具体如图 2-2 所示。

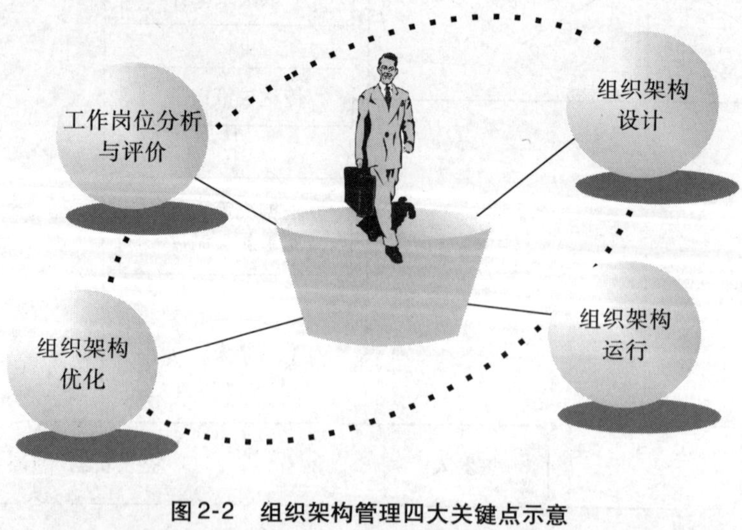

图 2-2　组织架构管理四大关键点示意

2.2 关键点 1：工作岗位分析与评价

2.2.1 工作岗位分析流程图

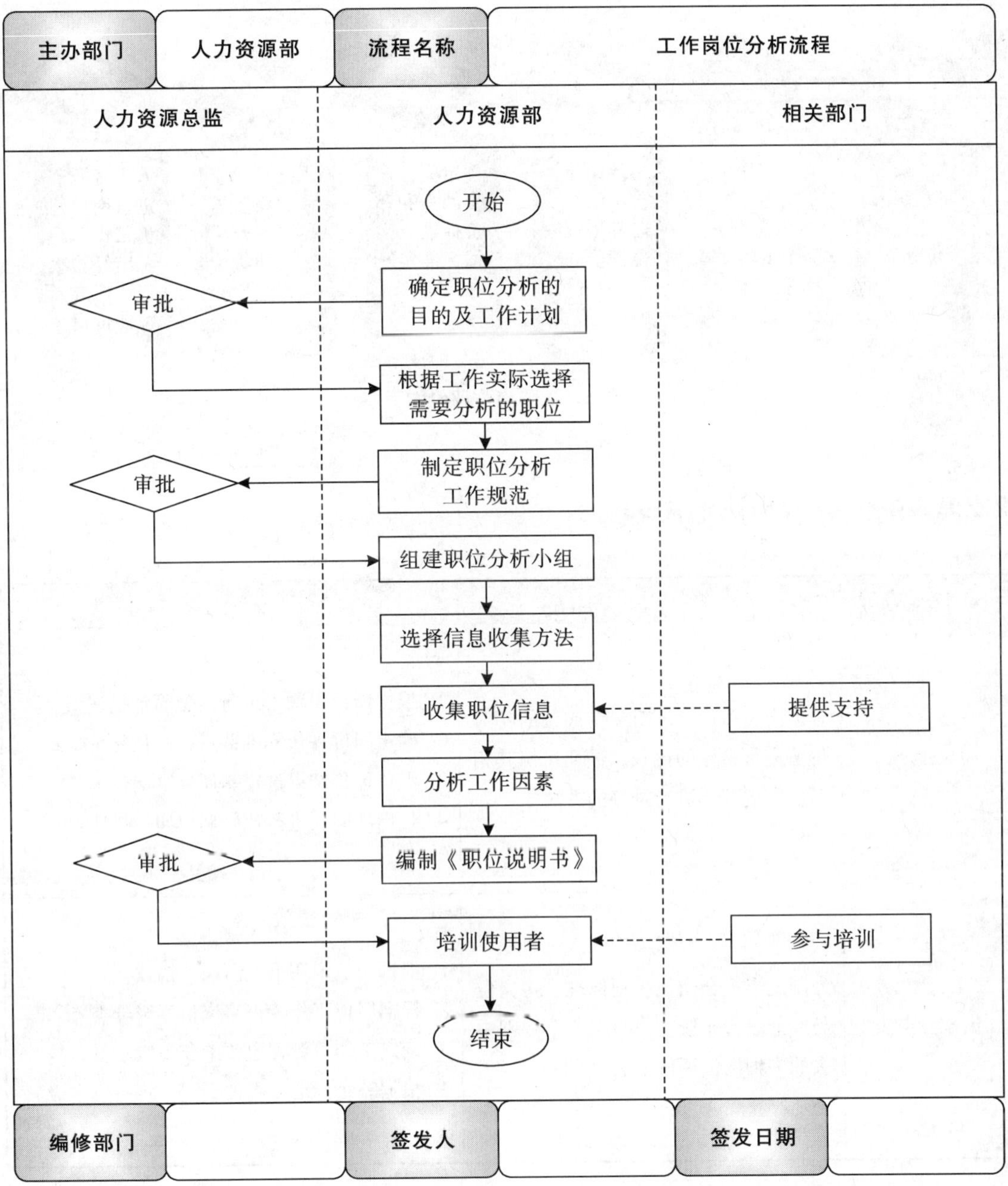

2.2.2 工作岗位评价的程序

为了对工作岗位评价活动进行规划和控制，提高工作效率，节约操作成本，人力资源部工作人员必须严格按照工作岗位评价的程序来开展岗位评价工作。工作岗位评价的程序具体如图 2-3 所示。

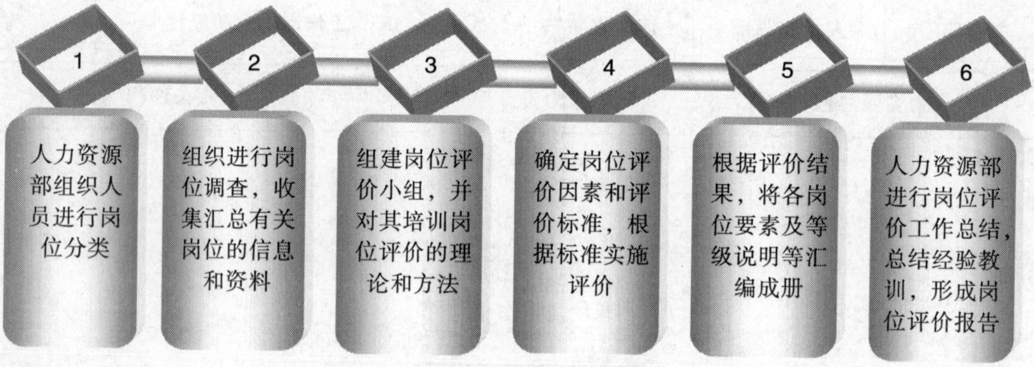

图 2-3 工作岗位评价的程序

2.2.3 岗位评价方法汇总表

岗位评价方法	定义	操作步骤
岗位排序法	根据岗位评价标准对各个岗位的相对价值进行整体的比较，进而按照其相对价值的高低进行排序的方法	1. 根据岗位说明书进行岗位简洁描述 2. 确定岗位评价标准并进行岗位评价 3. 汇总评价结果选定基层标准岗位 4. 与标准岗位进行比较确定岗位排序
岗位分类法	先制定出一套岗位级别标准，将岗位与标准进行比较，并归到各个级别中去的一种岗位评价方法	1. 根据岗位说明书进行岗位描述 2. 根据岗位工作特点将岗位逐级分类 3. 确定工作等级评定要素及等级数量 4. 根据等级标准及岗位说明书将岗位定级

（续表）

岗位评价方法	定义	操作步骤
要素比较法	在确定关键岗位和付酬因素的基础上，运用关键岗位和付酬因素制成关键岗位排序表，然后将待评岗位就付酬因素与关键岗位进行比较，确定待评岗位的工资率的一种评价方法	1. 获取职位信息，确定付酬因素，选择关键职位 2. 针对每一评价要素将关键岗位进行排序 3. 将关键职位的工资额按评价要素分配 4. 根据付酬因素对其他职位进行价值评估，确定每个职位的级别
要素计点法	该方法是选定岗位的主要影响因素，并采用一定点数（分值）表示每一因素，然后按预先规定的衡量标准，对现有岗位的各个因素逐一评比，求得点数，经过加权求和，最后得到各个岗位的总点数的一种岗位评价方法	1. 进行工作分析，选择岗位的评价要素 2. 划分要素等级 3. 确定评价要素的权重 4. 确定评价要素的点数及各要素等级的点值 5. 实施岗位评价
海氏三要素评价法	它是一种通过技能水平、解决问题的能力和应负责任对岗位价值进行评价并进行评估打分，通过分值确定各岗位的等级的一种岗位评价方法	1. 选择标杆岗位，制作标杆岗位的岗位说明书 2. 成立岗位评价小组 3. 对岗位评价小组成员进行培训 4. 对标杆岗位进行评价 5. 根据结果，计算标杆岗位分数，建立岗位等级

2.2.4 岗位职责设置调查表

<table>
<tr><td>岗位编号</td><td colspan="2"></td><td colspan="2">岗位名称</td><td></td></tr>
<tr><td>所属部门</td><td></td><td>直接上级</td><td></td><td>直接下级</td><td></td></tr>
<tr><td>调查方式</td><td colspan="2"></td><td colspan="2">调查时间</td><td></td></tr>
<tr><td>调查项目</td><td colspan="5">内容</td></tr>
<tr><td rowspan="6">岗位工作内容</td><td>岗位名称</td><td colspan="4"></td></tr>
<tr><td>任务分析</td><td colspan="4"></td></tr>
<tr><td>职责分析</td><td colspan="4"></td></tr>
<tr><td>关系分析</td><td colspan="4"></td></tr>
<tr><td>劳动强度</td><td colspan="4"></td></tr>
<tr><td>劳动条件与环境</td><td colspan="4"></td></tr>
<tr><td rowspan="4">任职资格要求</td><td>知识水平</td><td colspan="4"></td></tr>
<tr><td>工作经历</td><td colspan="4"></td></tr>
<tr><td>职业道德</td><td colspan="4"></td></tr>
<tr><td>相关技能</td><td colspan="4"></td></tr>
<tr><td>备注</td><td colspan="5"></td></tr>
</table>

2.3 关键点2：组织架构设计

2.3.1 组织架构设计流程图

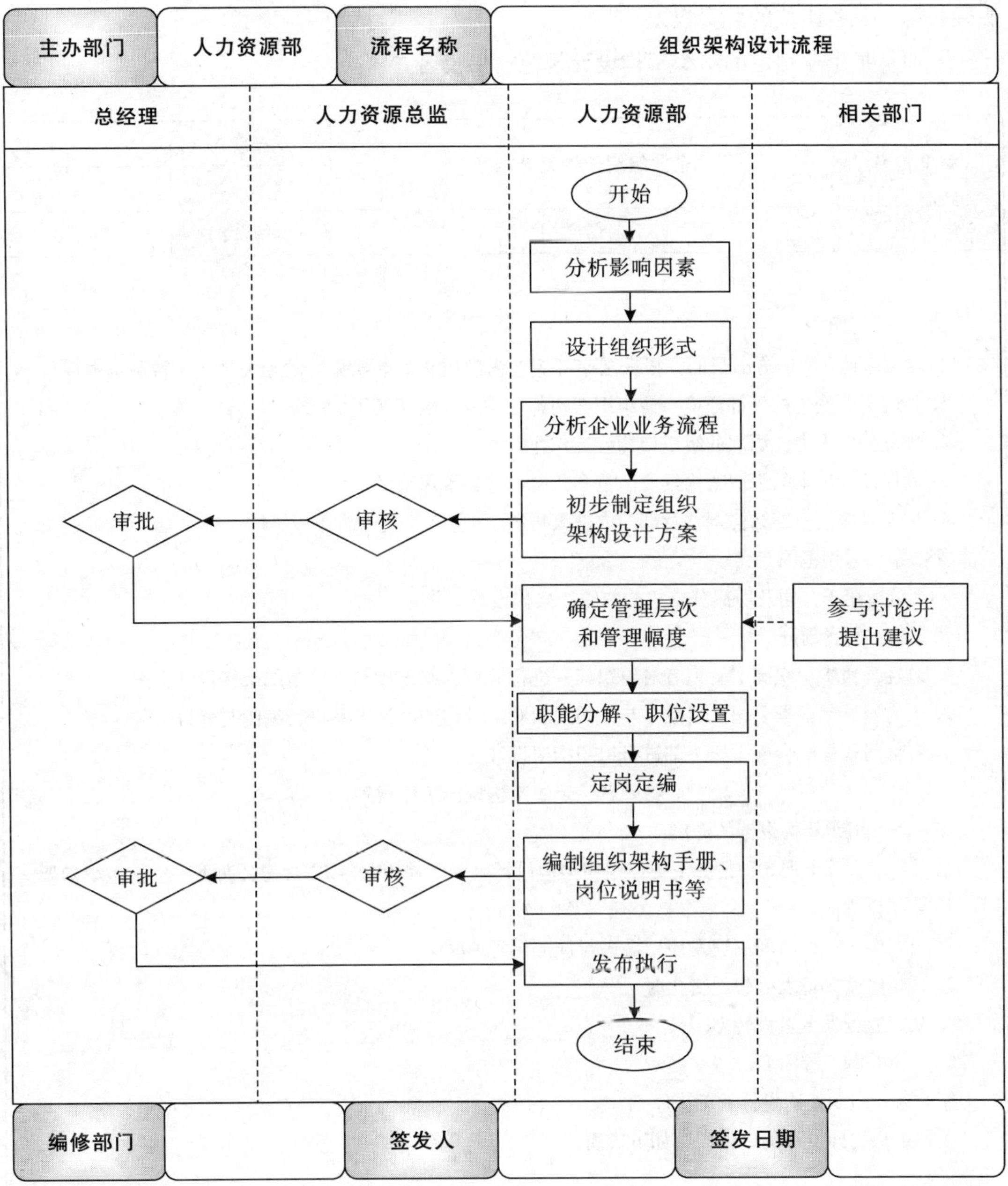

2.3.2 组织架构设计的规范

为明确企业管理层及各部门、各岗位的职责权限、任职条件和工作程序，确保形成决策、执行和监督相互分离、相互制衡的内控机制，企业应根据国家有关法律法规的规定，在综合考虑企业性质、发展战略、文化理念和管理要求等因素后，合理地设计组织架构，明确各部门及各岗位的职责权限。

下面是某企业制定的组织架构设计规范，供读者参考。

<table>
<tr><td rowspan="2">制度名称</td><td colspan="3" rowspan="2">企业组织架构设计规范</td><td>受控状态</td><td></td></tr>
<tr><td>编　　号</td><td></td></tr>
<tr><td>执行部门</td><td></td><td>监督部门</td><td></td><td>编修部门</td><td></td></tr>
</table>

第1章　总则

第1条　目的

公司为达到下列四方面目的，根据国家《企业内部控制基本规范》的相关规定，特制定本规范。

1. 适应不断变化的外部环境，使组织架构与公司的发展相匹配。
2. 规范公司人力资源部的组织架构设计作业。
3. 确保设计出来的组织架构具有防范和化解各种舞弊风险的能力。
4. 加强对部门内部结构调整及部门内部人员的管理。

第2条　适用范围

本规范适用于公司及所属分支机构的组织架构设计工作。

第3条　职责划分

1. 总经理负责组织高层管理者对组织架构进行分析，并审批最终的组织架构设计方案。
2. 人力资源部根据公司发展战略与公司现状对组织构架设计方案进行编制与修订。
3. 各部门积极配合人力资源部进行组织构架设计。

第2章　组织架构设计工作规划

第4条　组织架构设计的提出

公司一般会于下列5种情况下提出组织架构设计事宜，并于每年12月份公布下一年的组织构架。

1. 公司创立时。
2. 公司经过一段时间高速发展，需进行规范化管理时。
3. 公司经营环境发生较大变化时。
4. 公司业务发生重大转型时。
5. 公司并购、重组后。

第5条　组织架构设计的工作原则

公司组织构架设计的工作原则如下表所示。

（续）

公司组织架构设计的工作原则

原则	简单描述
有效性原则	◆ 组织构架设计要为组织实现发展目标服务并应达到较好的管理效果，同时组织架构设计的工作过程要有效率
分工与协作原则	◆ 适度分工与恰当协作是实现组织目标的必然要求，在部门划分和岗位设置上要体现分工和协作的需要
权责利对等原则	◆ 保证部门或岗位权利与责任相对等，明确其责任，赋予该主体完成其责任所必需的权限，并根据该主体的责任完成情况分配收益，激励员工发挥自己的才能
弹性结构原则	◆ 公司各部门、人员的职责和职位都应根据环境的变化而作相应的变动，这要求各部门和各职位的设置都具有弹性
合理管理幅度原则	◆ 每一个部门、每一位管理者都要有合理的管理幅度，避免下级过多，避免部门或管理者横向兼职、纵向兼职或交叉兼职等情况的发生

第6条　影响组织架构设计的因素

在设计组织构架的过程中，综合考虑各种因素的影响才能达到良好的效果。

1. 战略因素，组织构架必须服从公司发展的长远目标、发展方向、资源配置的设想与筹划。

2. 环境因素，组织构建必须响应环境变化，实现组织架构和环境变化的动态匹配。

3. 技术因素，技术不仅影响公司活动的效果和效率，而且影响组织构架的设计。

4. 规模因素，随着公司逐步壮大，公司规模不同，与之相适应的组织构架构形式也应作调整。

第7条　组织架构设计的权限

1. 公司整体组织架构应根据公司整体发展战略和市场状况设计，经公司总经理审批后实施。

2. 公司管理层组织架构的设立，应由公司人力资源部根据公司实际运营状况和组织架构设计原则研究后提出，报公司主管副总审定、总经理批准后实施。

3. 公司下属分支机构组织架构的设立，应经分支机构负责人批准后，上报公司人力资源部核定，经主管副总审定、总经理批准后实施。

第3章　组织架构设计程序

第8条　职能设计

公司管理层确定本公司的管理职能及其机构，并将其层层分解到各项管理业务工作中。

1. 职能分解的基本原则主要包括业务活动的独立性、业务活动的可操作性以及避免重复和脱节。

2. 公司组织架构设计人员根据公司运营的实际情况，采取逐级分解的方法，完成职能分解的任务。

（续）

3. 公司组织构架设计需围绕核心业务和关键职能进行。

第 9 条　职权与授权设计

1. 公司及其每一个部门必须且只能确定一个岗位或人员总体负责，并全权指挥职权设计工作，保证责权一致，发挥参谋机构的作用。

2. 授权的基本原则主要包括逐级授权、职权明确、权责对称、例外授权等相关原则。

第 10 条　核算事务工作总量和分量

组织架构设计人员应对公司为达成所确立的目标所要完成的事务工作进行全面的清理和核算，从总量和分量上进行计量，并详细列出清单。

第 11 条　界定公司员工相互之间的事务工作关系

1. 界定公司员工相互之间的事务工作关系，即选择组织架构的基础模式。

2. 组织架构设计人员应根据公司规模和公司内部主要事务工作的性质等客观实际分析、界定公司员工之间的事务工作关系，以便最大限度地保证公司的运行效率。

员工之间的事务工作关系主要有三种，如下图所示。

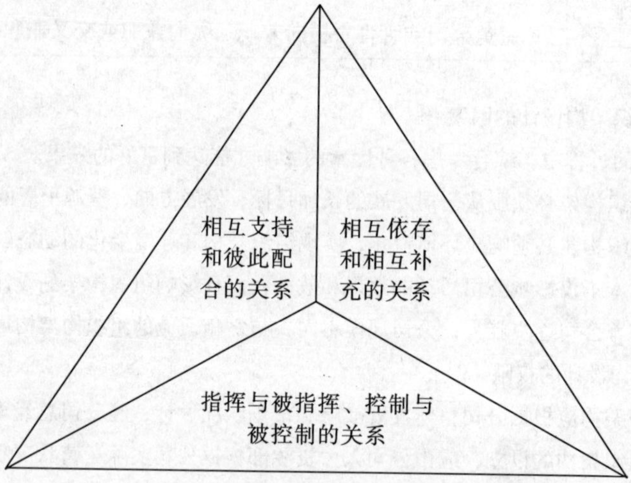

员工之间的三种事务工作关系

第 12 条　人员编制

1. 公司各部门应在每年 12 月确定次年组织架构及相应的人员编制，报人力资源部批准后执行。

2. 确定后的组织架构与人员编制计划在下一年应严格执行，确因业务发展需要调整的，需经人力资源部上报总经理审批后执行。

第 13 条　设置单位、部门和岗位

组织架构设计人员应根据不同事务工作之间的性质及其工作量的大小，确定具体承担该工作的单位、部门和岗位。

（续）

第 14 条　绘制组织架构图

组织架构设计人员构画出整个公司的组织架构图，提交总经理办公会审核后，提交董事会审批。

第 15 条　界定单位、部门和岗位的工作标准

组织架构设计人员在对公司内部单位、部门和岗位之间的关系进行界定的基础上，明确界定其各自的工作标准，使各单位、部门和岗位角色明确自己的工作职责、工作标准和履职条件，从而确保其按公司整体目标要求的时间、质量、数量标准等完成相应的工作。

第 16 条　管理规范设计

组织架构设计人员需针对本公司的管理流程、工作程序、工作标准等制定公司全体员工的行为规范、操作规范，从而实现管理的规范化、标准化。

第 17 条　相关文件与记录

1. 组织架构手册、岗位说明书。

2. 公司各项规章制度汇编。

第 4 章　附则

第 18 条　本规范的拟定和修改由人力资源部负责，经总经理办公会审批后执行。

第 19 条　本规范由人力资源部负责解释和修订，自批准之日起生效。

编制日期		审核日期		批准日期	
修改标记		修改处数		修改日期	

2.3.3　新型组织架构图示例

组织架构图规范了企业内部机构组成及职能，既反映了企业的法人治理结构，也反映了企业的组织管理架构，明确了企业组织内各部门、各岗位相互之间的关系。新型组织架构有多维立体组织架构、模拟分权组织架构、分公司与总公司的组织架构、企业集团的组织架构等。其中模拟分权组织架构图如图 2-4 所示。

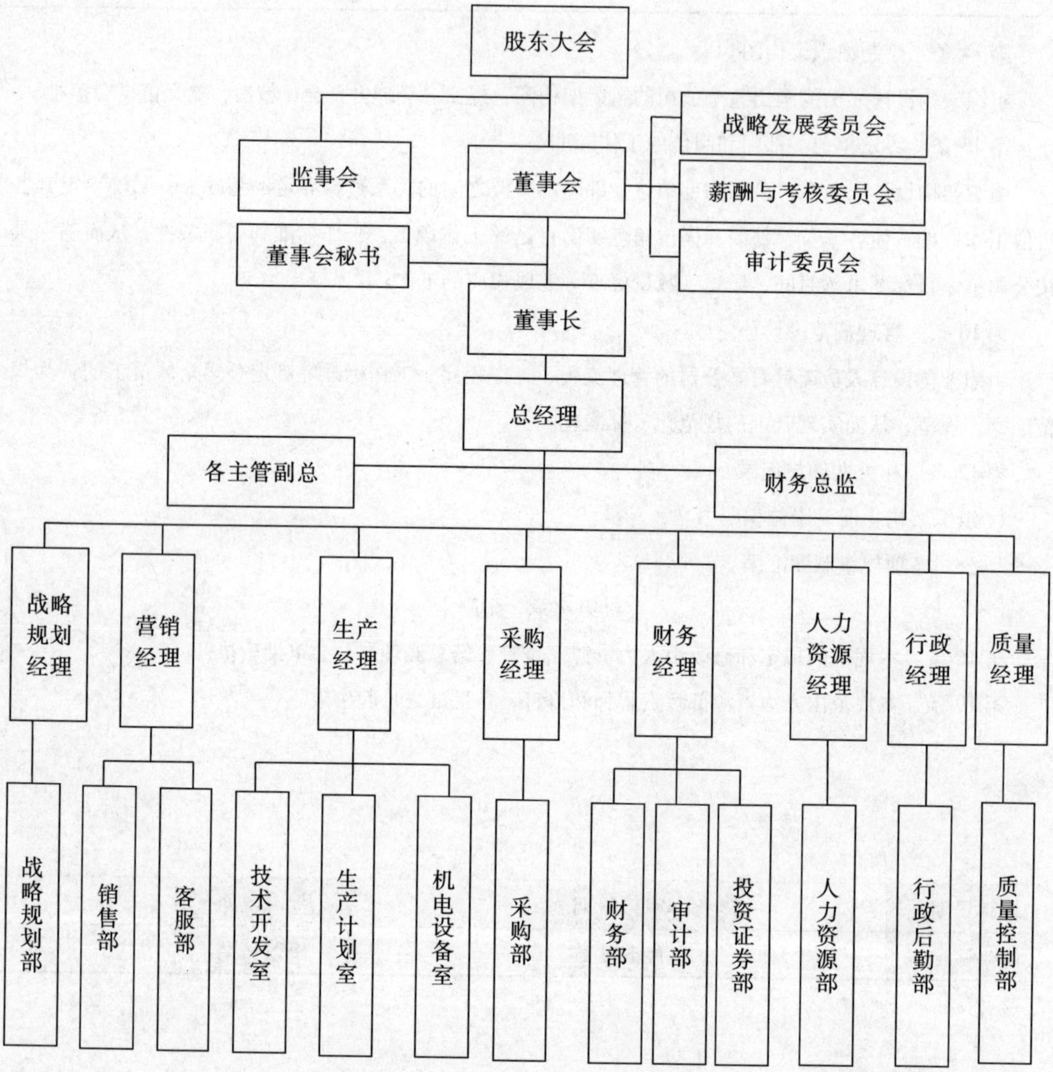

图 2-4　某企业新型组织架构示意

2.3.4　权限指引表编制示范

为了更好地贯彻和实施企业内部控制制度，企业应制定“权限指引表”，以便落实分级授权机制和重大事项集体决策机制。

“权限指引表”一般以矩阵式表格描述，由横向、纵向两个指标体系构成。权限项目按照业务流程和控制点编号的顺序依次单列而成，一一对应。

表 1-2 某公司权限指引表示例

项目	执行部门	总经理	财务部经理	人力资源部经理	各业务分管领导	会签部门或复核岗位
1. 采购管理	采赊部	审批：单笔≥300 万元	审批：单笔 100 万元（含）~300 万元	——	审批：单笔 20 万元（含）~100 万元	合同管理部门
2. 全面预算管理	财务部	审批：预算分解、实施方案	——	——	——	公司相关部门
3. 成本费用管理	公司相关部门	审批本公司生产计划和预算	——	——	——	财务部
4. 销售管理						
4.1 产品销售合同	市场营销部	审批：单笔≥500 万元合同；单笔≥50 万元赊销合同	审批：单笔 300 万元（含）~500 万元合同；单笔 30 万元（含）~50 万元赊销合同	——	审批：单笔＜300 万元合同；单笔＜30 万元赊销合同	合同管理部门
4.2 销售计划	市场营销部	年度产品销售计划	——	——	月度产品销售计划	发展计划部
4.3 销售价格管理	市场营销部	批准销售价格、价格浮动权限	明确价格浮动权限执行人	——	——	财务部
5. 资金管理						
5.1 间接融资	财务部	——	在授信额度内审批借款	——	——	——
5.2 货币资金管理	财务部	——	审批下列事项：各部门开、销账户；现金开支范围和库存限额	——	——	公司相关职能部门或业务部门
6. 财务报告	财务部	审批	——	——	——	人力资源部部门或发展计划部

（续表）

项目	执行部门	总经理	财务部经理	人力资源部经理	各业务分管领导	会签部门或复核岗位
7. 生产调度与运营	生产部	批准：公司控制的计划指标调整	——	——	批准：月度生产运行计划	——
8. 人力资源管理						
8.1 招聘	人力资源部	批准：内部用工管理办法及人力资源计划指标具体分解方案	——	——	——	人力资源部
8.2 工资总额	人力资源部	审批	——	审核	——	财务部
8.3 工资附加（可控部分）						
（1）医疗保险、养老保险（基本、补充）	人力资源部	——	——	依照国家、地方政府统一规定执行基本保险部分	——	财务部
（2）住房公积金	人力资源部					财务部
8.4 工资及附加、保险、住房公积金、住房补贴、劳务费等支付	财务部	——	审批	审批	——	人力资源部
9. 内部审计管理	审计部	审批	——	审核	——	财务部
10. 财产清查	财务部	审批	审核	——	——	审计部

说明：

1. 本表横向左端为业务的执行部门，右端为该业务的会签部门或复核岗位，体现了不相容职责分开和相互监控的要求。
2. 画线部分表示本栏的业务类型不牵涉审批权限。

2.4 关键点 3：组织架构运行

2.4.1 组织架构运行流程图

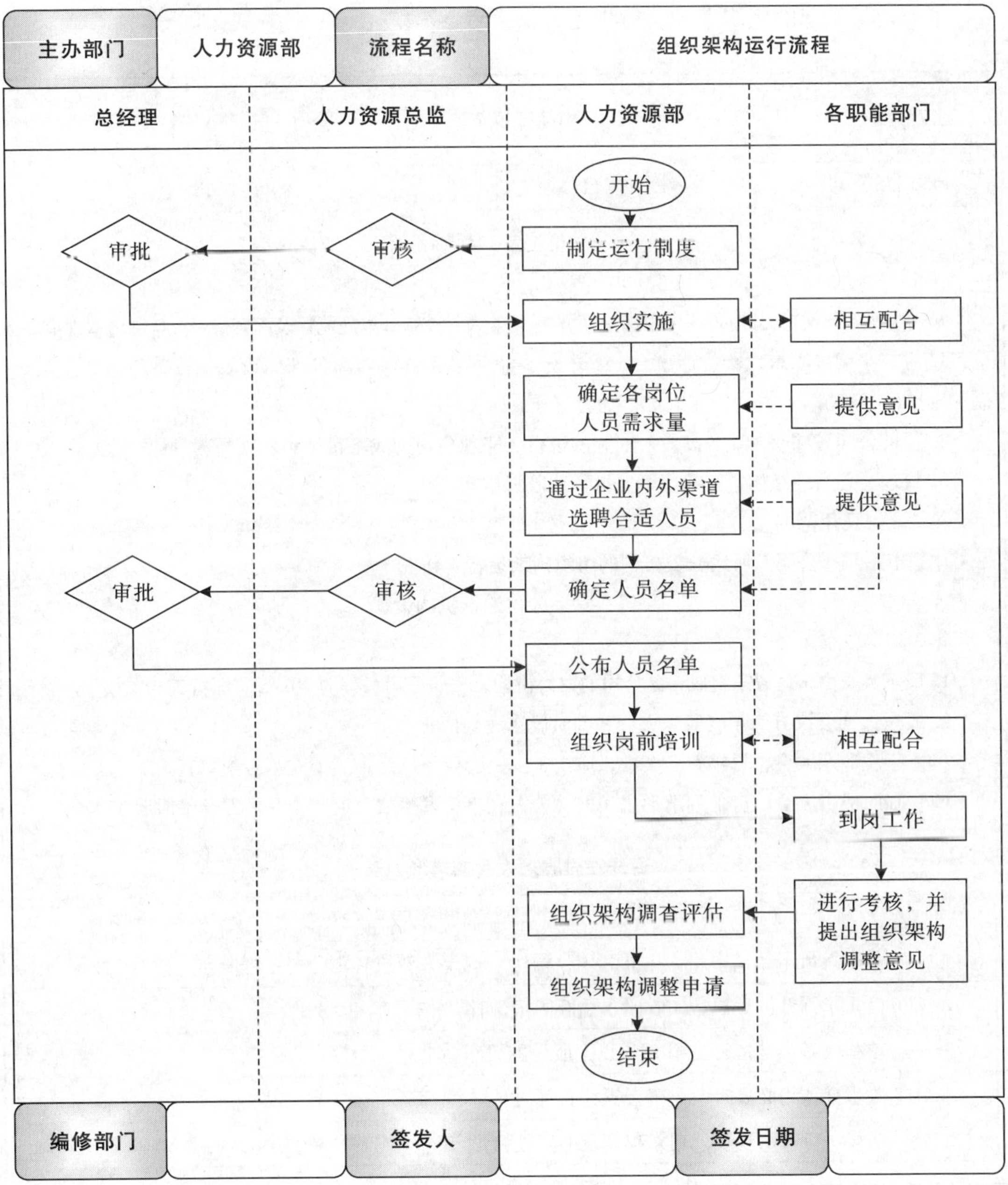

2.4.2 组织架构运行的规范

中小企业完成自身的组织构架设计工作后，需要对组织构架的运行工作予以规范，并对现有治理结构和内部机构设置进行全面梳理，确保本企业治理结构、内部机构设置和运行机制等符合现代企业的运作要求。

下面是某企业的组织架构运行规范，供读者参考。

<table>
<tr><td rowspan="2">制度名称</td><td colspan="3" rowspan="2">企业组织架构运行规范</td><td>受控状态</td><td></td></tr>
<tr><td>编　　号</td><td></td></tr>
<tr><td>执行部门</td><td></td><td>监督部门</td><td></td><td>编修部门</td><td></td></tr>
</table>

第1章　总则

第1条　目的

公司为达到下列三大目的，根据国家颁发的《企业内部控制基本规范》及配套指引，特制定本规范。

1. 进一步明确股东大会、董事会、监事会、经理层和公司内部各部门设置、权责权限、人员编制、工作程序和相关要求。

2. 保证公司各项经营业务高效、顺利的进行，实现公司的战略目标和各项经营目标，

3. 梳理公司治理结构，完善决策、执行和监督职能。

第2条　适用范围

本规范适用于公司及所属分支机构的组织构架运行工作。

第2章　公司运行机构设置

第3条　股东大会

1. 股东大会由全体股东组成，是公司的权力机构，按照公司章程的有关规定履行其相关权限。

2. 股东大会会议分为年度股东大会和临时股东大会两种。

（1）年度股东大会，每年召开1次，应当于上一会计年度结束后的6个月内举行。

（2）临时股东大会，有下列情形之一的，公司在事实发生之日起2个月内召开临时股东大会。

召开临时股东大会的情形列表

序号	具体情形说明
1	董事人数不足《中华人民共和国公司法》规定人数或者本公司章程所定人数的2/3时
2	公司未弥补的亏损达实收股本总额的1/3时
3	单独或者合计持有公司10%以上股份的股东请求时
4	董事会认为必要时，监事会提议召开时
5	法律、行政法规或公司章程规定的其他情形

（续）

第4条　董事会

1. 对股东大会负责，按公司章程有关规定行使企业的经营决策权。

2. 董事会由9名董事组成，设董事长1名，公司董事长、董事的产生和任期按公司章程规定执行。

3. 董事会的议事方式和表决程序，《中华人民共和国公司法》有规定的除外，由公司章程和《董事会议事规则》规定。

4. 董事会会议由董事长召集和主持。董事长不能履行职务或不履行职务的，由半数以上董事共同推举1名董事履行职务。

第5条　监事会

1. 监事会由5名监事组成，包括2名职工代表。监事会中的职工代表由公司职工通过职工代表大会、职工大会或者其他形式民主选举产生。

2. 监事会设主席1人，监事会主席由全体监事选举产生。

监事会主席召集和主持监事会会议；监事会主席不能履行职务或者不履行职务的，由半数以上监事共同推举1名监事召集和主持监事会会议。

3. 董事、高级管理人员不得兼任监事。

4. 监事可以列席董事会会议，并有权对董事会决议事项提出质询或者建议。

5. 监事会每6个月至少召开1次会议，监事可以提议召开临时监事会会议。

6. 监事会的议事方式和表决程序，《中华人民共和国公司法》有规定的除外，由本公司章程规定。

第6条　经理层

1. 公司设总经理1名，主管副总不超过3名，财务副总1名。

2. 总经理由董事会决定聘任或者解聘，副总经理、财务副总由总经理提请董事会聘任或解聘。

3. 总经理对董事会负责，按公司章程有关规定行使职权。

4. 总经理列席董事会会议。

第7条　董事会下设机构

公司董事会下设董事会秘书、战略发展委员会、审计委员会、薪酬与考核委员会。

1. 董事会秘书和各委员会主任委员由董事会决定和聘任。

2. 董事会秘书主要负责公司股东大会和董事会会议的筹备、文件保管以及公司股东资料的管理，办理信息披露等事宜。

3. 战略发展委员会主要负责对公司长期发展战略和重大投资决策进行研究并提出建议。

4. 审计委员会主要负责公司内外部审计的沟通、监督和核查工作。

5. 薪酬与考核委员会主要负责制定公司董事及经理人员的考核标准并进行考核，制定、审查公司董事及经理人员的薪酬政策与方案。

6. 战略发展委员会、审计委员会、薪酬与考核委员会实施细则参照公司董事会《战略发展委员会工作细则》、《审计委员会工作细则》、《薪酬与考核委员会工作细则》等相关规定。

（续）

第 8 条　经理层下设职能部门

公司目前下设内部职能部门有：行政人事部、财务部、投资管理部、商务部、审计部、物流事业部等。

1. 各职能部门的主要职责如下表所示。

职能部门职责一览表

部门名称	部门职责
行政人事部	◆ 行政人事部作为行政协调、人力资源管理和办公保障中心主要承担公司内部及与外部相关组织的沟通协调、人力资源规划管理、综合服务保障、外事管理等职能，以确保公司人力资源高效率配置和内部管理体系完整平稳地运作
财务部	◆ 财务部是对企业的经济活动进行业务核算及财务管理的核心部门，其主要职能是按照国家有关财务会计制度，真实、完整地反映企业的财务状况和经营成果。同时，财务部通过有效的财务管理，使企业降低经营成本、提高劳动生产率，实现企业资本的保值增值
投资管理部	◆ 投资管理部作为公司投资规划中心和下属控股公司董事会常设的日常管理机构主要承担投资计划论证、实施及投资项目股权经营管理、资产管理、法律事务等职能
市场营销部	◆ 市场营销部主要承担公司的业务开发和项目策划、销售管理、客户管理、业务协调和商务事务，参与、配合、协调、指导下属公司的市场营销和客户管理等工作
审计部	◆ 审计部在董事会审计委员会的指导下独立开展工作，主要负责对公司及所属成员企业的内部控制、风险管理、经济效益、财务收支及有关的经营活动进行审计监督，并向公司经营层或审计委员会及监事会报告审计结果
物流事业部	◆ 物流事业部承担物流项目开发，对内按市场化原则组织各物流板块资源以推进项目实施，通过项目带动和业务创新推动公司的物流资源整合和现代化物流的发展

2. 公司各部门负责人及部门员工由经营层决定和聘任，审计部负责人人选应事先经审计委员会确认。

第 3 章　组织架构运行机制

第 9 条　人员配备与培训

结合组织架构、部门及岗位的职责权限，定质、定量地配备各级各类人员，对这些人员进行岗位培训。

（续）

1. 根据组织构架设计的职务数量确定人员需求量。

2. 根据岗位要求，从内部和外部环境中选择人员。

3. 制订和实施人员培训计划，并对培训效果进行考核。

第10条　公司重点关注的运行问题

公司应重点关注以下四方面问题，一经发现问题，应及时按规定的权限和程序进行调整。

1. 董事会是否按时召集股东大会并向股东大会报告，是否严格认真地执行股东大会的所有决议，是否合理地聘任或解聘总经理及其他高级管理人员等。

2. 监事会是否按照规定对董事、高级管理人员的行为进行监督，在发现违反相关法律法规或损害公司利益的行为时，是否能够对其提出罢免建议或制止纠正其行为等。

3. 经理层是否认真有效地组织实施董事会所做的决议和制定的年度生产经营计划及投资方案，是否能够完成董事会确定的生产经营计划和绩效目标等。

第11条　组织架构运行调查与评估

1. 公司应不断完善内部组织构架，每年初行政人事部根据各部门、各员工的内部考核结果，提出内部职能架构调整的建议，按照有关规定上报调整建议，并及时向全公司公布调整结果。

2. 公司应制定员工内部考核管理办法，每年对员工进行一次全面业绩考核。相关考核管理办法每年初由行政人事部根据公司经营目标和生产经营情况的变化提出修订和完善的建议。

3. 公司应定期对组织架构设计中存在的职能交叉、缺失进行评估，发现存在缺陷时应及时采取有效措施加以优化调整。

4. 公司应定期对组织架构运行效率和效果进行评估，对运行效率低下的采取有效措施加以改进。

5. 对组织架构进行调整时，应充分听取董事、监事、高级管理人员和其他员工的意见，按照规定的权限和程序进行决策审批。

6. 公司负责草拟并执行对各部门的管控制度，对各部门的组织构架、管理幅度、职能和岗位设置等方面，按相关规定予以严格管控。

第4章　附则

第12条　本规范的拟定和修改由行政人事部负责，经总经理办公会、董事会审批后执行。

第13条　本规范由行政人事部负责解释，自批准之日起生效实施。

编制日期		审核日期		批准日期	
修改标记		修改处数		修改日期	

2.4.3 企业部门职能调查表

<table>
<tr><td>部门名称</td><td></td><td>上级部门或领导</td><td></td><td>下属部门或组织</td><td></td></tr>
<tr><td rowspan="3">部门目前职能</td><td rowspan="2">主要职能</td><td colspan="4"></td></tr>
<tr><td colspan="4"></td></tr>
<tr><td>一般职能</td><td colspan="4"></td></tr>
<tr><td rowspan="2">与其他部门的关系</td><td>本部门提供支持的服务部门</td><td></td><td>具体支持或服务的内容、方式</td><td colspan="2"></td></tr>
<tr><td>需要部门提供支持服务的部门</td><td></td><td>具体支持或服务的内容、方式</td><td colspan="2"></td></tr>
<tr><td rowspan="2">履行本职工作所需条件</td><td>工作条件</td><td colspan="4"></td></tr>
<tr><td>权限</td><td colspan="4"></td></tr>
<tr><td colspan="2">对本部门职能的调整建议</td><td colspan="4"></td></tr>
<tr><td colspan="2">其他说明事项</td><td colspan="4"></td></tr>
</table>

2.5 关键点4：组织架构优化

2.5.1 组织架构优化流程图

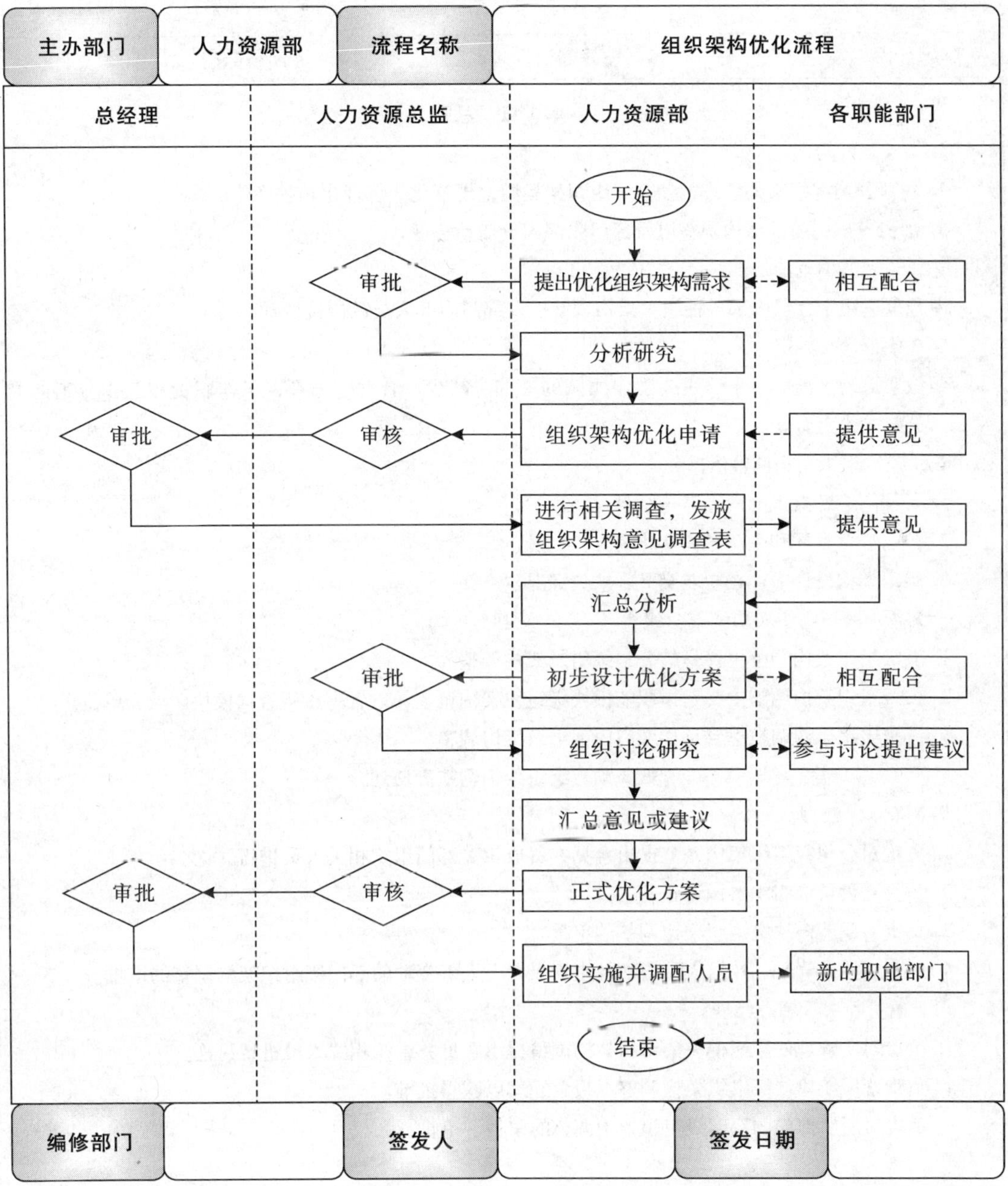

2.5.2 组织架构调整管理规范

下面是某企业制定的组织架构调整管理规范，供读者参考。

制度名称	企业组织架构调整管理规范			受控状态	
				编　　号	
执行部门		监督部门		编修部门	

第1章　总则

第1条　目的

1. 规范公司组织架构管理，使公司组织架构调整规范化、合理化和程序化。
2. 加强各部门内部结构调整以及部门内部人员变动管理。

第2条　适用范围

本规范适用于公司内部各种组织架构调整以及部门内部人员的岗位变动。

第3条　含义界定

组织架构调整包括工作模块或工作团队的增加、减少、合并、分裂，工作职责和工作分工的变动，人员配置的变动等。

第4条　组织架构调整依据

1. 各部门、各员工的内部考核结果。
2. 公司经营目标和生产经营变化情况。
3. 组织架构设计中存在职能交叉、缺失情况。

第5条　公司组织架构调整分级

1. 一级组织架构调整主要是指公司级组织架构调整。
2. 二级组织架构调整主要是指职能模块级组织架构调整，以各副总所管辖模块区域为单位。
3. 三级组织架构调整主要是指部门内部组织架构调整。

第2章　组织架构调整责任划分

第6条　总经理

1. 负责对公司级组织架构调整提出意见并责成相关部门组织相关人员进行讨论。
2. 负责对公司级组织架构调整的审批。
3. 负责对职能模块级组织架构调整的审批。
4. 负责对涉及管理、技术人员增加及主管级以上人事变动的部门级组织架构调整的审批。

第7条　各主管副总经理

1. 负责对所管理的职能模块的组织架构调整提出意见并组织相关人员进行讨论。
2. 负责把职能模块级组织架构调整上报总经理以获得批准。
3. 负责对所属部门的部门级组织架构调整的审核、审批。

（续）

第8条　各部门负责人

1. 负责对本部门的组织架构调整提出意见并组织相关人员进行讨论。

2. 负责把本部门的组织架构调整（涉及管理、技术人员增加及主管级以上人事变动的）上报主管副总和总经理以获得批准。

3. 负责组织架构调整后涉及本部门的相关人事变动的申请流程的履行。

第9条　人力资源部

1. 负责各种调整方案的分析、整理，并提供专业意见。

2. 对出现的不符合公司发展需要的调整要求有权予以否决。

3. 负责对职能模块及部门职能职责进行整合，并在审核后予以公布。

4. 负责相关人事变动手续的办理。

5. 负责对审批的组织架构及相关资料原件的归档保存。

第10条　其他

公司组织架构及部门职能、职责增加或删减等被批准后，相关部门在体系文件中应及时予以更新和替换。

第3章　组织架构调整程序

第11条　公司级组织架构调整程序

1. 由公司总经理（或总经理办公会）提出组织架构调整意见。

2. 公司人力资源部按照所提出的调整意见拟定公司组织架构调整方案，并明确相关的职责变动、工作分工和人员配置。

3. 公司级组织架构调整方案上报总经理审批。

4. 对公司级组织架构调整中涉及的人事调整问题，参照公司的人事调整相关规定执行。

5. 经批准的新组织架构以及相关人事调整在公司内颁布实施。

第12条　各主管副总所管理的职能模块级组织架构调整程序

1. 由各主管副总提出调整意见。

2. 公司人力资源部按照各主管副总所提出的调整意见整理汇总出调整方案，并明确相关的职责变动、工作分工和人员配置。

3. 调整方案上报总经理审批。

4. 对公司级组织架构调整中涉及的人事调整问题，参照公司的人事调整相关规定执行。

5. 经批准的新组织架构以及相关人事调整在公司内颁布实施。

第13条　部门级组织结构调整程序

1. 由各部门负责人提出调整意见。

2. 由各部门内部安排人员整理汇总出调整方案，并明确相关的职责变动、工作分工和人员配置。

3. 调整方案上报人力资源部审核，主管副总审批。对调整过程中涉及的管理、技术人员增加及主管级以上人事变动的调整须报总经理审批。

（续）

<table>
<tr><td colspan="6">4. 对调整方案中涉及的人事调整问题，参照公司的人事调整相关规定执行。但对于属于部门内部除升职外的人事变动，请填写“部门内部人事变动审批表”。
5. 对经审批的组织结构及相关资料原件由人力资源部归档保存。
第 4 章　附则
第 14 条　本规范经总经理办公会审批通过后生效。
第 15 条　本规范的最终解释权归人力资源部。
第 16 条　本规范与公司其他相关人事管理制度相抵触之处，请以相关人事管理制度为准。</td></tr>
<tr><td>编制日期</td><td></td><td>审核日期</td><td></td><td>批准日期</td><td></td></tr>
<tr><td>修改标记</td><td></td><td>修改处数</td><td></td><td>修改日期</td><td></td></tr>
</table>

2.5.3　组织架构调整实施细则

企业组织架构在运行过程中，管理者需综合考虑企业的发展情况、外部环境的变化以及目前组织架构存在的问题，在调查分析的基础上，对企业组织架构进行调整。所以，何时开展组织架构调整、如何有效地开展组织架构调整工作，对企业管理人员来说非常重要。

下面是某企业制定的组织架构调整实施细则，供读者参考。

<table>
<tr><td rowspan="2">制度名称</td><td colspan="3" rowspan="2">企业组织架构调整实施细则</td><td>受控状态</td><td></td></tr>
<tr><td>编　　号</td><td></td></tr>
<tr><td>执行部门</td><td></td><td>监督部门</td><td></td><td>编修部门</td><td></td></tr>
<tr><td colspan="6">第 1 章　总则
第 1 条　目的
1. 配合公司战略调整，实现公司的战略目标，解决现行体制中不适应公司业务发展的问题。
2. 整合公司资源，实现最佳配置。
第 2 条　适用范围
本细则适用于公司及分支机构的组织构架调整工作以及企业内部各部门岗位变动工作。
第 2 章　组织架构调整的规划
第 3 条　组织构架调整原则
1. 适应公司中长期发展战略调整，紧密结合公司发展战略，有针对性地解决目前管理工作中存在的突出问题和薄弱环节。</td></tr>
</table>

（续）

2. 坚持责、权、利一致的原则。

3. 适合公司的特点，精简高效，简便易行，尽量避免组织架构调整的负面影响。

4. 组织构架调整的步骤服从人力资源管理状况，保证业务不断不乱、稳中有升。

第4条　识别组织构架调整的时机

公司各部门及时反馈组织架构运行过程中的信息，如遇以下情况，则需要进行组织架构调整。

1. 公司内外部环境、公司战略发生变化，新的战略必须有相应的组织架构作为支持和保证。

2. 公司组织规模扩大，管理体制面临领导危机、自主危机、控制危机，促使组织构架不断发生变化。

3. 技术的复杂性、生产能力提高，管理幅度和集权分权等组织管理因素将面临着新的变化和新的要求。

4. 员工的价值观、态度、期望、能力等都会对组织架构提出新的要求。

第5条　组织架构调整的主要任务

根据公司组织架构调整的目标、管理定位和主要管理职能以及目前公司组织管理上的突出问题和薄弱环节，调整公司组织架构主要有以下任务。

1. 促进公司决策体系的科学化、民主化和规范化。

2. 加强公司的科学管理、集中协调、系统控制和风险防范。

3. 有利于公司发展战略的实施和资源整合与合理配置。

第3章　组织架构调整实施步骤

第6条　发放组织架构调整意见表

1. 人力资源部应将组织架构调整意见表发放给总经理以下级别的管理人员，主要包括各部门领导。

2. 收到组织架构调整意见表的人员应当主动发表自己的意见，不能有所保留。

第7条　汇总分析组织架构调整意见

人力资源部负责整理所有组织架构调整意见，在汇总整理时应当坚持全面、客观、细致的原则，实现统计无遗漏，表达客观的目标。

第8条　设计组织架构调整方案

1. 人力资源部根据组织架构调整意见初步设计组织架构调整方案，各职能部门应当给予支持。

2. 针对初步的调整方案，人力资源部组织各部门积极参与讨论并汇总讨论结果。

3. 根据讨论结果编制正式的组织架构调整方案。

第9条　实施组织架构调整方案

根据组织架构调整方案，人力资源部负责编制新的组织架构图、业务流程图及岗位说明书。

第4章　附则

第10条　本细则的拟定和修改由人力资源部负责，经总经理办公会审批后执行。

第11条　本细则由人力资源部负责解释，自批准之日起生效实施。

编制日期		审核日期		批准日期	
修改标记		修改处数		修改日期	

2.5.4 组织架构调整对比图

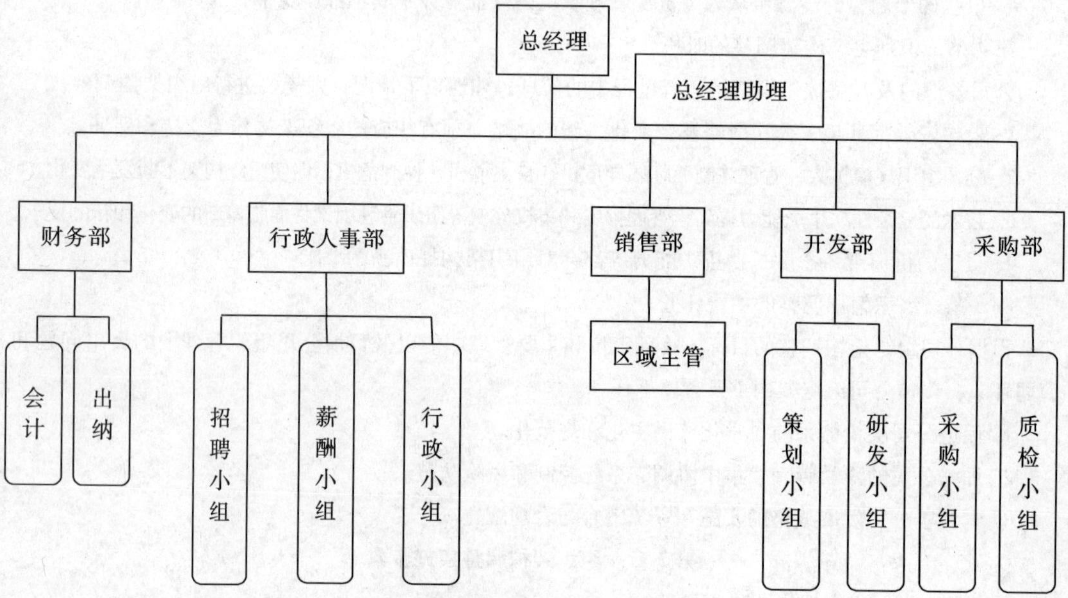

图 2-5 调整前的组织架构示意

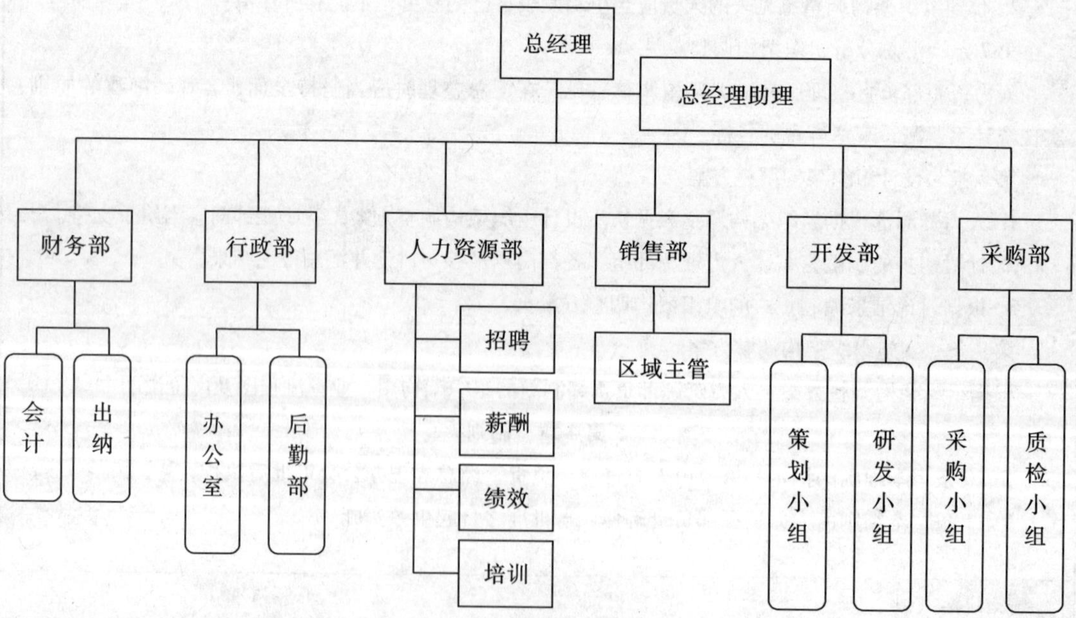

图 2-6 调整后的组织架构示意

第3章

人力资源规划管理关键点

3.1 人力资源规划管理关键点分析

3.1.1 人力资源规划主要风险点

为了顺利开展人力资源规划工作，提高人力资源管理工作效率，保证企业快速稳健的发展，人力资源管理人员在进行人力资源规划时，须关注如表 3-1 所示的五大风险。

表 3-1 人力资源规划主要风险点说明

序号	风险点名称	风险点说明
风险点 1	人力资源现状分析	1. 企业未对人力资源现状进行充分调查、分析，可能导致制定的人力资源规划偏离实际，不能适应企业的发展 2. 对人力资源现状分析不合理，可能导致人力资源供需预测错误，各职能部门无法正常地开展工作
风险点 2	人力资源需求预测	1. 人力资源需求预测总量偏低，有可能带来人才短缺风险，影响企业正常的用工需求，进而导致企业运作不正常 2. 人力资源需求预测总量过大，导致大量招聘新员工，有可能造成人员规模过大，人浮于事，相当于“人才积压”
风险点 3	人力资源供给预测	1. 对内部人员调整比例的分析不合理，可能会导致人力资源内部供给预测偏离实际，使岗位出现空缺，影响企业正常运作 2. 外部人力资源供给统计未及时更新，可能会导致人力资源外部供给预测偏离实际，使企业无法获得所需员工
风险点 4	人力资源工作计划编制	1. 工作计划编制的依据不充分、不合理可能会导致工作计划无法执行，相关人员在工作中无章可循 2. 编制的工作计划不完善、不合理可能导致相关工作出现混乱，影响企业经营目标的实现
风险点 5	人力资源费用预算	1. 人力资源费用预算的编制不合理，将会导致企业资源浪费 2. 人力资源费用预算编制的内容和标准不明确、不规范，可能导致严重超支

3.1.2 人力资源规划三大流程图

1. 人力资源战略规划管理流程图

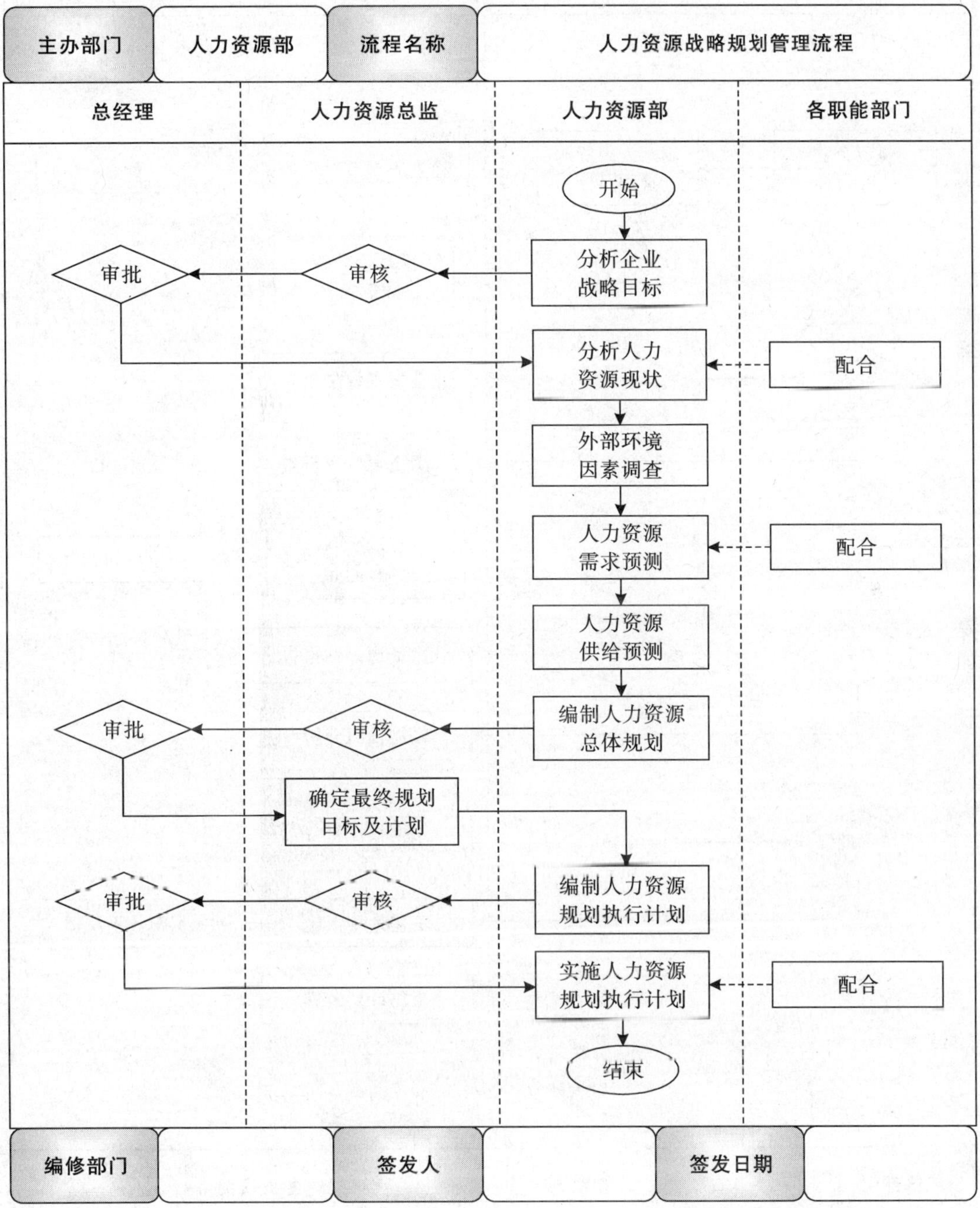

2. 人力资源工作计划管理流程图

主办部门	人力资源部	流程名称	人力资源工作计划管理流程

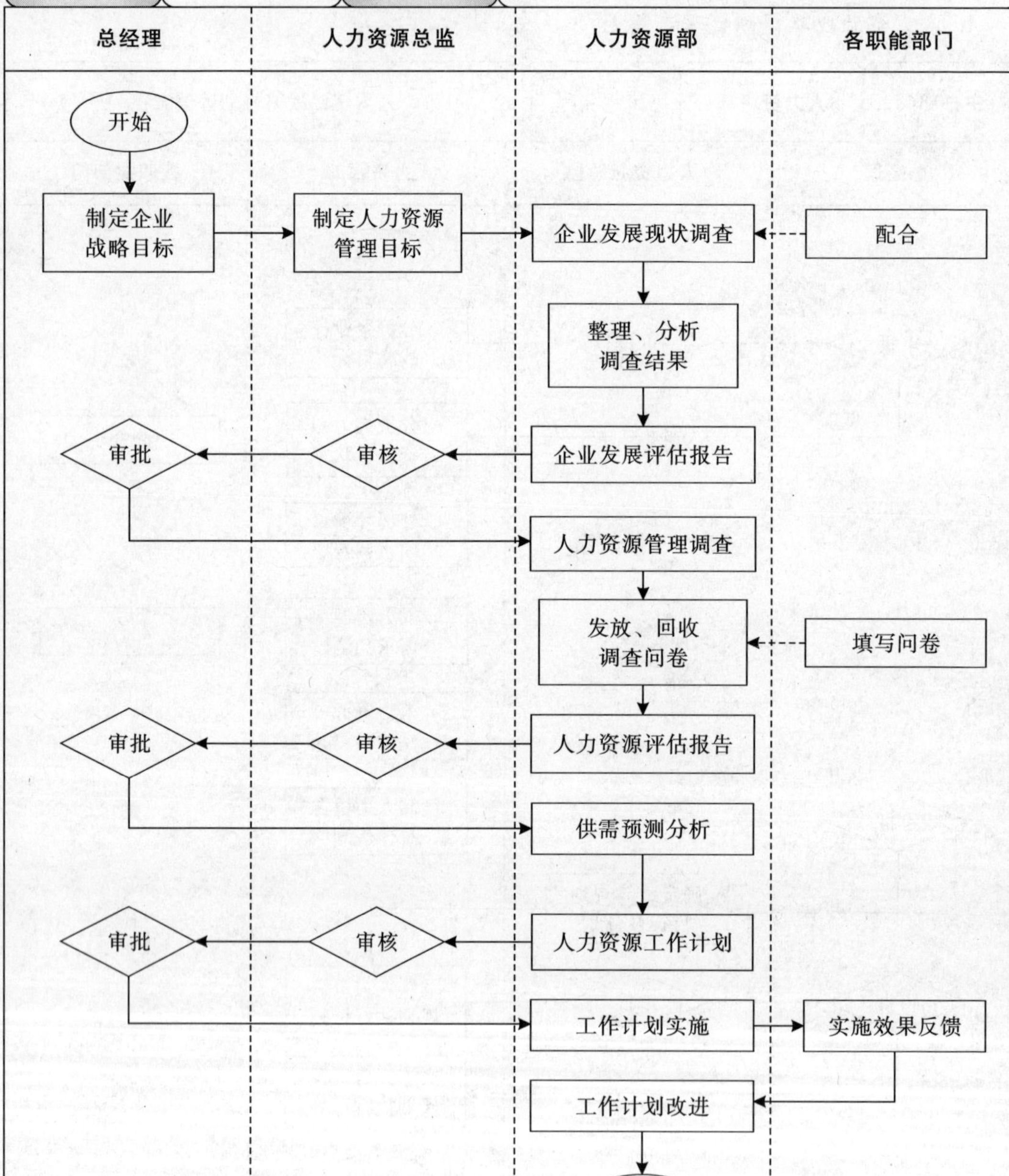

编修部门		签发人		签发日期	

3. 人力资源费用预算流程图

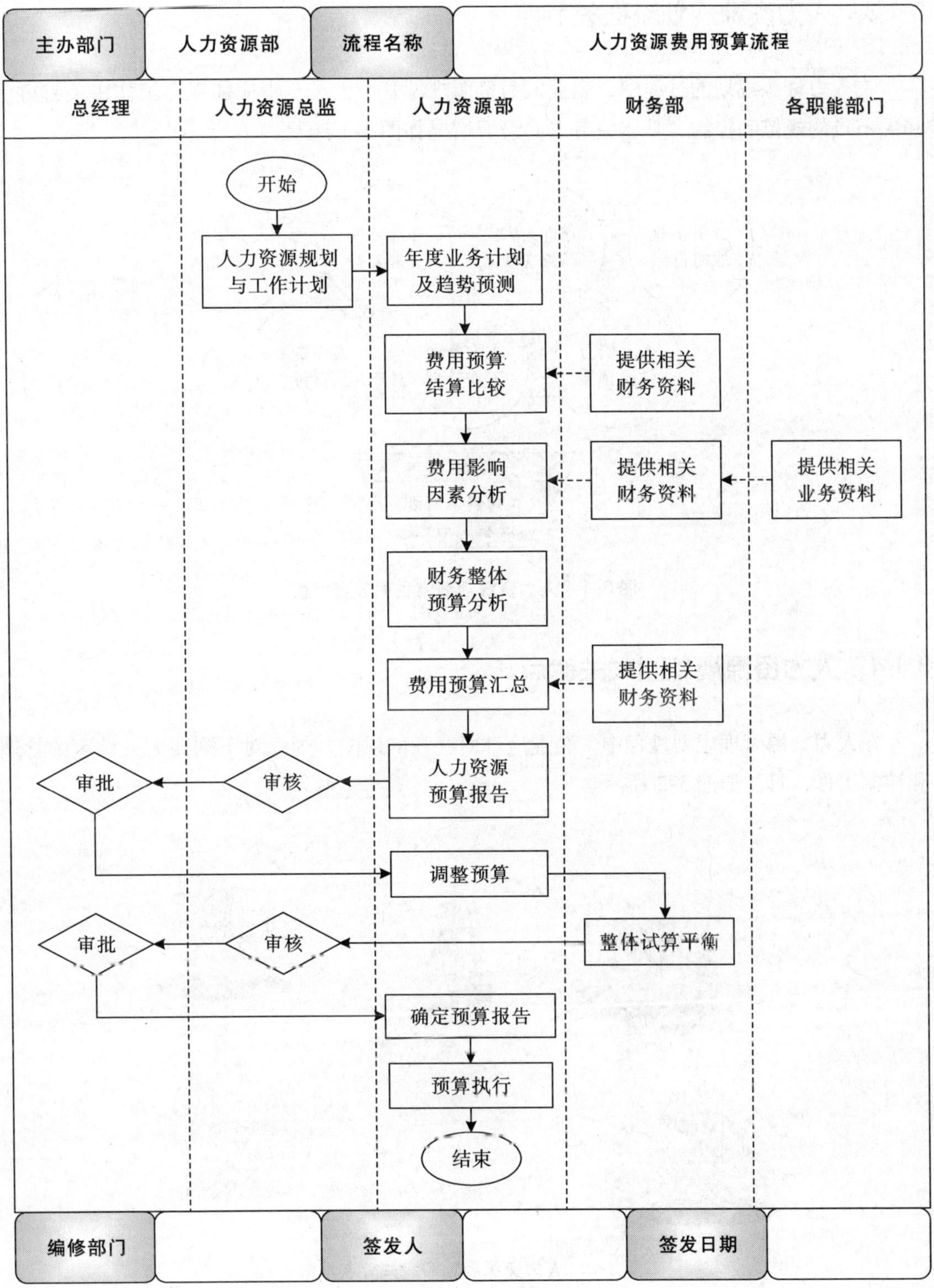

3.1.3 人力资源规划流程关节点

在人力资源规划的过程中，企业人力资源规划管理人员至少应加强对工作中关键方面和关节点的规范和控制，具体关节点的设置情况如图 3-1 所示。

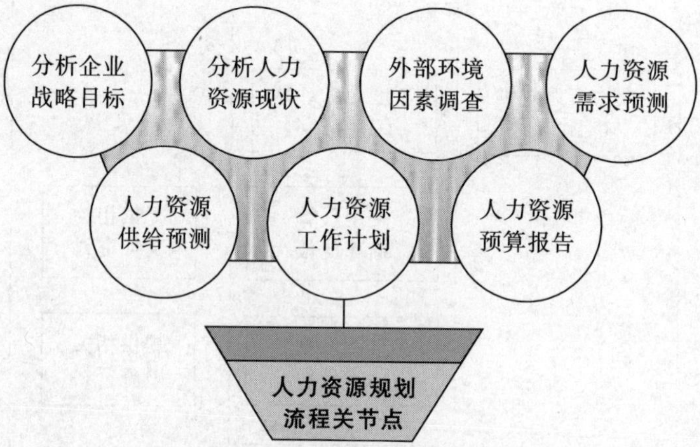

图 3-1 人力资源规划流程关节点示意

3.1.4 人力资源规划四大关键点

在人力资源管理规划过程中，企业应针对存在的风险，加强对下列四大关键点的管理和控制工作，具体如图 3-2 所示。

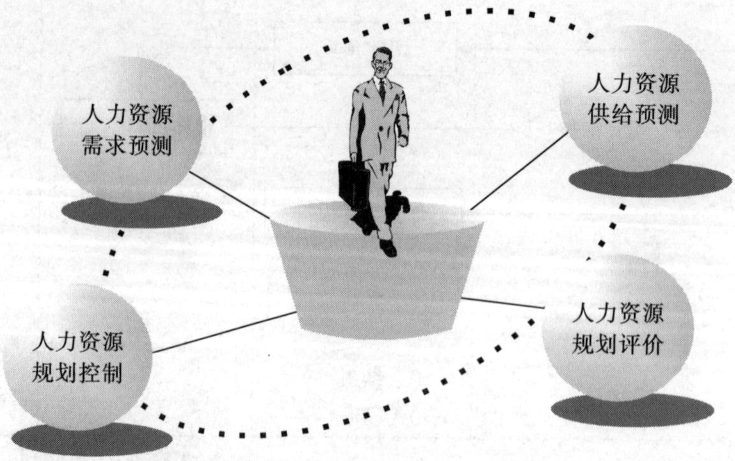

图 3-2 人力资源规划四大关键点示意

3.2 关键点1：人力资源需求预测

3.2.1 人力资源需求预测流程图

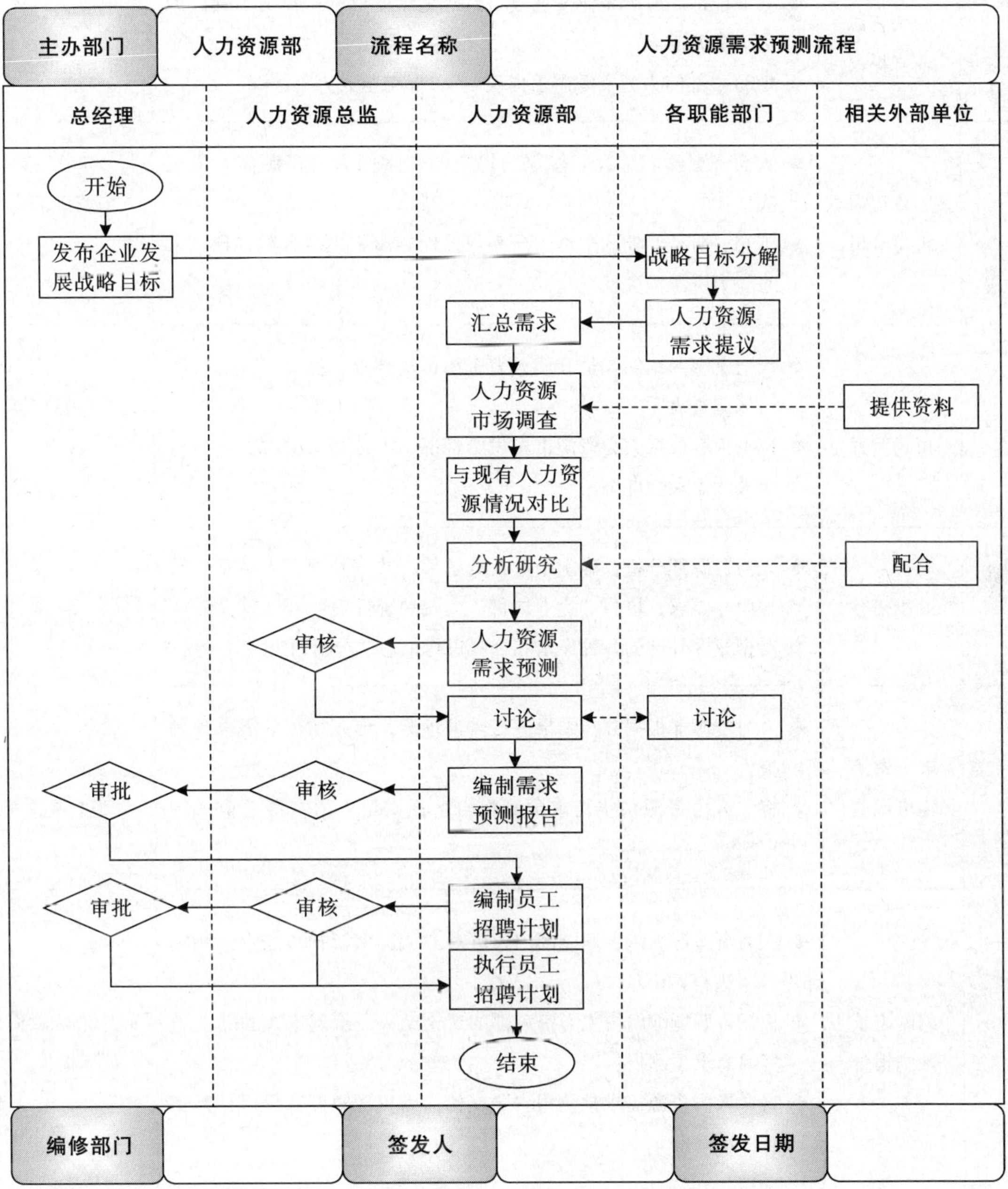

3.2.2 人力资源需求预测的程序

序号	程序	程序操作说明	相关文件
1	人力资源需求提议	◆ 各职能部门分解企业发展战略目标和年度目标，提出本部门的人力资源需求 ◆ 填写“部门人力资源需求提议表”，提交至人力资源部	部门人力资源需求提议表
2	人力资源需求汇总分析	◆ 人力资源部汇总各职能部门提交的“部门人力资源需求提议表” ◆ 汇总分析预测期内退休人员人数，预测离职人员人数，预测未来人力资源流失状况	人力资源需求汇总表
3	人力资源市场调查	◆ 人力资源部组织人员开展人力资源市场调查，提交“人力资源市场调查表” ◆ 调查内容包括人力资源市场供给情况、人才构成情况、竞争对手人才需求情况等	人力资源市场调查表
4	分析研究	◆ 人力资源部分析、确定企业人员超编、缺编及现有人员是否符合职务要求，填写“企业内部人力资源统计表” ◆ 对企业内外部的各种需求和资料进行汇总、分析研究	企业内部人力资源统计表
5	人力资源需求预测	◆ 人力资源部根据分析结果进行需求预测，形成初步的需求预测报告 ◆ 将“人力资源初步需求预测报告”提交给人力资源总监进行审核	人力资源需求汇总表
6	编制需求预测报告	◆ 人力资源部组织各职能部门人员对“人力资源初步需求预测报告”进行讨论 ◆ 根据各职能部门与人力资源部的讨论结果，编制正式的“人力资源需求预测报告” ◆ 将“人力资源需求预测报告”交给人力资源总监审核后，提交总经理审批	人力资源需求预测报告

3.2.3 人力资源需求预测管理考核表

考核关键事项	考核指标与目标值	考核结果
人力资源需求汇总	◆ 需求汇总差错率，目标值为 0 ◆ 需求汇总按时完成率，目标值为 100%	——
人力资源市场调查	◆ 调查的及时性，及时、定期对人力资源市场进行调查，无拖延情况发生 ◆ 调查的准确性，开展的人力资源调查准确，针对性强，无错漏	——
人力资源需求预测	◆ 需求预测的合理性，做出的需求预测合理，符合企业及人力资源市场的实际情况 ◆ 需求预测结果通过率，需求预测结果在人力资源总监审批及与各职能部门的讨论中，通过率达到 100%	——
编制需求预测报告	◆ 报告编制按时完成率，目标值为 100% ◆ 报告编制准确率，目标值为 100% ◆ 报告编制一次性通过率，目标值为 100% ◆ 报告编制的可行性，编制需求预测报告的可操作性强	——

3.2.4 人力资源需求分析工具表

1. 人力资源分析方法说明表

分析方法	操作说明	适用说明
德尔菲法	1. 第一轮：提出预测目标和要求，确定专家组，准备有关资料，征求专家意见 2. 第二轮：简明扼要地以调查表方式列出预测问题（一般以 25 个为宜），交付专家组讨论评价，然后对评价结果进行统计整理 3. 第三轮：修改预测结果，充分考虑有关专家的意见 4. 第四轮：进行最后预测，在第二轮统计资料的基础上，请专家提出最后意见及根据	适用于对人力资源需求的长期预测

（续表）

分析方法	操作说明	适用说明
简单趋势模型预测法	假设人力需求 M 与企业产出水平 Y（可用产量和劳动价值表示）成比例关系，公式为 $M_1 = M_0 \times \frac{Y_1}{Y_0}$ 其中，Y_0 为现期产出水平；Y_1 为未来某时刻的产出水平；M_0 为现期人员需求的实际数量；M_1 为未来某时刻的产出水平所对应的人员数	此模型使用的前提是企业的生产水平和企业的人员需求量是确定的
简单的单变量预测模型	假设以时间为自变量，公式为 $Y = a + bX$ 其中，Y 是人员数量，X 是时间，a、b 是常数，运用最小平方方法可以得到 a、b，其公式表达如下： 公式为 $a = \overline{Y} - b\overline{X}$，$b = \frac{n\sum(XY) - \sum X\sum Y}{n\sum X^2 - (\sum X)^2}$ 其中，$\overline{Y}$ 平均人员数量，$\overline{X}$ 是评价时间	此模型假设过去人员的增减趋势保持不变，可以预测某个时间段内人力资源的具体需求量

2. 现实人力资源需求预测表

部门	目前编制	人员配置情况			人员需求
		超编	缺编	不符合岗位要求	
……					
合计					

3. 未来人力资源流失预测表

预测期 内容	第1年	第2年	第3年	第4年	……
离职人员					
退休					
其他					
岗位及人数					
备注					

4. 年度人力资源需求预测表

<table>
<tr><th>岗位</th><th colspan="2">当前年</th><th colspan="2">第1年</th><th colspan="2">第2年</th><th>……</th></tr>
<tr><td rowspan="4">管理岗位</td><td>现实人数</td><td></td><td>期初人数</td><td></td><td>期初人数</td><td></td><td></td></tr>
<tr><td>现实需求</td><td></td><td>需增加岗位和人数</td><td></td><td>需增加岗位和人数</td><td></td><td></td></tr>
<tr><td rowspan="2">总需求</td><td rowspan="2"></td><td>流失人数预测</td><td></td><td>流失人数预测</td><td></td><td></td></tr>
<tr><td>总需求</td><td></td><td>总需求</td><td></td><td></td></tr>
<tr><td rowspan="4">销售岗位</td><td>现实人数</td><td></td><td>期初人数</td><td></td><td>期初人数</td><td></td><td></td></tr>
<tr><td>现实需求</td><td></td><td>需增加岗位和人数</td><td></td><td>需增加岗位和人数</td><td></td><td></td></tr>
<tr><td rowspan="2">总需求</td><td rowspan="2"></td><td>流失人数预测</td><td></td><td>流失人数预测</td><td></td><td></td></tr>
<tr><td>总需求</td><td></td><td>总需求</td><td></td><td></td></tr>
<tr><td rowspan="4">技术岗位</td><td>现实人数</td><td></td><td>期初人数</td><td></td><td>期初人数</td><td></td><td></td></tr>
<tr><td>现实需求</td><td></td><td>需增加岗位和人数</td><td></td><td>需增加岗位和人数</td><td></td><td></td></tr>
<tr><td rowspan="2">总需求</td><td rowspan="2"></td><td>流失人数预测</td><td></td><td>流失人数预测</td><td></td><td></td></tr>
<tr><td>总需求</td><td></td><td>总需求</td><td></td><td></td></tr>
<tr><td rowspan="4">其他岗位</td><td>现实人数</td><td></td><td>期初人数</td><td></td><td>期初人数</td><td></td><td></td></tr>
<tr><td>现实需求</td><td></td><td>需增加岗位和人数</td><td></td><td>需增加岗位和人数</td><td></td><td></td></tr>
<tr><td rowspan="2">总需求</td><td rowspan="2"></td><td>流失人数预测</td><td></td><td>流失人数预测</td><td></td><td></td></tr>
<tr><td>总需求</td><td></td><td>总需求</td><td></td><td></td></tr>
<tr><td rowspan="4">总计</td><td>现实人数</td><td></td><td>期初人数</td><td></td><td>期初人数</td><td></td><td></td></tr>
<tr><td>现实需求</td><td></td><td>需增加岗位和人数</td><td></td><td>需增加岗位和人数</td><td></td><td></td></tr>
<tr><td rowspan="2">总需求</td><td rowspan="2"></td><td>流失人数预测</td><td></td><td>流失人数预测</td><td></td><td></td></tr>
<tr><td>总需求</td><td></td><td>总需求</td><td></td><td></td></tr>
</table>

3.3 关键点2：人力资源供给预测

3.3.1 人力资源供给预测流程图

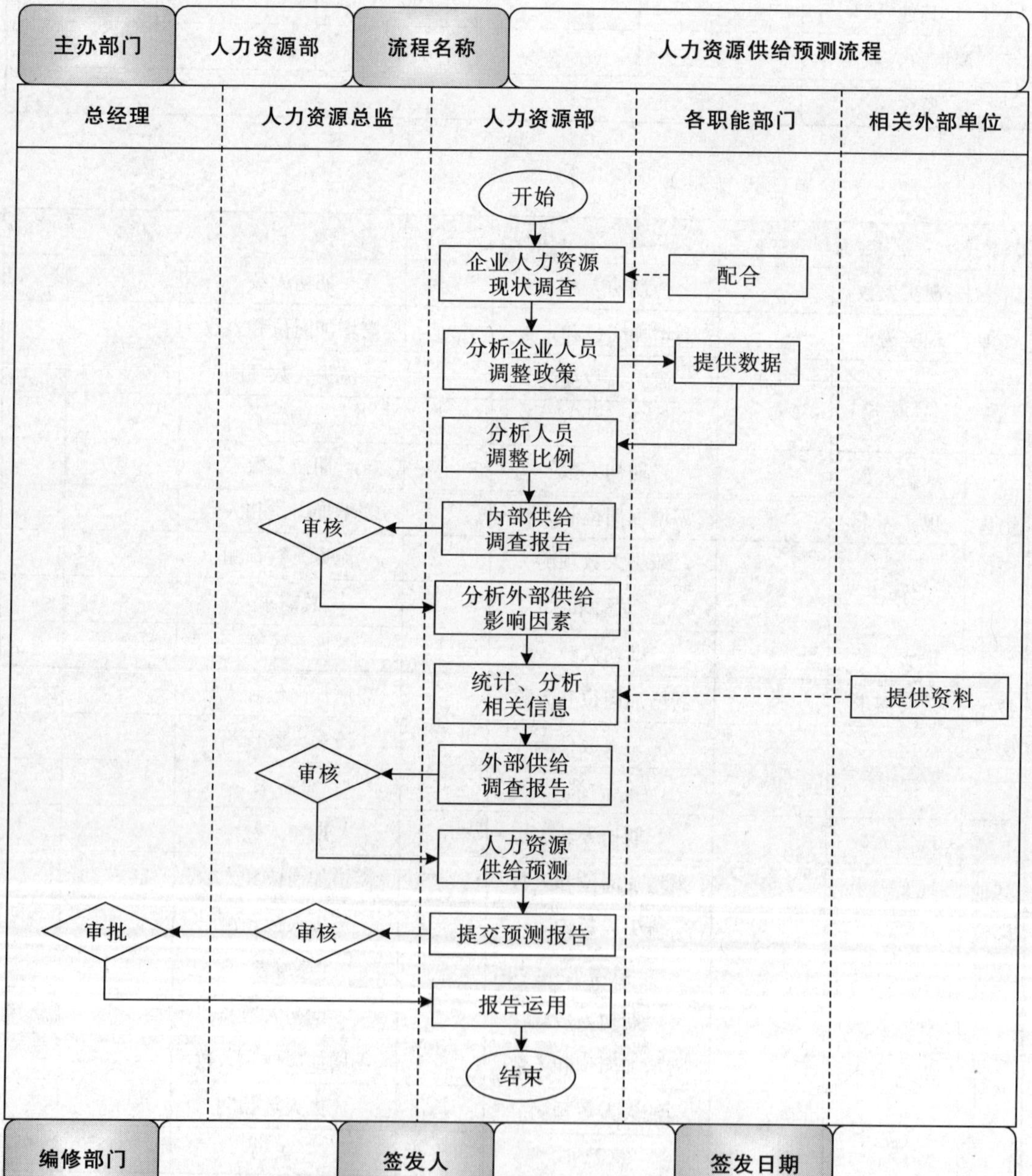

3.3.2 人力资源供给预测工作标准

序号	项目	工作执行标准	执行工具
1	企业人力资源现状调查	◆ 人力资源部在各职能部门的配合下，对企业的人力资源现状进行调查 ◆ 调查内容包括企业现有的人员数量、人员素质、人员分布情况等	企业人力资源现状调查表
2	内部供给调查报告	◆ 人力资源部根据企业内部人力资源现状和人员调整情况分析未来规划期内各个阶段的人员调整情况 ◆ 编制“人力资源内部供给调查报告”，并提交给人力资源部经理审核	人力资源内部供给调查报告
3	分析外部供给影响因素	◆ 人力资源部在开展外部供给调查前，应分析影响人力资源外部供给的因素 ◆ 影响因素可分为地域性因素和全国性因素，其中地域性因素包括企业所在地的人力资源供求现状、人力资源整体状况、对人才的吸引程度等；全国性因素包括毕业生人数及就业情况、国家就业政策、该行业在全国范围的人才供需状况等	人力资源外部供给情况调查表
4	外部供给调查报告	◆ 人力资源部在相关外部机构的支持下，统计人力资源外部供给情况 ◆ 根据外部供给情况分析供给影响因素，编制“人力资源外部供给调查报告”，并将报告提交给人力资源总监审核	人力资源外部供给调查报告
5	提交预测报告	◆ 人力资源部汇总审核后的“人力资源内部供给调查报告”与“人力资源外部供给调查报告”，得出整体的人力资源供给预测量 ◆ 根据汇总的人力资源供给预测量，编制“人力资源供给预测报告” ◆ 将“人力资源供给预测报告”交给人力资源总监审核后，提交总经理审批	人力资源供给预测报告

3.3.3 人力资源供给预测管理考核表

考核关键事项	考核指标与目标值	考核结果
企业人力资源现状调查	◆ 盘点及时率，目标值为 100% ◆ 盘点出错次数，目标值为 0 次	——
分析人员调整比例	◆ 分析准确率，目标值为 100% ◆ 分析合理性，对人员调整比例的分析以事实数据为依据，得出的分析结果合理	——
人力资源内、外部供给预测报告	◆ 报告编制的及时性，编制报告及时，无到期未完成情况 ◆ 报告的准确性，编制的报告内容准确，以事实为依据 ◆ 报告的全面性，编制的报告内容全面，无缺漏	——
外部供给情况统计	◆ 统计误差率，目标值为____% ◆ 统计更新的及时性，对外部供给情况定期进行统计更新，无到期未更新情况	——
人力资源供给预测	◆ 人力资源供给预测准确，与实际情况无误差	——

3.3.4 人力资源内外部供给预测模型

人力资源内外部供给预测是对企业现有内部、外部人力资源的数量、质量和结构进行核查，掌握目前企业人力资源状况和外部人力资源供给情况，对短期内人力资源供给做出的预测。人力资源内外部供给预测模型如图 3-3 所示。

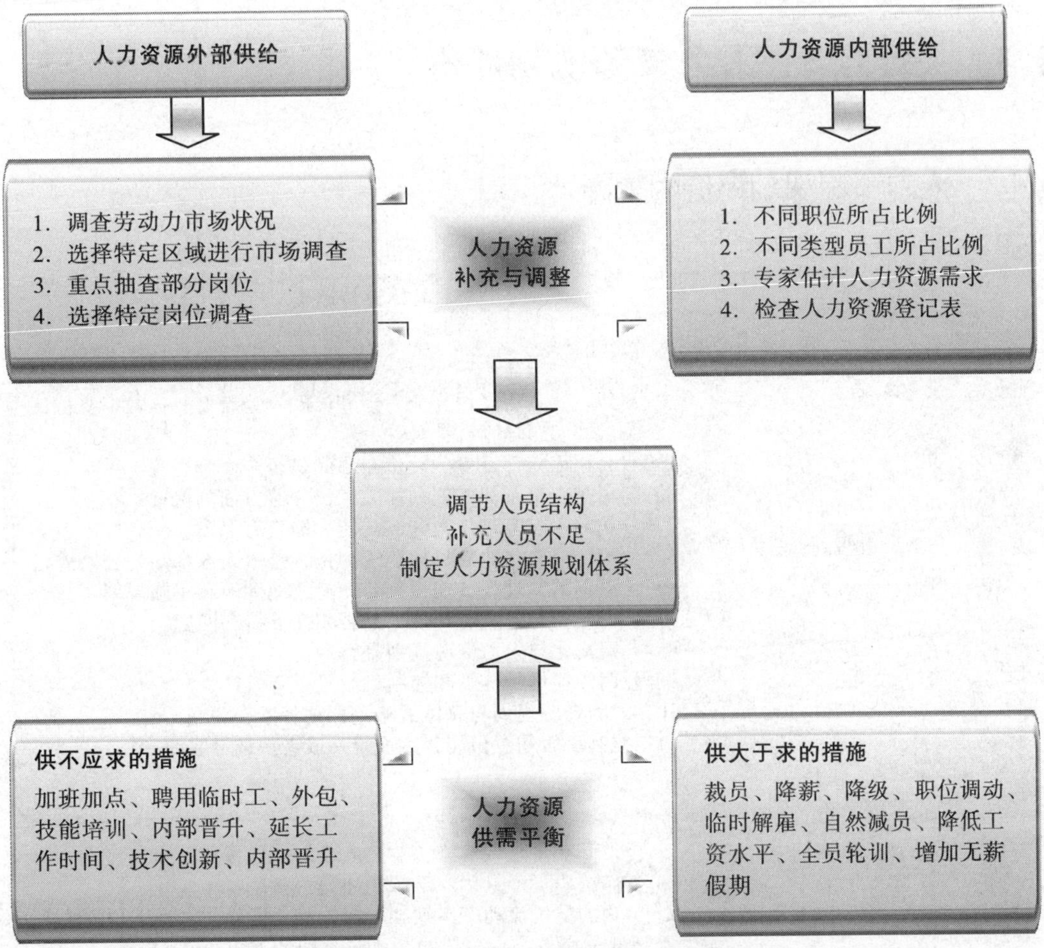

图3-3　人力资源内外部供给预测模型

3.4 关键点3：人力资源规划评价

3.4.1 人力资源规划评价因素图

评估层面	具体评价因素
人力资源规划制定基础层面	1. 形成过程是否经过充分考虑和酝酿，是否有具体数据支持，关键性问题是否有针对性 2. 对公司内外部环境的评价与预测是否全面和客观 3. 公司是否具备战略规划能力和资金等方面的保证 4. 公司的组织管理能力和实施能力能否有保障 5. 公司的战略与战术目标能否测量，是否人人都知晓公司战略 6. 各级别的管理人员能否有效、持续地理解和实施规划 7. 公司结构与人力资源规划是否相互支持和匹配 8. 公司文化与人力资源规划是否冲突 9. 公司的评价、奖励和控制机制是否有效 10. 人力资源规划与总体战略目标是否紧密关联 11. 控制手段和意识能否达成统一或者协调性妥协
人力资源规划的实施层面	1. 公司高层管理人员是否按战略规划把任务分配到各部门 2. 工作的职责、具体规定和描述是否清楚 3. 预测的员工流动率和缺勤率指标是否准确与客观，预测的人员需求量与实际的人员招聘量之间的差距 4. 所有部门、员工的努力目标是否一致 5. 人力资源规划的各项业务目标是否均能达到 6. 比较实际人力资源规划实施成本和规划预算，比较人力资源规划的成本与收益状况 7. 执行人力资源规划的关键任务时得到的支持是否得力 8. 人力资源规划实施所需信息种类是否齐全，是否具有畅通的信息交流渠道 9. 是否需对实施人员进行培训 10. 高层领导对人力资源规划的预测结果、实施方案、各种建议和意见的重视和运用程度 11. 人力资源规划在管理者心目中的地位和作用大小，在关键决策中的利用价值
人力资源规划技术手段层面	1. 人力资源规划评价技术是否能针对本公司的实际情况 2. 人力资源规划的控制力度和频度的合理范围 3. 人力资源信息系统的实用性与有效性

3.4.2 人力资源规划评价程序图

3.4.3 人力资源规划评价方法汇总表

方法名称	操作说明
人力资源关键指标评估法	◆ 用测评企业绩效的关键量化指标说明人力资源规划的工作情况 ◆ 这些关键指标包括招聘录用、培训开发、职业生涯规划、绩效管理、薪酬福利、工作环境、劳动关系以及总效用等，每一项关键指标均需给出可量化的若干指标
问卷调查评估法	◆ 让员工表达其对人力资源规划工作的看法，着重了解员工对工作和企业的感受及信念 ◆ 该方法用于诊断问题，了解员工需求和偏好，提出措施等
人力资源规划案例研究评估法	◆ 这是一种低成本的评估方法，通过对人力资源工作绩效的调查分析，与人力资源部的"客户"、计划目标制定者进行访谈，分析人力资源相关项目、策略的成功之处
人力资源成本控制评估法	◆ 测算人力资源成本并将其与标准成本相比较 ◆ 人力资源费用包括招聘、培训与开发、薪酬福利、劳动关系、安全与健康、人力资源整体成本等
人力资源竞争基准评估法	◆ 列出人力资源工作的关键产出，将此与同行业中的佼佼者进行比较，并进行评估 ◆ 可使企业了解人力资源规划业绩与其他企业相比的优势、不足之处和解决对策

（续表）

方法名称	操作说明
人力资源目标管理评估法	◆ 运用目标管理的基本原理，根据企业目标要求，建立一系列目标来评价人力资源工作 ◆ 目标需合理、可评估，具有时效性，具有挑战性且合乎实际，能被所有参与者理解 ◆ 应达到高水平管理所要求的目标，尽可能量化，并与企业绩效相联系
运用人力资源规划研究进行评估	◆ 通过人力资源规划研究，分析企业内外部人力资源记录资料，确定以往和当前人力资源规划实施的可行性、有效性 ◆ 分析结果可用于观察近期人力资源规划工作，明确人力资源存在的问题及解决方案，预测各种发展趋势及其对人力资源管理的影响，考核人力资源规划工作的成本与收益等

3.5 关键点4：人力资源规划控制

3.5.1 人力资源规划控制因素图

信息资源的控制

1. 对企业员工工作方面的信息进行收集、保存、分析和报告
2. 估计信息资源管理的成本
3. 确定关键管理部门人员对信息的要求
4. 对与人力资源信息系统有关的问题提出建议
5. 对人力资源信息资源的保密工作提出建议

人力资源供给控制

1. 分析企业外部的劳动力供给数量、素质和结构
2. 分析企业外部的劳动力就业情况及同行业竞争对企业可能造成的影响
3. 分析企业在职员工的年龄结构、离职率对人力资源供给造成的影响
4. 分析企业内部提升和员工转岗对企业内部供给造成的影响

人力资源会计控制

1. 分析人力资源规划的成本与收益状况
2. 通过员工离职率分析企业保留人力资源的能力
3. 通过一定时间仍从事原职位员工的人数估计未来企业内部人力资源的供给情况
4. 观察并详细记录员工在企业的服务期限，分析企业文化对员工的吸引程度

3.5.2 人力资源费用的审核流程图

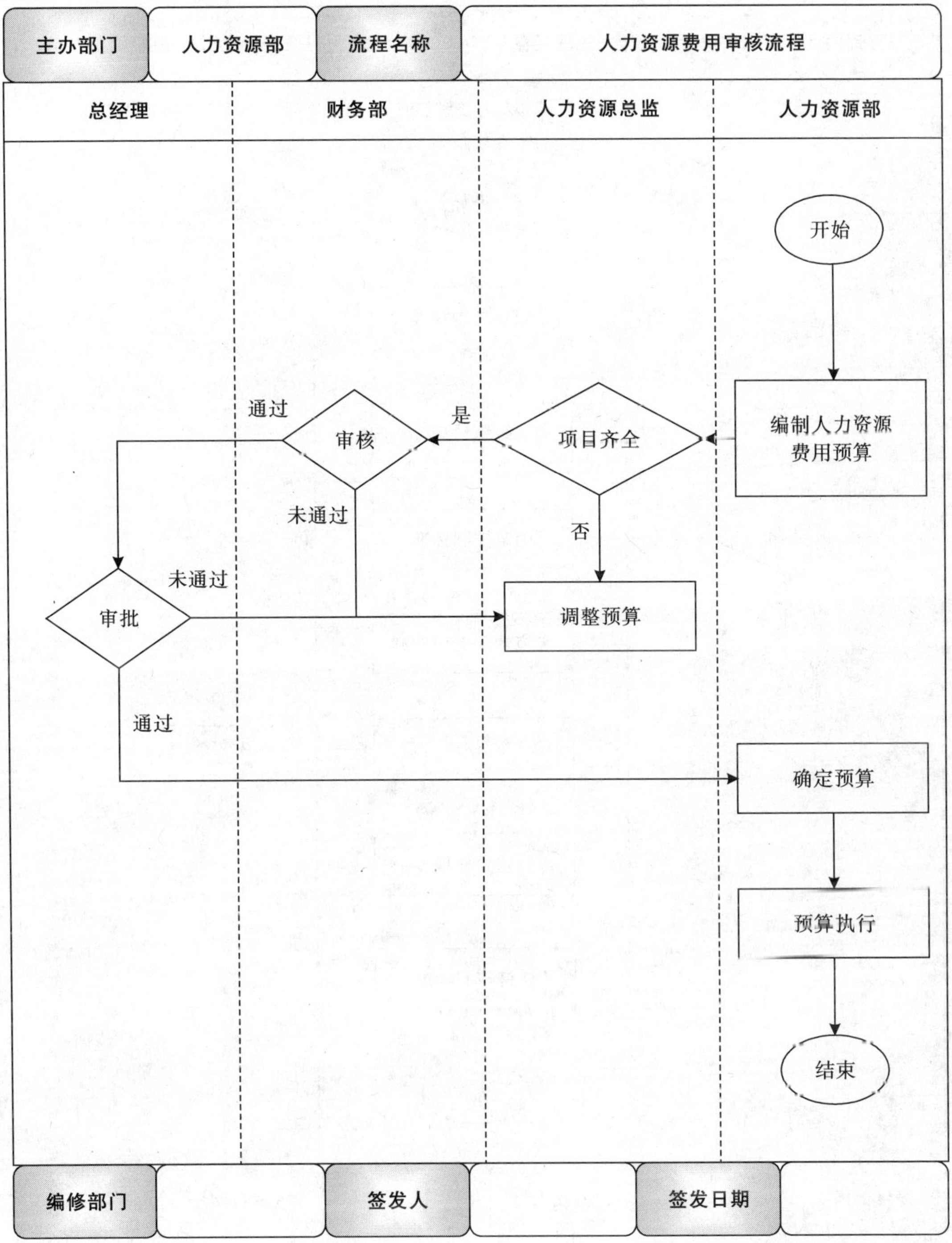

3.5.3 人力资源费用支出控制流程图

主办部门	人力资源部	流程名称	人力资源费用支出控制流程

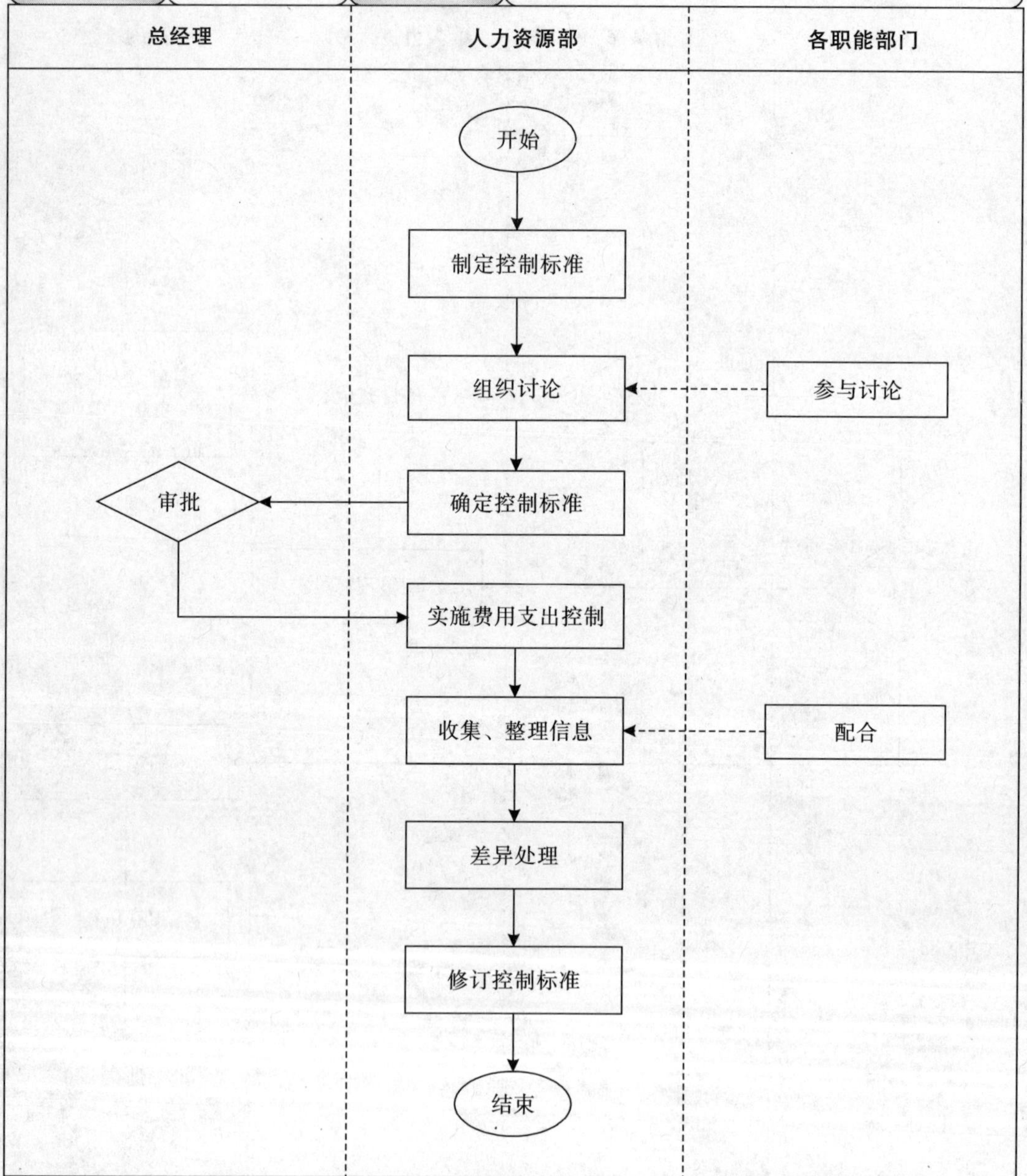

编修部门		签发人		签发日期	

第4章

招聘与录用管理关键点

4.1 招聘与录用管理关键点分析

4.1.1 招聘与录用主要风险点

企业要加强对招聘与录用的控制，确保企业用人安全，提高人力资源工作效率，就需要对招聘与录用过程中可能存在的风险进行全面了解。企业需要关注的招聘与录用的主要风险点如表 4-1 所示。

表 4-1 招聘与录用主要风险点说明

序号	风险点名称	风险点说明
风险点 1	人才测评管理	1. 人才测评的操作不规范，可能导致测评结果不准确，不能为企业招聘到合适的人才 2. 人才测评过程不合理，可能导致企业不能准确地为求职者定位，从而影响个人才能发挥，造成人才浪费
风险点 2	招聘计划管理	1. 招聘计划制订的依据不充分、不合理，可能导致企业盲目招聘，造成冗员 2. 招聘计划制订得不完善、不合理，可能导致招聘计划无法执行，相关人员在工作中无章可循
风险点 3	招聘预算管理	1. 招聘费用预算的编制不合理，将会导致企业资金的浪费 2. 招聘费用预算所编制的内容和标准不明确，审批程序不规范，可能导致招聘费用的严重超支
风险点 4	面试甄选管理	1. 面试选拔标准不合理，可能导致企业难以招聘到合适的人才，各职能部门无法正常开展工作 2. 面试甄选过程不规范，可能导致招聘到的人员和岗位不匹配，从而影响企业生产经营
风险点 5	员工录用管理	1. 员工录用过程不规范，可能导致招聘到的人员和岗位不匹配 2. 对录用员工资料审查过程不规范，可能导致出现身份不符或虚假证件等情况

4.1.2 招聘与录用四大流程图

1. 招聘费用预算流程图

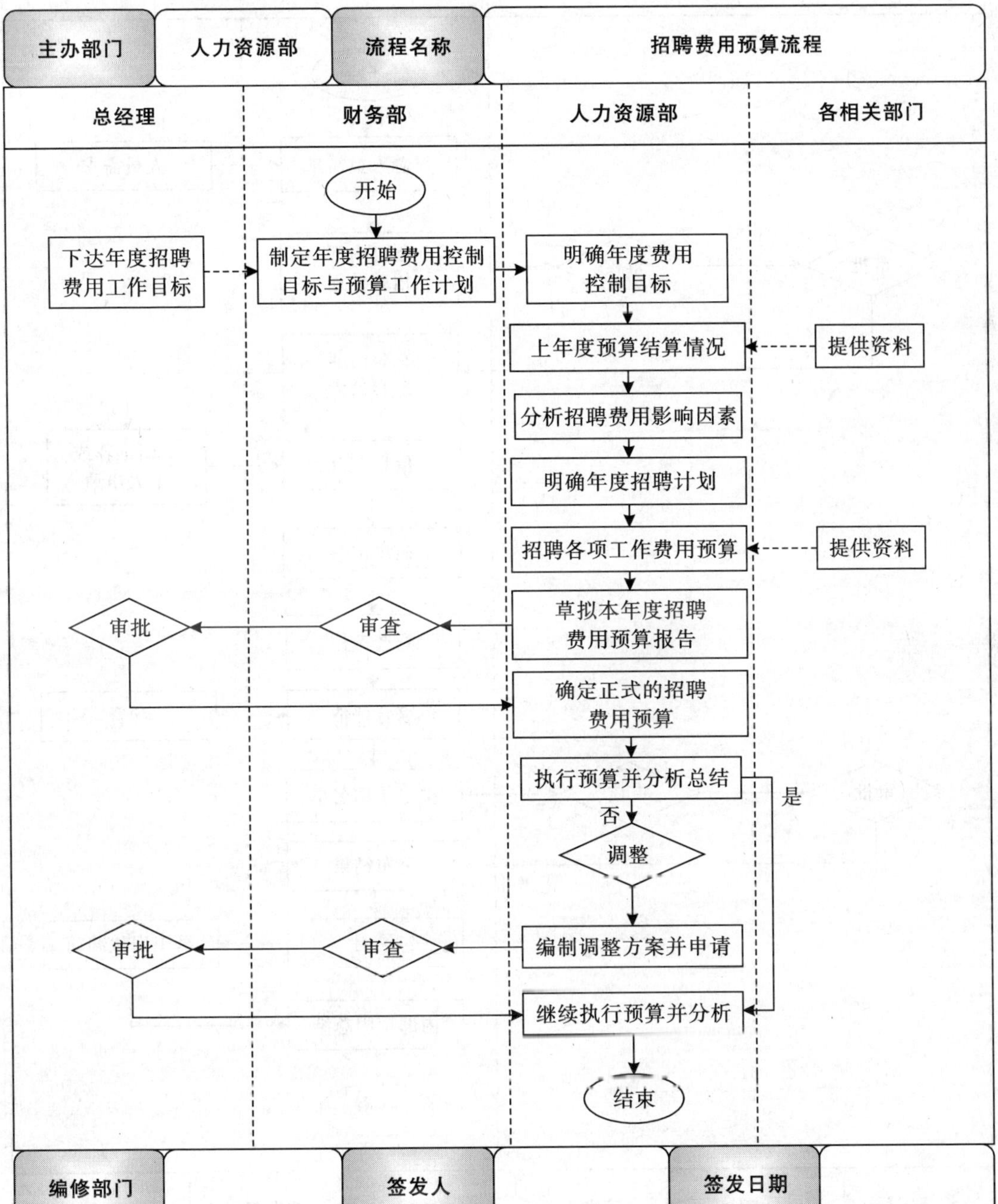

2. 内部招聘管理流程图

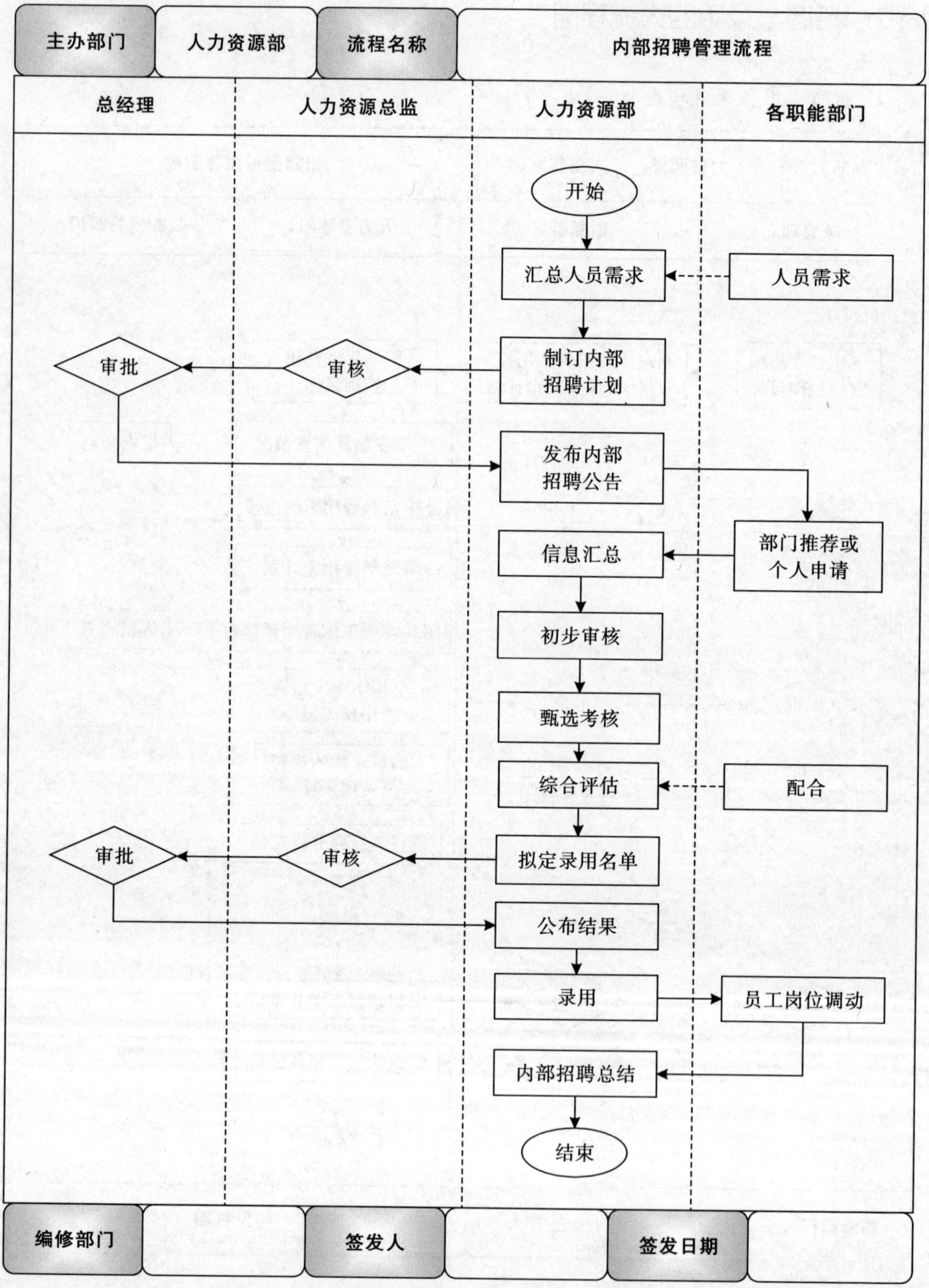
主办部门
人力资源部
流程名称
内部招聘管理流程
总经理
人力资源总监
人力资源部
各职能部门
开始
汇总人员需求
人员需求
制订内部招聘计划
审核
审批
发布内部招聘公告
部门推荐或个人申请
信息汇总
初步审核
甄选考核
综合评估
配合
拟定录用名单
审核
审批
公布结果
录用
员工岗位调动
内部招聘总结
结束
编修部门
签发人
签发日期

3. 外部招聘管理流程图

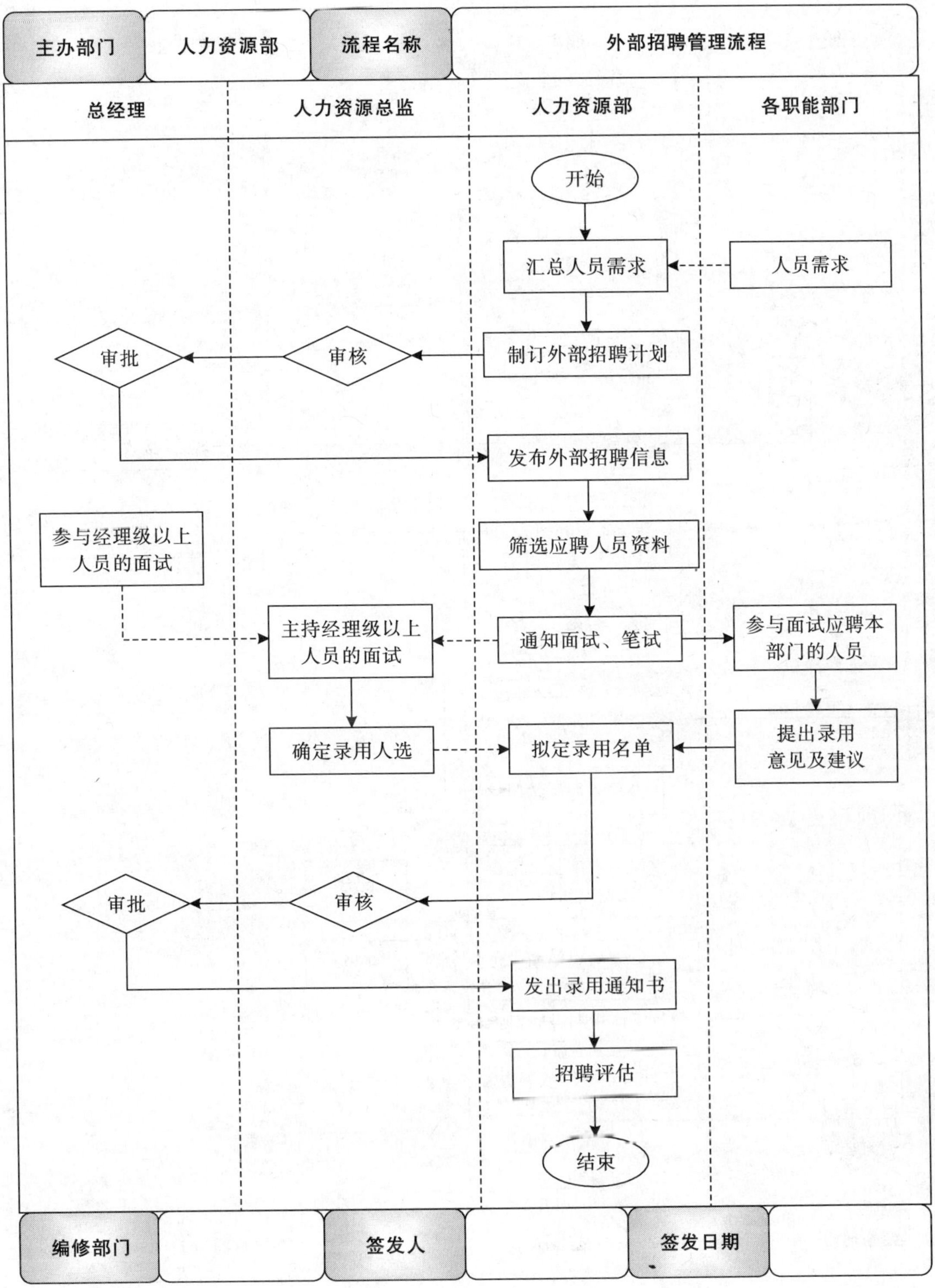
主办部门
人力资源部
流程名称
外部招聘管理流程
总经理
人力资源总监
人力资源部
各职能部门
开始
汇总人员需求
人员需求
审批
审核
制订外部招聘计划
发布外部招聘信息
参与经理级以上人员的面试
筛选应聘人员资料
主持经理级以上人员的面试
通知面试、笔试
参与面试应聘本部门的人员
确定录用人选
拟定录用名单
提出录用意见及建议
审批
审核
发出录用通知书
招聘评估
结束
编修部门
签发人
签发日期

4. 员工录用管理流程图

主办部门	人力资源部	流程名称	员工录用管理流程

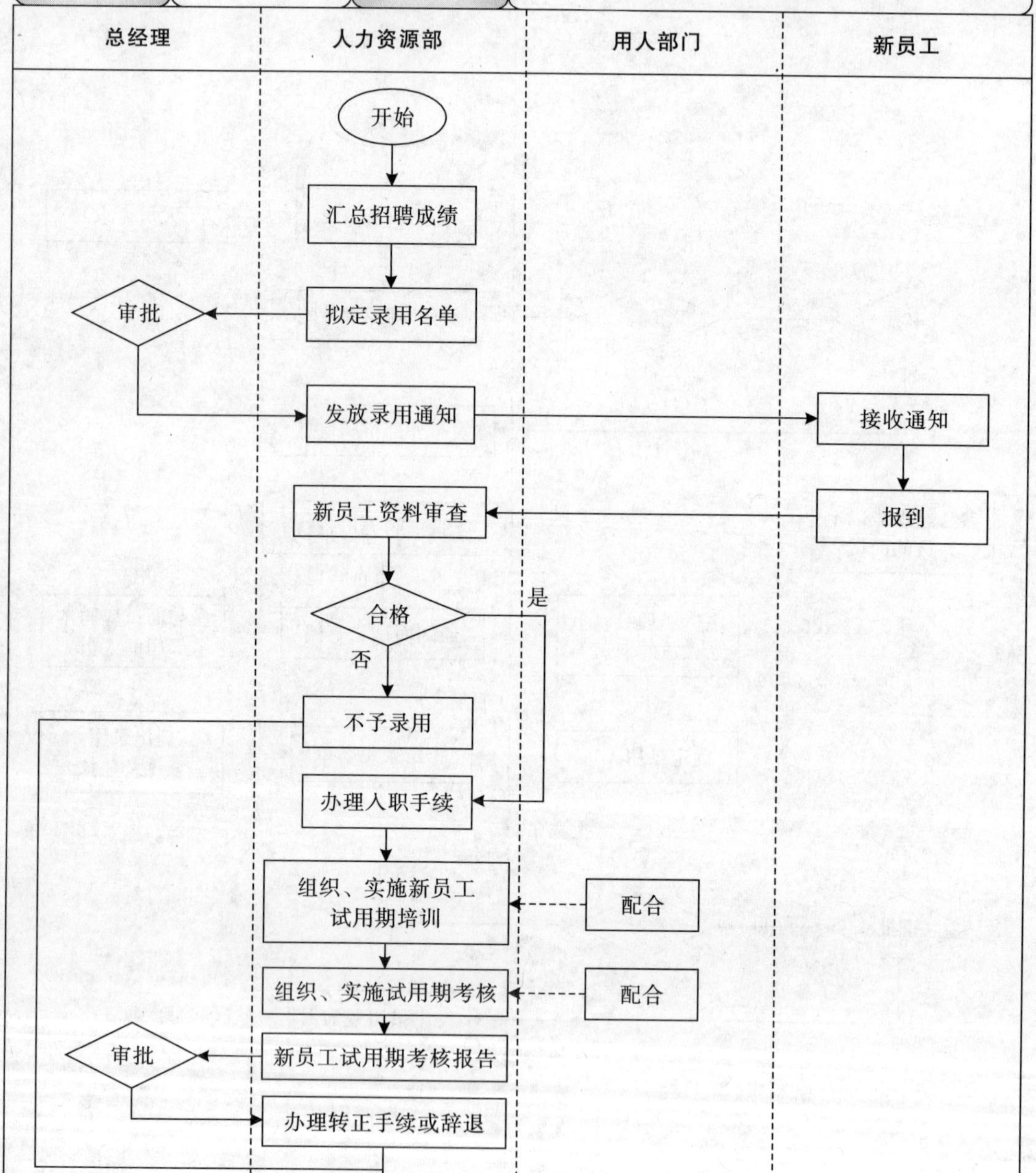

编修部门		签发人		签发日期	

4.1.3 招聘与录用流程关节点

为了降低员工招聘与录用过程中的风险，减少相关损失，企业人力资源部人员要对招聘与录用过程中的关节点进行规范和控制。具体关节点如图 4-1 所示。

图 4-1　招聘与录用流程关节点示意

4.1.4 招聘与录用五大关键点

为了顺利完成员工招聘与录用工作，消除各种潜在风险，企业应在规范执行流程关节点事项的基础上，对下列五大关键点事项进行重点管理和控制，具体如图 4-2 所示。

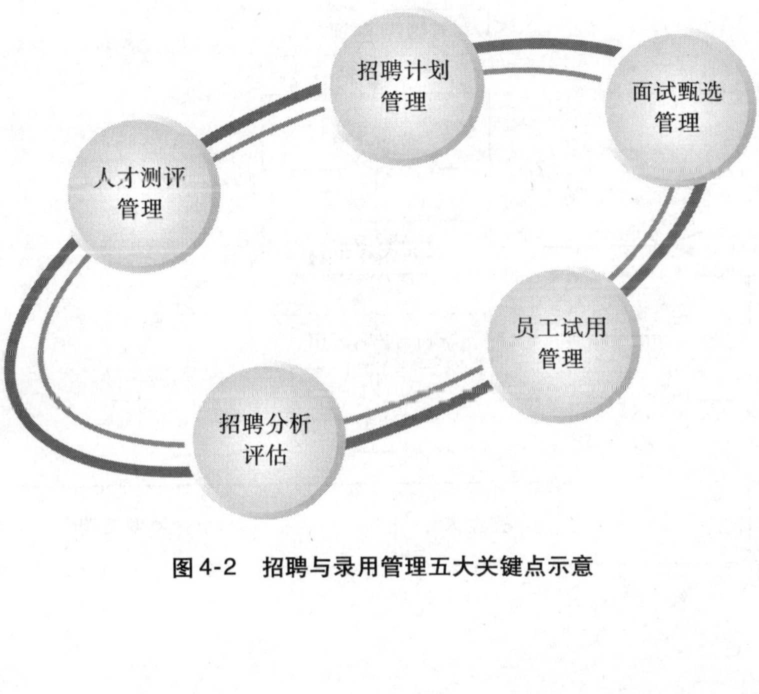

图 4-2　招聘与录用管理五大关键点示意

4.2 关键点1：人才测评管理

4.2.1 人才测评管理流程图

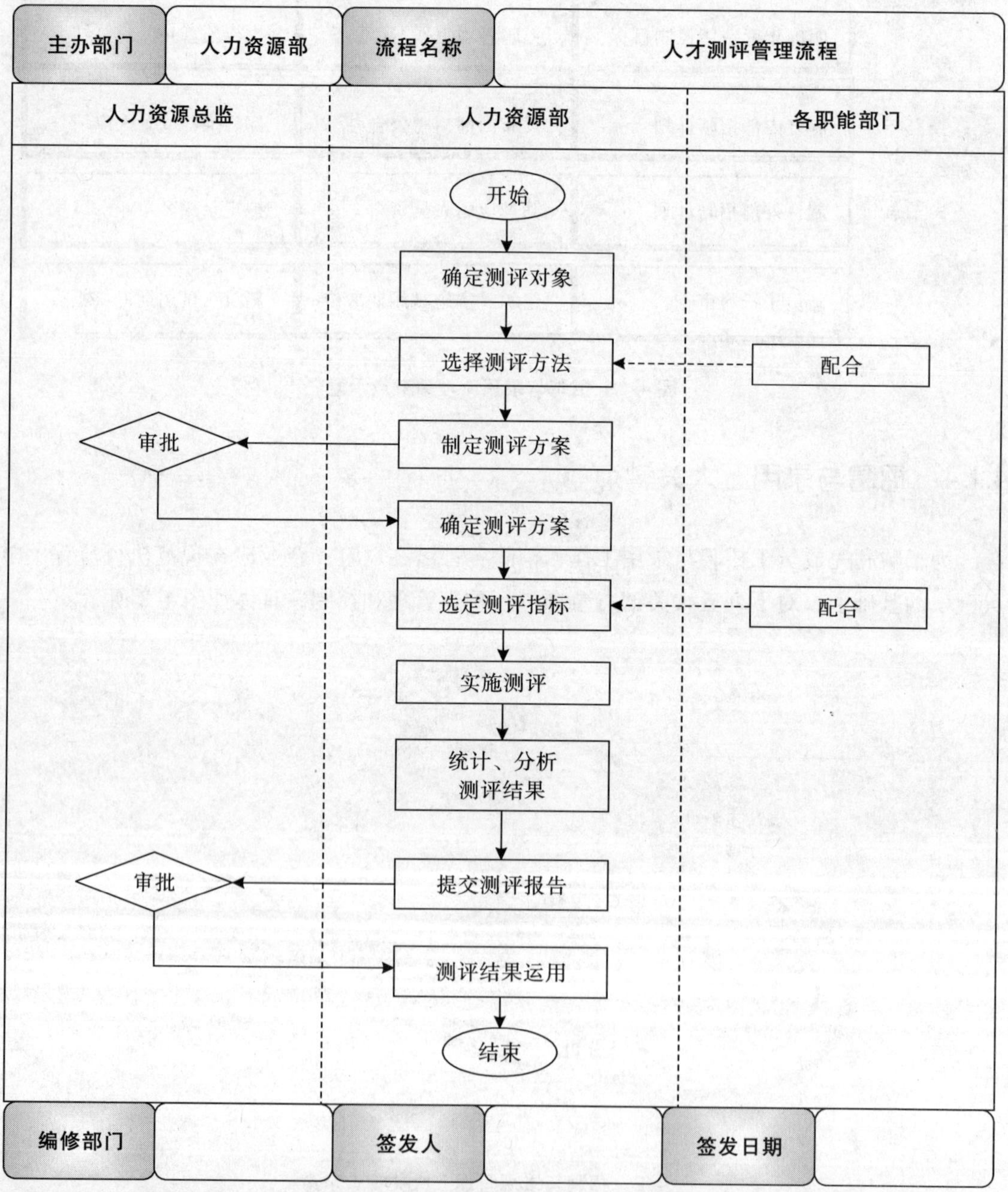

4.2.2 心理测评方法汇总表

<table>
<tr><th colspan="2">心理测评常用方法</th><th>主要含义</th><th>使用说明</th></tr>
<tr><td colspan="2">笔试</td><td>1. 被测评者根据试题的内容进行填写
2. 试题类型主要有单项选择题、多项选择题、是非题、匹配题、填空题、简答题和小论文七种</td><td>适用于大规模招聘员工时对员工的集中测评</td></tr>
<tr><td colspan="2">自陈量表法</td><td>1. 通过构建一个标准，对测评者进行测试
2. 常见的是韦克斯勒智力测验量表</td><td>适用于专业类岗位的测评</td></tr>
<tr><td colspan="2">投射测试</td><td>1. 让被测评者通过一定的媒介构建一定的场景
2. 测评者通过被测评者对场景的描述去分析被测评者的个性特征</td><td>适用于所有岗位的测评</td></tr>
<tr><td rowspan="5">投射测试</td><td>联想技术</td><td>1. 测评者给被测评者某些刺激，观察被测评者对刺激的反应
2. 测评者根据被测评者对某刺激做出的反应，分析被测评者的特征
3. 常用的有墨渍投射测验，各种字词的联想测验</td><td>适用于对技术类岗位的测评</td></tr>
<tr><td>构成技术</td><td>1. 根据被测评者对一个或一组图形或文字材料构建的故事，分析被测评者的个性特征
2. 常见的测评方法有主题视觉测验、麦克莱兰的成就测验和宗教信仰测验</td><td>适用于对信息管理类岗位的测评</td></tr>
<tr><td>语句完成法</td><td>1. 让被测评者对一些没有完成句子进行补充，根据补充内容分析被测评者的个性特征
2. 例如，我觉得薪酬的结构应该是……</td><td>主要用来考察被测评者的真实想法</td></tr>
<tr><td>排序技术</td><td>让被测评者对一组目标、愿望、需要等按照某种标准进行排序，根据排序结果了解被测评者的个性特征</td><td>主要用来测评被测评者的价值观、做事动机和态度等</td></tr>
<tr><td>表现技术</td><td>1. 模拟生活中的某种场景，让被测评者参与其中，观察其工作方式和与人相处的技巧，分析被测评者的个性特征
2. 主要察看他们的需要、愿望、情绪或动机
3. 比较常用的方法有做游戏、角色扮演或者完成某件作品</td><td>适用于测评专业知识和专业技能，或用于对专业技能要求较高岗位的测评</td></tr>
</table>

（续表）

心理测评常用方法		主要含义	使用说明
投射测试	个案分析技术	设计与岗位相关的典型案例，让被测评者对案例里面的现象和问题做出某种判断和决策，以此来分析被测评者的个性特征	适用于管理类职位或对沟通、协调能力要求较高的职位的测评
仪器测量法		1. 通过科学的仪器对被测评者进行测量，以了解被测评者的心理活动 2. 常用的方法有多导仪、眼动仪和动作稳定仪三种	主要是测评员工的兴趣、动机和技能

4.2.3 智力测评工具一览表

测评方法		方法说明
瑞文智力测试		1. 该测试方法主要是对人的智力的一般因素和特殊因素两个方面进行测评，重点是对人的解决问题的能力、清晰知觉能力、思维能力、发现和利用自己所需的信息有效地适用于社会生活的能力进行测评 2. 瑞文测试有色彩推力测试、标准推理测验和高级推理测验3种
韦克斯勒成人智力量表		1. 韦克斯勒成人智力量表由11个分测验组成，其中常识、背诵数字、词汇、算术、理解、类同6个分测验构成言语分量表，填图、图画排列、积木图案、拼图、数字符号5个分测验构成操作分量表 2. 所有分测验的分数都要转化成标准差为3、平均数为10的标准分数
陆军甲种、乙种测试	陆军甲种智力测评法	1. 用来测量人的一般能力 2. 从8个方面对人进行测评，分别是指导测试、算术测试、常识测试、异同测试、字句重组测试、填补数列测试、类比推理测试和理解测试 3. 比较适合对人的专业知识掌握程度进行测试
	陆军乙种智力测评法	1. 在陆军甲种测评法的基础上加进了非文字测试项目 2. 从7个方面进行测评，分别是指迷宫测试、立方体分析测试、X—O测试、译码测试、数字对比测试、画图补缺测试和几何图形分析测试 3. 适用于测评被测评者的学习能力、知识获取能力和知识运用能力

4.2.4 能力测评工具统计表

测评方法	主要含义	使用说明
明尼苏达文书测试	1. 测评内容主要包括数字比较和姓名比较两个部分，让被测评人对 200 对数字和 200 对姓名进行匹配，测算其判断正确题目和错误题目数量之间的差额 2. 该测评方法通过被测评者完成题目的时间和准确程度，来测评被测评者的准确能力和处理速度 3. 主要用来测评知觉广度、速度和正确性	1. 办公室人员、检验员和其他要求具有知觉能力的专业人员 2. 适用于对文书工作、数字、文字的知觉能力要求高的岗位的测评
计算机操作能力测试	1. 测评内容包括序列再认测试、格式检查测试和逻辑思维测试 3 部分 2. 主要用来测评被测评者计算机操作方面的能力	文书人员
明尼苏达机械能力测试	通过机械拼合、空间关系和书面形式拼版 3 个测试，测评被测评人员的三维空间的立体视觉和操作能力	适用于对工业或军事企业中专业类岗位人员的测评
吉尔福特创造力测评	1. 通过思维的内容、思维的操作和思维的产物 3 个维度和 13 个分测试测评人的创造力倾向 2. 吉尔福特认为发散性思维具有流畅性、变通性和独创性 3 个维度，是创造性的核心 3. 把创造性与发散性思维联系起来，再将发散性思维与聚合性思维相对应	适用于需要测评创造力的岗位

（续表）

测评方法	主要含义	使用说明
威廉斯创造力测评	1. 通过测验人的冒险性、好奇性、想象力和挑战性，来分析个人的创造性倾向 2. 主要用来发现有创造力的个体，以合理安排其到需要创造力的岗位上 3. 具有创造力个体的特征是趋于冒险、好奇心强、想象力丰富、勇于挑战未知	1. 适用于所有岗位，主要用来测评人的创造能力的高低 2. 创造能力低的人适合事务性工作，如行政人员、文员和操作人员 3. 创造能力高的人，适合做想象力丰富、压力大的工作，如管理人员、技术推广人员
评价中心技术	1. 评价中心技术是由管理人员、监督人员及受过培训的心理学家组成的一个测评小组，让应聘者接收 2～4 天的测试练习，从而评价其管理能力的一种测评方法 2. 评价中心技术主要是针对特定岗位来设计和实施的测评方法与技术 3. 评价中心技术的测评强调采用多种技术和方法，强调基于工作分析的情景模拟技术，强调多方面、多角度地收集与被测评者工作有关的资料和信息	1. 评价中心技术主要用于高层管理人员的招聘和选拔 2. 评价中心技术主要是对被测评者潜力发展进行评估 3. 评价中心技术对人力、物力、财力和时间的占用要求较高，对评价者的要求也很高，因此不适合广泛使用

4.2.5 管理人员测评工具表

测评对象	主要职责	测评内容及工具
高层管理人员	1. 经营决策 2. 领导与管理 3. 企业的战略规划	1. 身体状况：心理测试（投射测试） 2. 性格品质：心理测试（16PF 量表） 3. 知识水平：个人档案分析 4. 一般能力：韦克斯勒成人智力量表 5. 职业倾向：心理测试（霍兰德职业兴趣与价值观测评量表） 6. 变革能力：心理测试（威廉斯创造力倾向测评量表） 7. 决策能力：心理测试（16PF 量表） 8. 人际关系处理能力：评价中心技术（侧重管理技能） 9. 冲突解决能力：评价中心技术（侧重操作技能） 10. 领导与管理能力：评价中心技术（侧重管理技能与业务）
中层管理人员	1. 执行企业的决定 2. 参与员工的职业生涯规划 3. 与上级、同级和下级沟通 4. 对本部门事务进行管理 5. 与员工、同事以及领导进行文件沟通	1. 身体状况：心理测试（投射测试） 2. 性格品质：心理测试（16PF 量表） 3. 知识水平：个人档案分析 4. 一般能力：韦克斯勒成人智力量表 5. 职业倾向：心理测试（霍兰德职业兴趣与价值观测评量表） 6. 专业知识：单独编制相应的试卷进行测评 7. 组织管理能力：心理测试（16PF 量表） 8. 计划能力：心理测试（16PF 量表）、评价中心技术（侧重管理技能） 9. 团队建设与激励能力：评价中心技术（侧重管理技能） 10. 人际沟通能力：心理测试（16PF 量表）
基层管理人员	1. 很好地执行上级的指令 2. 掌握本岗位的专业知识和专业技能，指导下级的工作	1. 身体状况：心理测试（投射测试） 2. 性格品质：心理测试（16PF 量表） 3. 知识水平：个人档案分析 4. 一般能力：韦克斯勒成人智力量表

（续表）

测评对象	主要职责	测评内容及工具
基层管理人员	3. 根据对岗位工作的分析和判断，向上级提出改进和创新的建议	5. 职业倾向：心理测试（霍兰德职业兴趣与价值观测评量表） 6. 统筹计划能力：评价中心技术 7. 预测判断能力：评价中心技术 8. 信息沟通能力：评价中心技术 9. 执行能力：评价中心技术 10. 指导能力：评价中心技术

4.3 关键点 2：招聘计划管理

4.3.1 招聘计划管理流程图

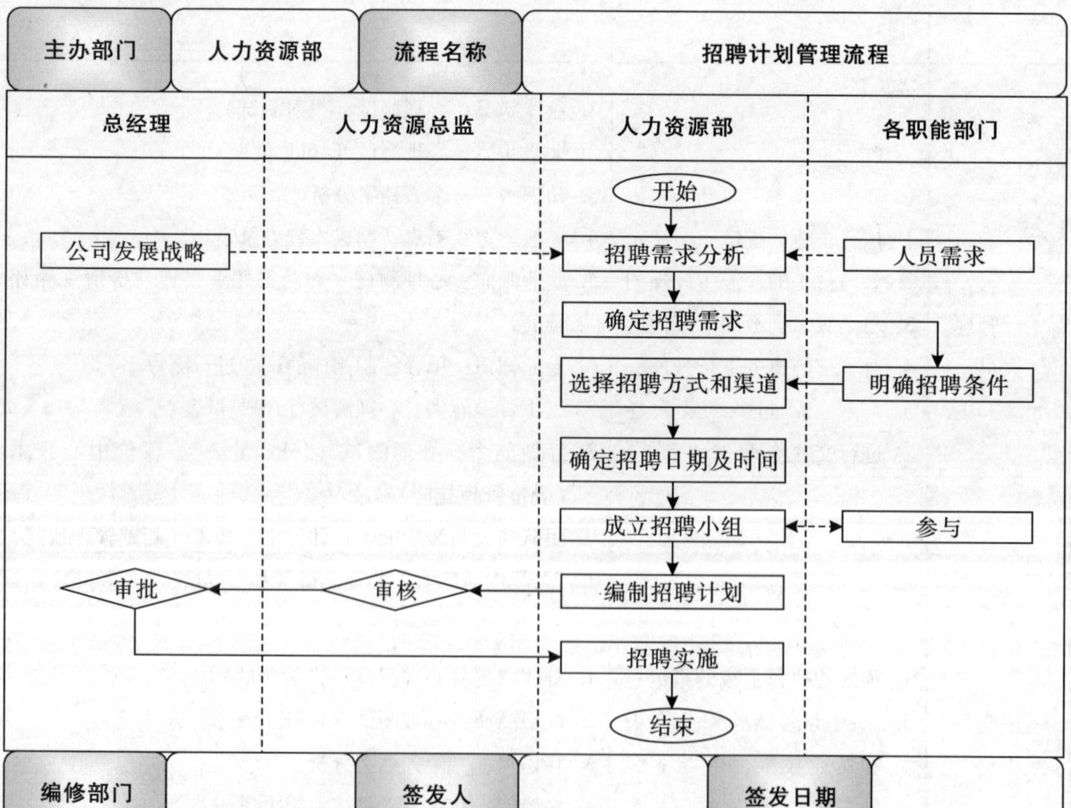

4.3.2 招聘计划管理工作规范

序号	节点	工作规范	相关资料
1	招聘需求分析	◆ 人力资源部根据企业发展战略及人力资源战略预测人力资源配置 ◆ 人力资源部根据人力资源配置分析与人力资源需求调查，分析企业招聘需求	企业发展战略规划、人力资源现状评估表、招聘需求分析报告、招聘需求汇总表
2	选择招聘方式和渠道	◆ 人力资源部依据招聘需求、岗位特点、招聘来源和具体招聘方法，结合企业自身经济实力等客观因素，选择招聘渠道 ◆ 招聘渠道分为内部招聘渠道和外部招聘渠道。内部招聘包括内部晋升和内部推荐等，外部招聘包括网络招聘、校园招聘、现场招聘及猎头招聘等	岗位说明书、招聘渠道列表、各部门用人计划
3	成立招聘小组	◆ 人力资源部根据选择的招聘方式和渠道，确定各个岗位的招聘日期与时间 ◆ 人力资源部根据各部门的用人计划和岗位需求成立招聘小组	招聘小组成员名单
4	编制招聘计划	◆ 人力资源部根据前期的各项信息编制招聘计划书 ◆ 招聘计划书的内容主要包括人员需求名单、招聘信息发布时间和渠道、招聘小组成员名单、应聘者评估方案、招聘截止日期、新员工上岗时间、招聘费用预算、招聘工作时间表、招聘广告样稿等	招聘计划书
5	招聘实施	◆ 人力资源部确认招聘计划书已报主管领导审批 ◆ 人力资源部根据审批通过的招聘计划组织实施招聘工作	招聘计划书、人力资源管理制度

4.3.3 内部招聘方法分析图

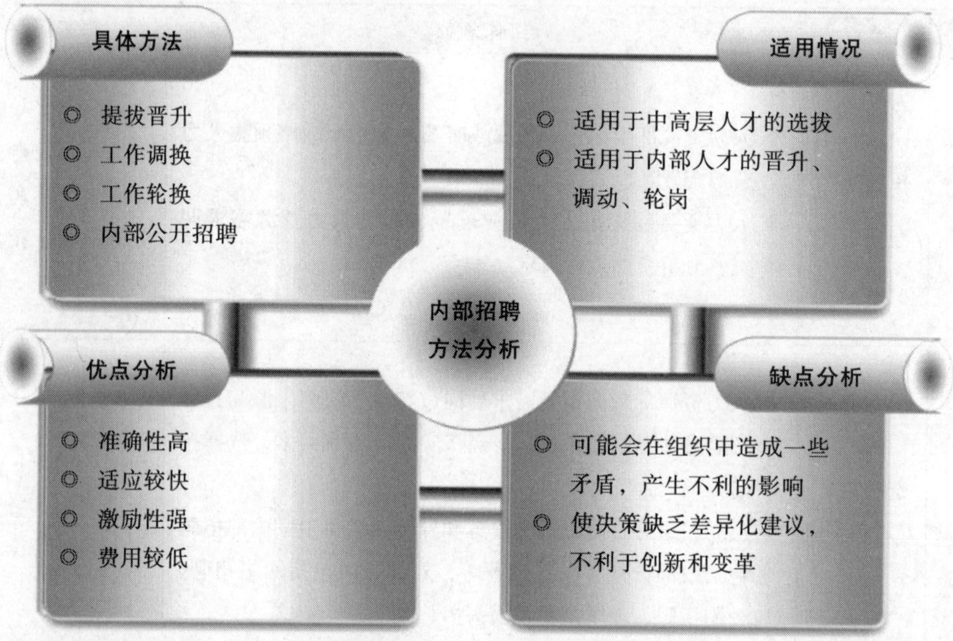

4.3.4 外部招聘方法分析表

招聘方法		方法说明	优缺点分析	适用情况
校园招聘	学校信息海报	◆ 大四上学期中旬 9 ~ 10 月实施效果最佳	◆ 花费少 ◆ 未得到校方支持	适用于专业人才的招聘和人力资源的储备
	学校组织招聘会	◆ 时刻与校方就业指导中心保持联系，随时准备参加	◆ 花费较少，信誉度等有所保障 ◆ 竞争较大	
	校企联合专场	◆ 最好在招聘会的前期举行	◆ 所聘人数得到极大满足，提高知名度 ◆ 花费大	

（续表）

招聘方法		方法说明	优缺点分析	适用情况
网络招聘	公司主页招聘	◆ 点击率不高时，作为一种守株待兔的方式	◆ 花费少 ◆ 依赖于网站的点击率	适用于所有岗位人员的招聘
	专业人才网络	◆ 招聘信息定时、定向地投放，发布后进行管理	◆ 信息传播范围广 ◆ 花费较高	适合年轻的招聘对象
现场招聘会		◆ 人才市场现场招聘 ◆ 展会主办方宣传推广	◆ 效率较高，可快速淘汰不合格的人选，利于控制应聘人员的数量和质量	适用于招聘一般型人才
猎头招聘		◆ 利用猎头公司储备人才库和关系网络 ◆ 具体操作基本由公司高管直接负责	◆ 短期内快速、主动、定向地寻找公司需要的人才 ◆ 花费高	适用于招聘中高层管理人员和公司需要的特殊人才
报纸		◆ 在报纸上刊登招聘广告	◆ 时效性好，传播范围广 ◆ 花费相对较大	适用于所有岗位人员的招聘
员工推荐		◆ 应聘人员与现有员工之间存在一定的大联度	◆ 招聘成本小 ◆ 基本素质较为可靠 ◆ 选择面比较窄，难以招到出众人才	适合需求量不是太大的专业人士

4.4 关键点3：面试甄选管理

4.4.1 面试甄选管理流程图

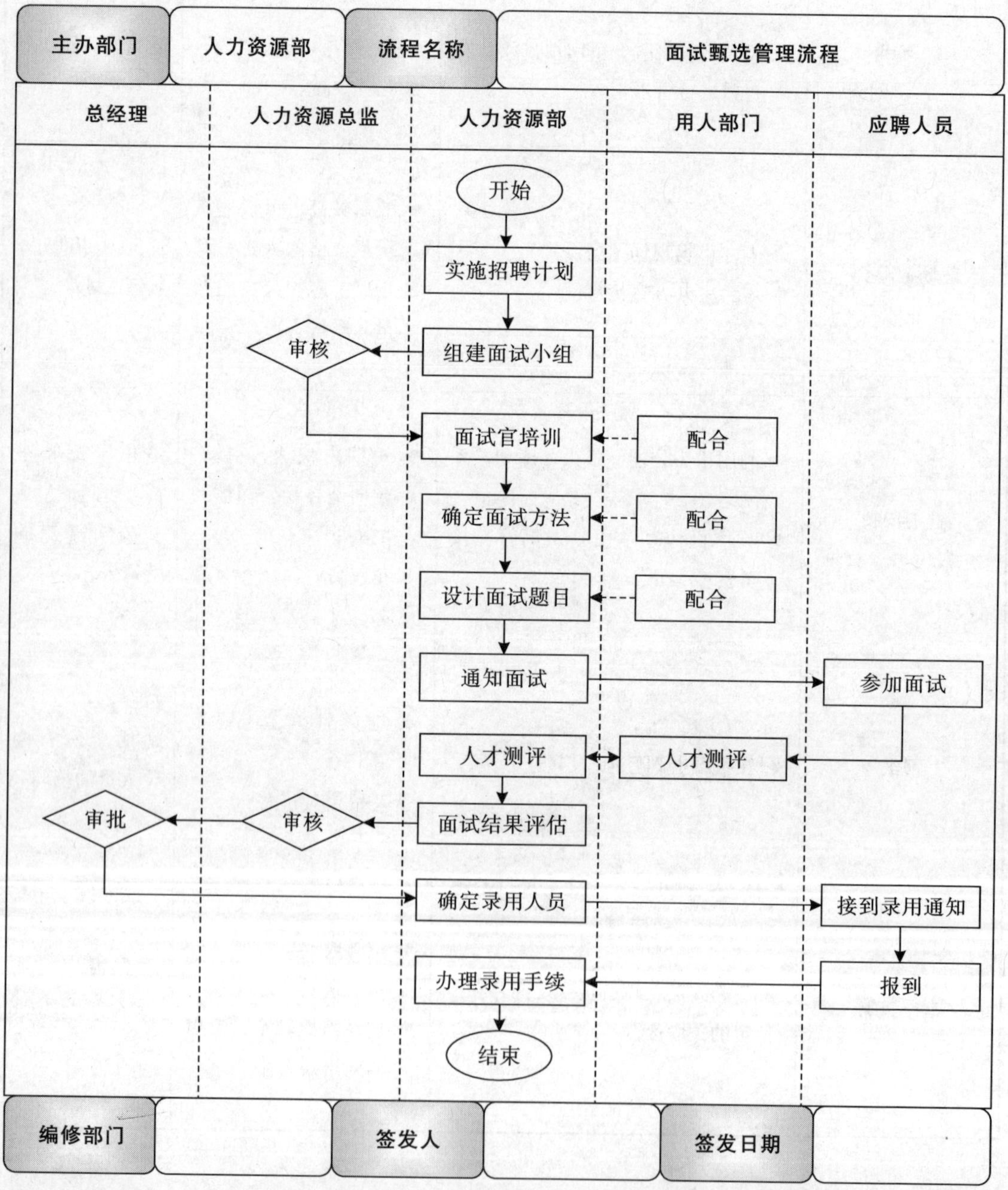

4.4.2 面试甄选工作考核表

考核关键事项	考核指标与目标值	考核结果
组建面试小组	◆ 面试小组组建的合理性，组建的面试小组成员合理，包括人力资源部及用人部门的相关人员 ◆ 面试小组组建按时完成率，目标值为100%	——
面试官培训	◆ 培训计划按时完成率，目标值为100%	——
设计面试题目	◆ 题目确定的合理性，确定的面试方法和题目类型合理，符合岗位特点及实际需求	——
通知面试	◆ 通知的及时性，面试通知在面试人员名单确定后____天内完成发送，无拖延现象	——
人才测评	◆ 测评的公正性，对应聘人员的测评客观、公正，以测评结果与实现绩效的差距为依据来评价	——
面试结果评估	◆ 评估的客观性，对应聘人员的面试结果评估客观、公正，以面试记录为依据	——

4.4.3 面试试题编制的示例

要求面试试题的内容可以从多个方面考查应试者的能力，针对不同的面试对象，面试题目也应有所不同，表4-2给出了销售人员的面试试题编制示例，供读者参考。

表 4-2 销售人员的面试试题示例

考察内容	面试试题
销售能力	1. 自我介绍 2. 对自己最为熟悉的商品作一下商品介绍 3. 对周围的任意一件物品进行即兴销售
谈判与说服能力	1. 请举一个说明您成功地说服别人按照您的想法去做事情的事例 2. 请讲述您曾遇到的最困难的一次销售经历，期间，您是如何与客户进行沟通的 3. 现场模拟，如与某公司的采购经理进行业务谈判
工作经验	1. 描述某一具体业务的销售流程 2. 如果让您给新员工以销售为主题进行培训，您的主要内容如何安排 3. 在工作过程中，您是如何开发新客户和维持老客户的
求职动机	您为什么来应聘这个职位
道德品质	如果您的一位客户无意中落下了一个文件夹，其中有很多对您来说很重要的商业信息，您打算怎么做
团队合作	您的一位同事，工作能力和业绩都不如您，可最近他得到了提升，您如何对待此事
工作主动性	请举一个本属于您的上级领导分内的工作，而他却没有做，由您主动完成的事例
情绪控制能力	您对客户进行推销时遭到多次拒绝，您如何调整自己的心态
应变能力	您做出了一个比较重要的决定，而事情的发展却事与愿违，您如何处理

4.4.4 面试评估分析工作表

面试者基本情况					
姓名		性别		年龄	
籍贯		毕业院校		毕业时间	
专业		学历		外语	
原工作单位		工作岗位		应聘岗位	

面试评估			
项目	评价标准（请在符合的档位处标对号）		
	A	B	C
仪容仪表	形象好	着装和形象一般	形象差
语言表达能力	有很强的语言表达能力	表达能力一般	不能准确表达自己的意图
领悟能力与反应能力	悟性强，反应快	悟性一般，反应不够快	悟性差，反应慢
对自身职业生涯发展的规划	有详细规划	考虑过，没有详细规划	从未考虑过
想象能力与创新能力	想象力丰富	一般	缺乏想象力
逻辑思维能力	有较强的逻辑推理能力	一般	没有条理，缺乏逻辑
外语能力	好	一般	差
专业知识水平	高	一般	低
工作经历与所应聘职位的契合程度	很合适	一般	不合适

（续表）

<table>
<tr><td rowspan="2">项目</td><td colspan="3">评价标准（请在符合的档位处标对号）</td></tr>
<tr><td>A</td><td>B</td><td>C</td></tr>
<tr><td>所具潜力与企业发展的适应程度</td><td>很适应</td><td>一般</td><td>不适应</td></tr>
<tr><td>计算机操作能力</td><td>熟练</td><td>一般</td><td>差</td></tr>
<tr><td>工作意愿</td><td>坚定</td><td>一般</td><td>犹豫</td></tr>
<tr><td colspan="4">面试综合评分</td></tr>
<tr><td>性格特点</td><td colspan="3"></td></tr>
<tr><td>优点</td><td colspan="3"></td></tr>
<tr><td>不足</td><td colspan="3"></td></tr>
<tr><td>评分</td><td></td><td>评分标准</td><td>86 分以上——非常优秀
76 ~ 85 分——优秀
70 ~ 75 分——基本合格
65 ~ 69 分——面试不理想，结合其他考核再定
64 分以下——面试不合格</td></tr>
<tr><td colspan="4">面试结论</td></tr>
<tr><td colspan="4">☐ 录用　　☐ 不录用</td></tr>
<tr><td>签名</td><td></td><td>时间</td><td></td></tr>
</table>

4.5 关键点4：员工试用管理

4.5.1 员工试用管理流程图

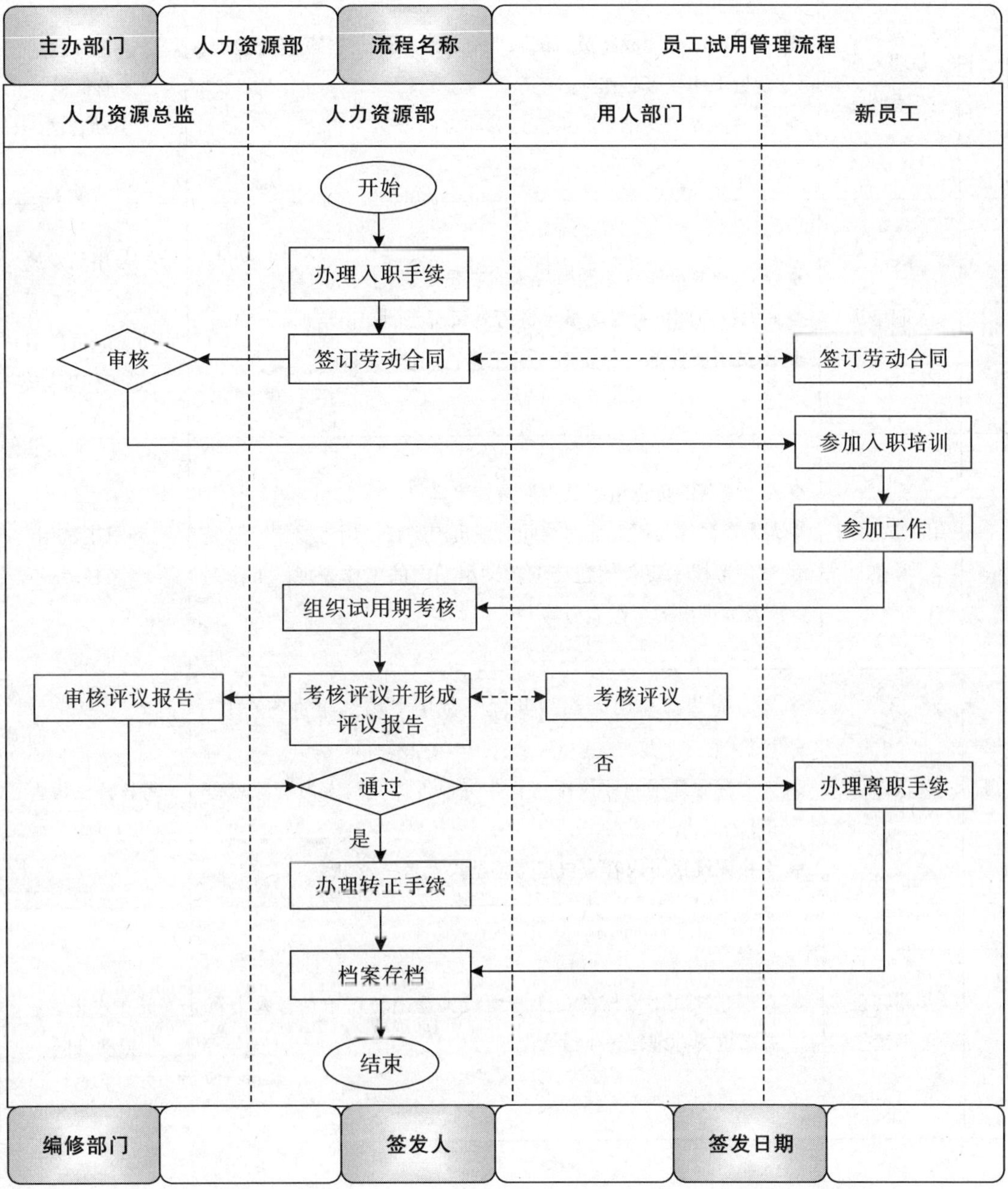

4.5.2 员工试用管理关节点

序号	关节点	操作事项	执行工具
1	办理入职手续	◆ 人力资源部完成新员工的入职登记、入职材料审查与验证、新员工建档等工作 ◆ 人力资源部安排新员工签订劳动合同	入职登记表、入职材料、劳动合同
2	入职培训	◆ 人力资源部安排入职引导人对新员工进行入职引导 ◆ 人力资源部负责对新员工进行公司层面的知识培训 ◆ 新员工所在部门负责对新员工进行岗位培训	办公用品发放清单、员工手册、职位说明书、工作安排表
3	组织试用期考核	◆ 人力资源部负责组织试用期考核事宜 ◆ 人力资源部与用人部门共同对新员工进行试用考核 ◆ 试用考核主要考核新员工在试用期内的工作表现、工作态度及表现出的工作能力等	新员工试用考核表
4	考核评议	◆ 人力资源部与用人部门共同对试用考核结果进行分析、评价 ◆ 人力资源部编制评议报告，并将报告提交给人力资源总监审核 ◆ 考核评议报告内容应包括考核结果及考核意见	考核评议报告
5	办理转正手续	◆ 对于通过试用考核的员工，由员工提出转正申请，人力资源部负责办理转正手续	转正申请表、劳动合同

4.5.3 员工试用期管理制度

下面是某企业制定的员工试用期管理制度，供读者参考。

<table>
<tr><td rowspan="2">制度名称</td><td rowspan="2" colspan="3">企业员工试用期管理制度</td><td>受控状态</td><td></td></tr>
<tr><td>编　号</td><td></td></tr>
<tr><td>执行部门</td><td></td><td>监督部门</td><td></td><td>编修部门</td><td></td></tr>
</table>

第 1 章　总则

第 1 条　目的

公司为规范对试用期员工的管理工作，创造良好的工作环境，使新员工尽快熟悉工作岗位，促进试用期员工的成长和进步，特制定本制度。

第 2 条　适用范围

本制度适用于公司所有新员工的入职、试用期培训、试用期沟通、试用期考核以及薪酬福利管理工作。

第 3 条　术语解释

1. 试用期是指公司和员工为了互相了解、相互选择而约定的考察期，试用期包含在劳动合同期内。

2. 试用期的起始时间是员工报到之日，结束时间是员工转正之日。

第 4 条　管理职责

1. 人力资源部负责新员工入职引导及培训、组织对新员工的考核评价等工作。

2. 用人部门负责新员工的工作安排、培训指导和考核评价。

第 2 章　试用期限管理

第 5 条　公司对员工原则上均应设定试用期（特聘、特约人员及董事会成员除外）。

第 6 条　员工试用期限为 1 ~ 3 个月，劳动合同期限为 3 年。

第 7 条　在试用期内，公司将依据员工业绩和各方面的综合表现，由部门负责人决定新员工是否能提前转正、按期转正、延期转正或解除劳动合同（或协议）。

第 8 条　新员工如果在试用期内确实感到不适应，或由于其他原因而决定离开，可提出辞职，并按规定办理离职手续。

第 9 条　新员工试用期的具体工作安排由该员工的直接上级负责。

第 3 章　入职前准备

第 10 条　人力资源部就新员工的入职时间、指引人等与用人部门进行协商，并准确填写“入职事项准备单”。

第 11 条　人力资源部在新员工报到前一日准备好办理入职手续时应签订的《劳动合同》、《劳动合同补充协议》，准备好《员工手册》。

（续）

第 12 条　人力资源部在新员工报到前一日按照“入职事项准备单”准备办公用品。

第 13 条　部门负责人事先了解试用期员工的工作经历、教育程度及其所受过的专业训练，指派相应的入职引导人。

第 4 章　员工入职

第 14 条　人力资源部收取试用期员工应提交的资料（身份证、最高学历证复印件、照片等），并装订存档，建立试用期员工档案。

第 15 条　人力资源部协助新员工签订《劳动合同》、《劳动合同补充协议》等，并负责答疑解惑。

第 16 条　办完入职手续后，行政人员向新员工发放办公用品，人力资源部将新员工介绍到部门，由部门指导其开展工作。

第 5 章　试用期培训

第 17 条　人力资源部负责对新员工进行岗前培训，培训课程包括公司简介、公司相关规章制度、企业文化、薪酬福利、职业生涯规划和商务礼仪等。

第 18 条　各部门结合自身特点和要求，建立部门新员工培训方案，依此制订新员工培训计划，报人力资源总监批准后执行。

第 19 条　入职引导人职责

1. 引导人负责向新员工介绍本部门及其他各部门的基本情况，介绍公司公共场所的情况。

2. 引导人与新员工进行入职面谈，商讨入职后的具体工作安排，介绍职位要求及今后的发展方向；对新员工进行工作引导，有义务告知公司举办的活动，让其尽快融入公司等。

3. 引导人在新员工的“转正申请表”上给予客观并明确的评价及建议。

第 20 条　新员工在培训期间的表现及培训考核结果，将作为判定其是否通过试用期的依据之一。

第 6 章　试用期员工沟通

第 21 条　人力资源部在试用期员工入职第一周、第一个月和试用期结束时，与其进行面谈并做好记录。

第 22 条　第一周面谈，首先向入职引导人了解员工的生活和工作情况，对试用期员工进行评定，进而进行访谈。

第 23 条　第一个月面谈，由人力资源部与员工进行沟通，指明其较好与不足的地方及是否需要帮助等。

第 24 条　试用期结束面谈时，由人力资源部告知员工是否转正及原因，如能转正可沟通待遇及以后工作。

第 7 章　试用期薪酬福利管理

第 25 条　试用期员工的薪资标准按入职时签订的劳动合同执行。

第 26 条　试用期员工的补助按正式员工的 80% 发放。

第 27 条　试用期员工试用期内累计事假不得超过三天，如遇特殊情况请假超过三天需报部门经理及人力资源部审批。

（续）

第28条　试用期员工可持相关证明请病假，标准同正式员工。

第8章　试用期员工考核

第29条　公司对试用期员工进行月度考核和转正考核，考核情况报人力资源部备案并作为转正依据。

第30条　部门将考核结果反馈给员工，考核合格则继续试用，不合格则直接辞退。

第31条　试用期满前，直属上级就试用期员工的绩效、能力、态度等进行评估，并填写“转正评估表”。

第32条　人力资源部根据评估表进行转正审批，并审批转正后的薪酬福利待遇。

第33条　人力资源部签发“转正通知单”，并由转正人员签收，以示确认。

第34条　如果员工表现优秀，可由用人部门提出书面申请，经批准后提前转正。

第35条　试用期间，员工辞职或考核不合格被辞退的，用人部门需做好工作交接。

第9章　附则

第36条　本制度由人力资源部负责制定，经总经理审批后执行。

第37条　本制度自颁布之日起生效。

编制日期		审核日期		批准日期	
修改标记		修改处数		修改日期	

4.5.4　员工试用管理考核表

<table>
<tr><th colspan="6">员工试用管理考核表</th></tr>
<tr><td>姓名</td><td></td><td>职位</td><td></td><td>职位编号</td><td></td></tr>
<tr><td>所在部门</td><td></td><td>直接领导</td><td></td><td>填写日期</td><td></td></tr>
<tr><td>自我评价</td><td colspan="5">签字：
日期：____年__月__日</td></tr>
<tr><td>部门鉴定</td><td colspan="3">评估要点</td><td>权重（%）</td><td>直接领导评分</td></tr>
<tr><td rowspan="3">工作业绩</td><td colspan="3">及时、保质完成工作</td><td>10</td><td></td></tr>
<tr><td colspan="3">高效开展工作</td><td>10</td><td></td></tr>
<tr><td colspan="3">工作方法</td><td>10</td><td></td></tr>
</table>

（续表）

<table>
<tr><th>部门鉴定</th><th>评估要点</th><th>权重（%）</th><th>直接领导评分</th></tr>
<tr><td rowspan="14">个人能力</td><td>良好的职业道德，品行端正</td><td>8</td><td></td></tr>
<tr><td>岗位专业知识拥有程度</td><td>8</td><td></td></tr>
<tr><td>实际工作经验以及解决问题能力</td><td>8</td><td></td></tr>
<tr><td>对本岗位职能与职责的认知程度</td><td>4</td><td></td></tr>
<tr><td>工作中能提出创新的见解和方法</td><td>3</td><td></td></tr>
<tr><td>善于学习、提高自身的知识水平和技能</td><td>5</td><td></td></tr>
<tr><td>务实与敬业精神，热爱本岗位工作</td><td>5</td><td></td></tr>
<tr><td>日常工作管理及自我管理</td><td>3</td><td></td></tr>
<tr><td>乐意与人协调、沟通，具有团队协作精神</td><td>5</td><td></td></tr>
<tr><td>工作计划与条理性，目标意识</td><td>3</td><td></td></tr>
<tr><td>工作积极性与主动性</td><td>5</td><td></td></tr>
<tr><td>工作的服从与配合情况</td><td>5</td><td></td></tr>
<tr><td>遵守公司各项规章制度及出勤情况</td><td>5</td><td></td></tr>
<tr><td>对公司及企业文化的认知程度</td><td>3</td><td></td></tr>
<tr><td>考核等级</td><td>☐ 优秀　☐ 良好　☐ 合格
☐ 基本合格　☐ 不合格</td><td>合计得分</td><td></td></tr>
<tr><td>总体评价</td><td colspan="3">签字：
日期：____年__月__日</td></tr>
<tr><td>人力资源部鉴定</td><td colspan="3">签字：
日期：____年__月__日</td></tr>
<tr><td>总经理意见</td><td colspan="3">签字：
日期：____年__月__日</td></tr>
<tr><td>备注</td><td colspan="3"></td></tr>
</table>

4.6 关键点 5：招聘分析评估

4.6.1 招聘分析评估因素图

评估因素	内容说明
录用人员评估	◎ 录用人员评估是根据招聘计划对录用人员的数量和质量进行的评估
招聘成本评估	◎ 招聘成本评估是指对整个招聘工作中的费用进行调查、核实，并对照预算进行评价的过程，它是评价招聘效率的一个重要指标
招聘人员评估	◎ 招聘人员评估是对招聘人员的素质、谈判水平以及面试质量等的考察和评价

4.6.2 录用人员质量评估指标表

评估指标	计算方法	说明
录用比率	录用人数/应聘人数 ×100%	录用比率越小，企业录用的人员素质越高
招聘计划完成率	录用人数/计划招聘人数 ×100%	这一比率可以反映招聘计划的完成情况
应聘比例	应聘总人数/计划招聘的人数 ×100%	应聘比例越高，企业的招聘广告越有效，应聘人员对企业的认可度越高
录用成功比率	录用人员中试用合格并与企业签订长期劳动合同的人数 ÷ 计划招聘人数 ×100%	录用成功比率越高，招聘的成功率越高

（续表）

评估指标	计算方法	说明
留职一年以上的员工比率	留职一年以上的员工人数÷当期录用人数×100%	留职一年以上的员工比率越高，企业员工的稳定性越高，忠诚度越高
业绩优秀的新员工比率	业绩优秀的新员工（工作未满一年）人数÷当期录用人数×100%	业绩优秀的新员工比率越高，说明录用人员的素质越高，忠诚度越高
对工作满意的新员工比率	工作满意度在4分（总分5分）以上的新员工人数÷当期录用人数×100%	对工作满意的新员工比率越高，员工的忠诚度越高，企业管理水平越高

4.6.3 招聘成本评估指标计算表

评估指标	计算方法
平均每位新员工的招聘成本	当期招聘总成本÷当期招聘总人数
从招聘广告发布到接到申请的时间	招聘广告发布时间与接到第一份求职申请之间的时间差
应聘者平均每人面试成本	当期招聘面试总成本÷当期招聘总人数
新员工平均每人的培训成本	新员工培训总成本÷新员工人数
新员工平均每人的安置成本	新员工安置总成本÷新员工人数
平均离职成本	过去一年离职人员的离职总成本÷离职人数

4.6.4 招聘人员评估关键点总表

评估关键点	评估方法	说明
面试的次数	人力资源部某一负责面试人员在本企业参与面试的总次数	次数越多，经验越丰富
被面试者对面试的评价	被面试者对面试者的评价满意度在4分（总分5分）以上的人数	评价越高，说明面试者的素质和水平越高

（续表）

评估关键点	评估方法	说明
平均面试时间长度	人力资源部某一负责面试人员平均每次面试时间长度	这一指标根据招聘工种的不同而有所差别
目标工资控制率	人力资源部某一负责面试人员与应聘者谈判的工资标准 ÷ 计划此应聘职位工资标准 × 100%	目标工资与计划工资越接近，面试者的谈判水平越高
面试者对应聘者的评价与最终结果一致率	人力资源部某一负责面试人员对应聘者的评价与面试最终结果一致的次数 ÷ 面试者面试总次数 × 100%	一致率越高，面试者的水平越高，面试质量越高

第5章

培训与开发管理关键点

5.1 培训与开发管理关键点分析

5.1.1 培训与开发主要风险点

培训与开发是指企业为改善员工在现有或将来职位上的工作业绩，并最终实现企业整体绩效提升的一种具有计划性和连续性的活动。企业在培训与开发管理方面应当至少关注如表5-1所示的六种风险。

表5-1 培训与开发主要风险点说明

序号	风险点名称	风险点说明
风险点1	培训需求调研风险	1. 培训需求调研实施前准备不足、调研分析使用的方法不对可能导致所得到的培训调研信息不完整或不准确 2. 管理人员对培训需求进行分析后，未让企业员工进行培训需求确认，可能导致所实施的培训活动不符合企业员工的实际工作需要
风险点2	培训计划编制风险	1. 企业对培训计划仅进行笼统的介绍，而未进行细致明确的编制，可能导致相关人员不清楚培训计划所指代的具体事项，使培训计划的实施工作无章可循 2. 企业未从企业的实际情况出发编制培训计划，可能导致培训计划不符合企业的要求而无法实施
风险点3	培训费用管理风险	1. 企业未建立培训费用预算编制工作规范，可能导致培训费用预算不符合企业实际情况 2. 培训费用未经合理审批或越权审批，可能导致培训费用审批舞弊行为的发生 3. 培训费用预算执行过程中缺乏有效监控，可能导致对培训费用预算的执行不力，使培训目标难以实现

（续表）

序号	风险点名称	风险点说明
风险点4	培训课程研发风险	1. 培训课程研发选题错误，课程体系不完整，可能导致培训内容缺失，难以满足企业员工的培训需求 2. 培训方式不符合员工的特点，可能导致培训课程实施后，不能达到预期的培训效果
风险点5	培训项目实施风险	1. 企业对于培训场地的选择不合理，可能导致培训项目无法正常实施，不能达到培训目的 2. 企业对于培训现场的管控不力，可能导致培训工作无序开展，培训效果不佳
风险点6	培训效果评估风险	1. 对于不同的培训内容采取相同或相似的培训效果评估方法进行评估，培训效果评估标准过于主观或随意，可能导致培训效果评估的结果不够准确 2. 企业只重视学员满意度等指标的评估，而忽略对培训课程适配性和培训过程的综合评估，可能导致培训费用的投入—产出比不够理想 3. 培训效果评估激励措施的缺乏，可能会影响员工参与企业培训的主动性和积极性

5.1.2 培训与开发五大流程图

1. 培训计划实施流程图

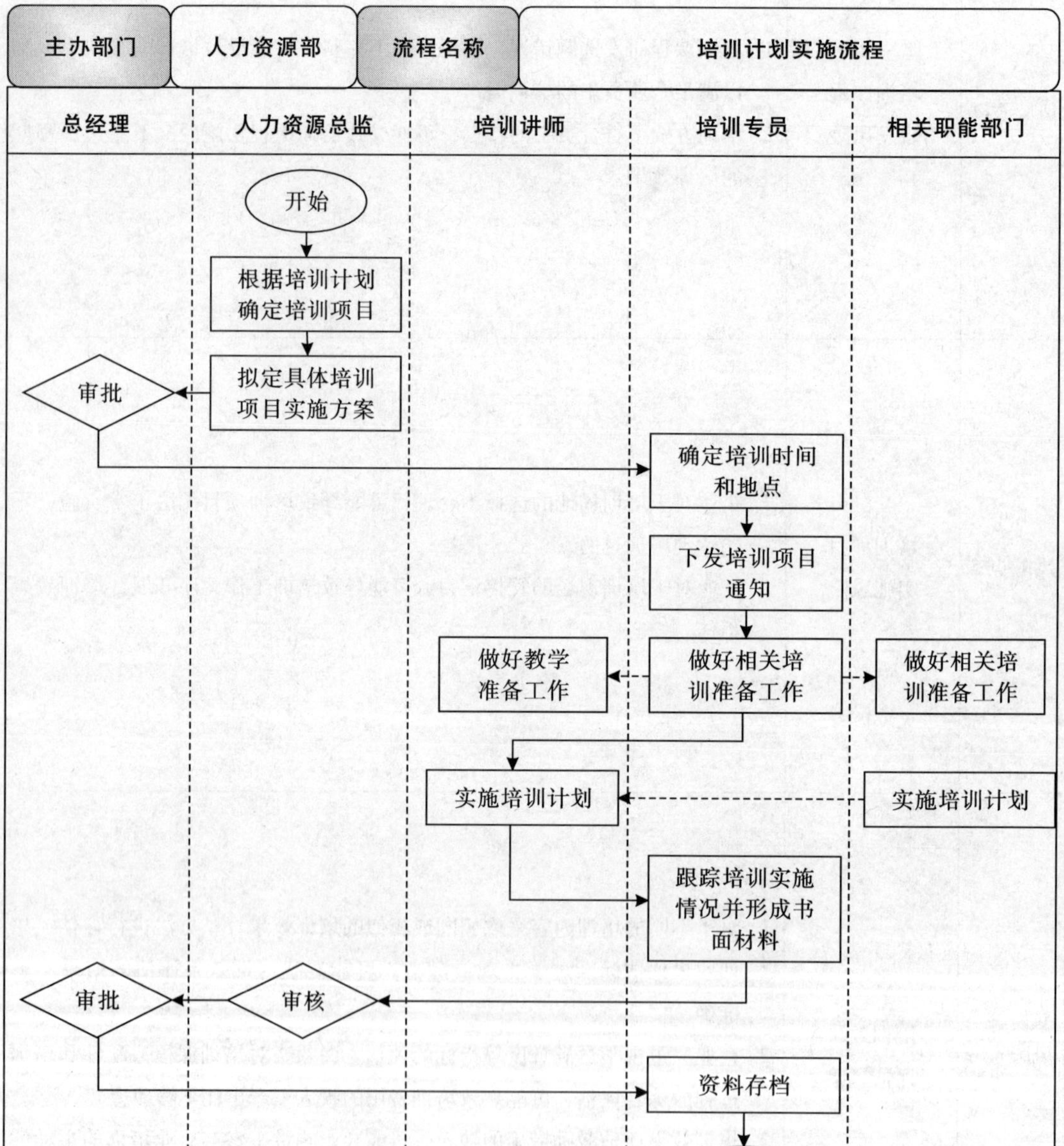

2. 培训预算管理流程图

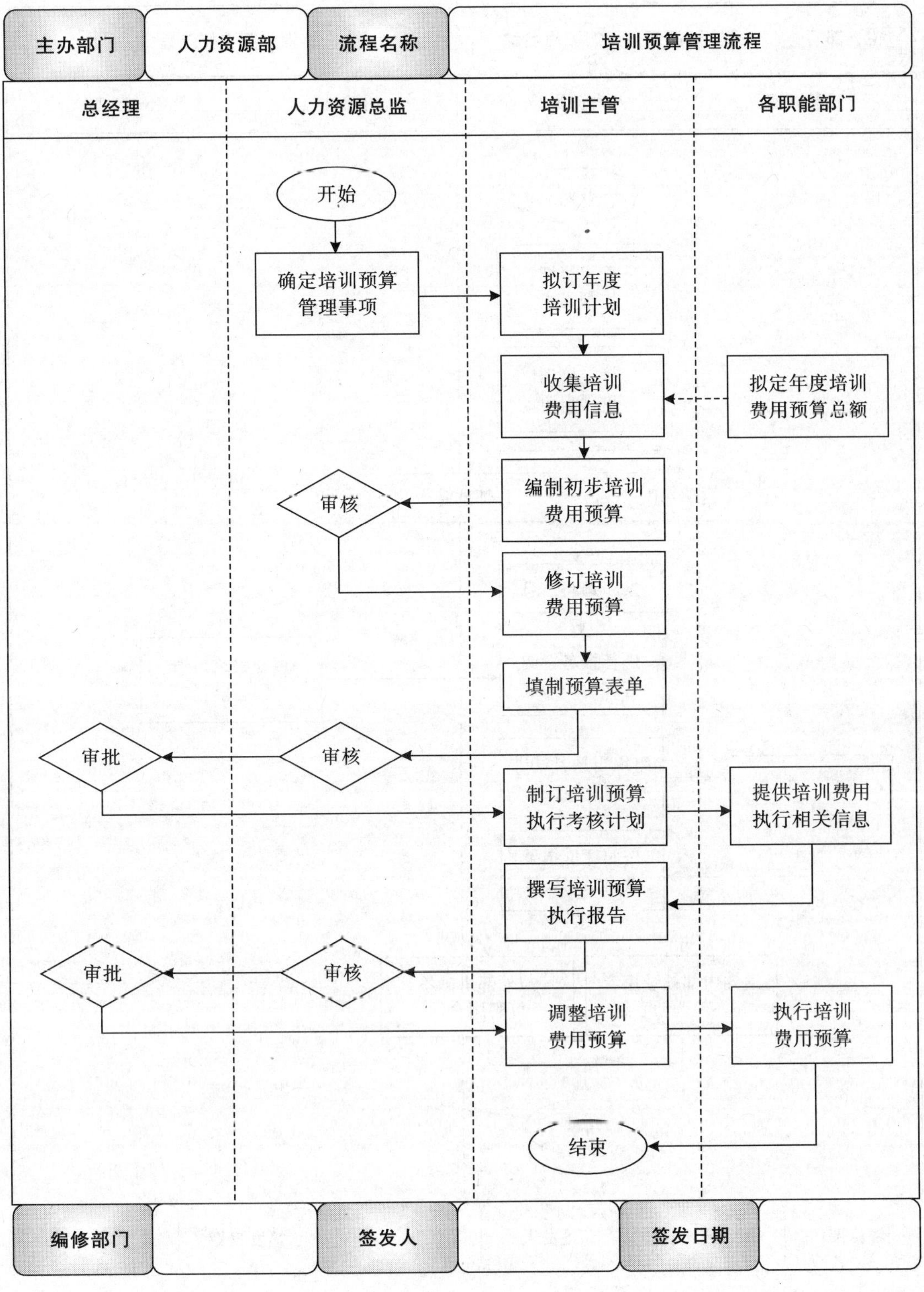
主办部门
人力资源部
流程名称
培训预算管理流程
总经理
人力资源总监
培训主管
各职能部门
开始
确定培训预算管理事项
拟订年度培训计划
收集培训费用信息
拟定年度培训费用预算总额
编制初步培训费用预算
审核
修订培训费用预算
填制预算表单
审核
审批
制订培训预算执行考核计划
提供培训费用执行相关信息
撰写培训预算执行报告
审核
审批
调整培训费用预算
执行培训费用预算
结束
编修部门
签发人
签发日期

3. 培训讲师选择流程图

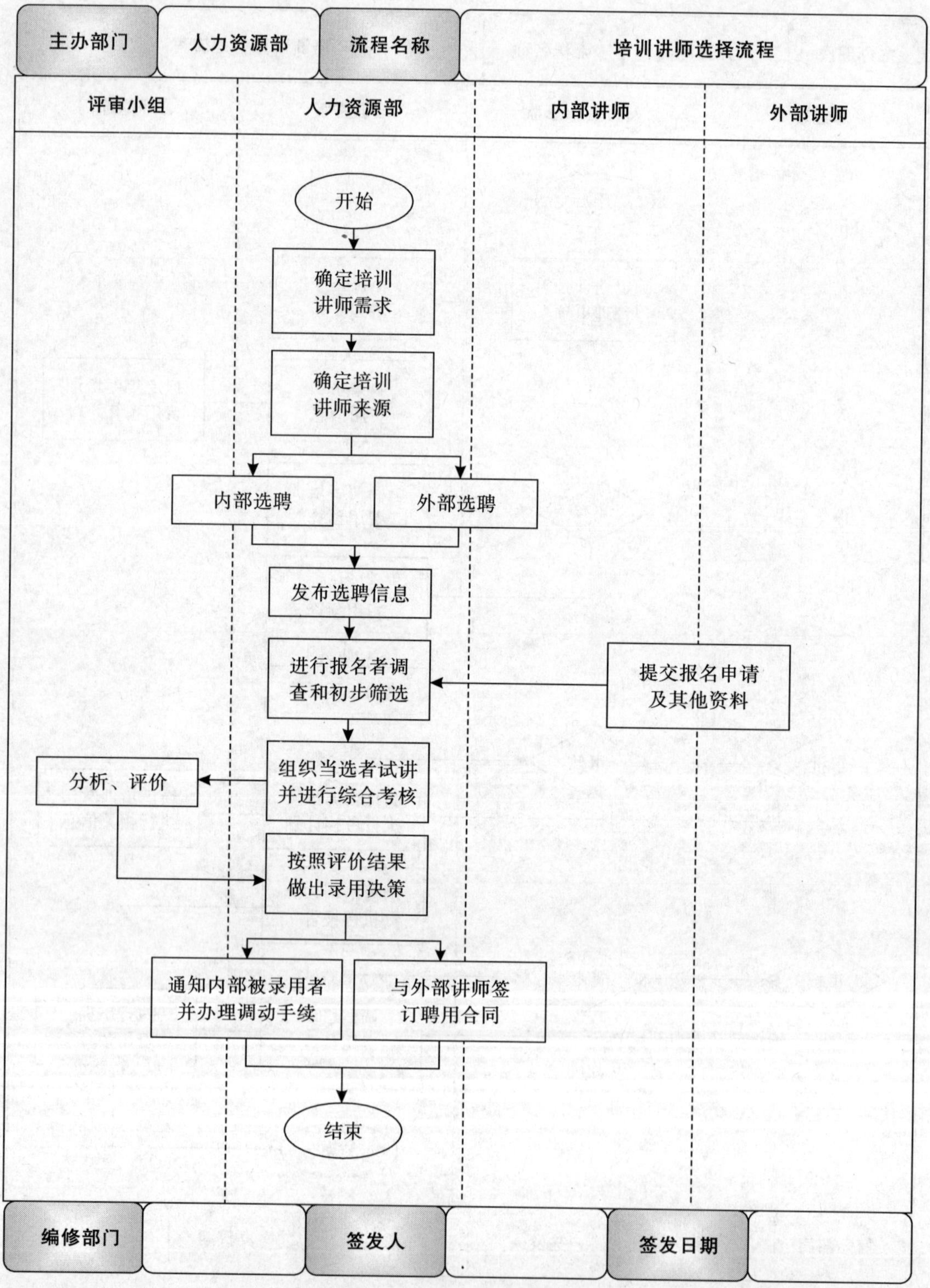
主办部门
人力资源部
流程名称
培训讲师选择流程
评审小组
人力资源部
内部讲师
外部讲师
开始
确定培训讲师需求
确定培训讲师来源
内部选聘
外部选聘
发布选聘信息
进行报名者调查和初步筛选
提交报名申请及其他资料
组织当选者试讲并进行综合考核
分析、评价
按照评价结果做出录用决策
通知内部被录用者并办理调动手续
与外部讲师签订聘用合同
结束
编修部门
签发人
签发日期

4. 培训场地选择流程图

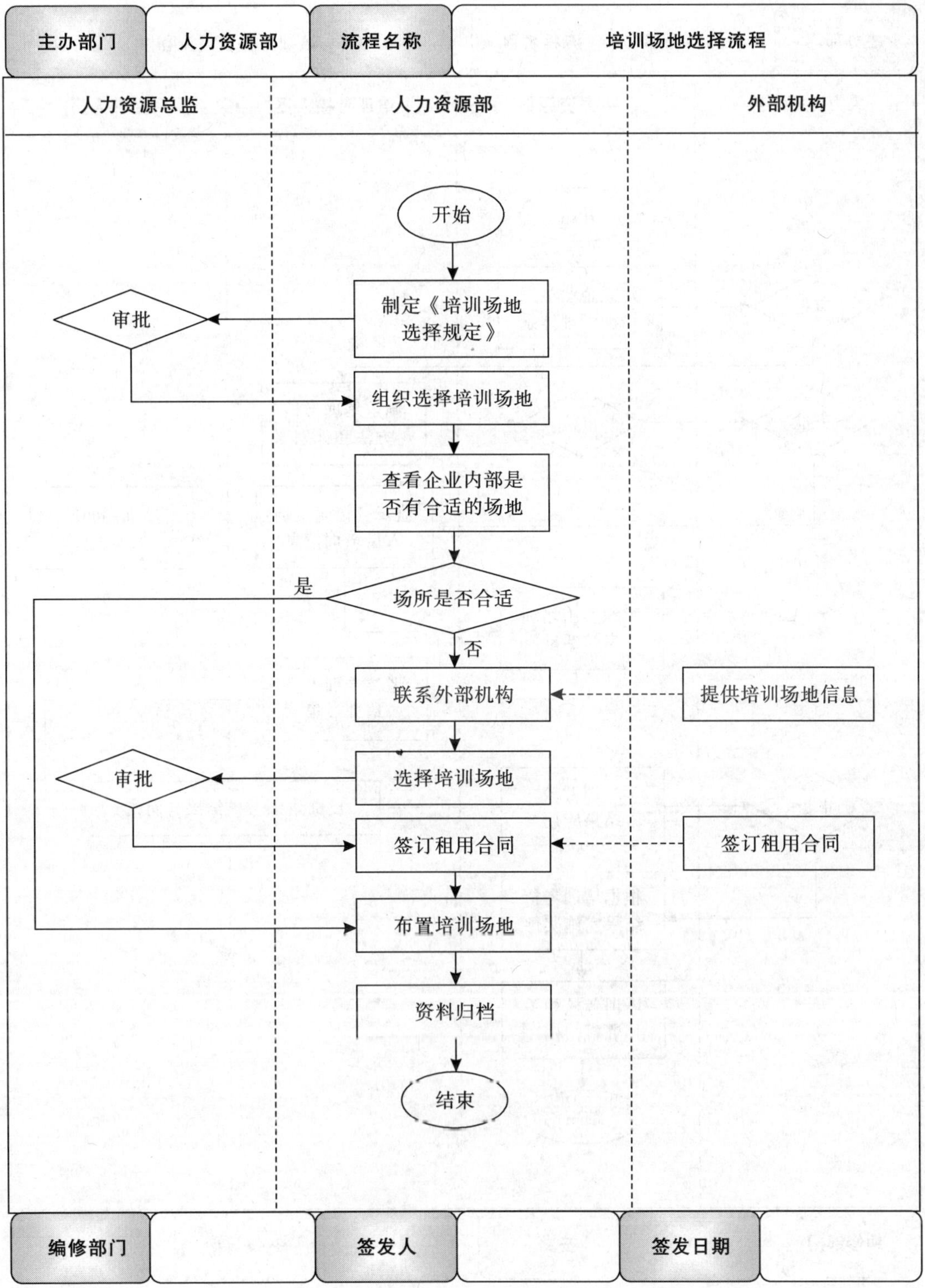
主办部门
人力资源部
流程名称
培训场地选择流程
人力资源总监
人力资源部
外部机构
开始
制定《培训场地选择规定》
审批
组织选择培训场地
查看企业内部是否有合适的场地
场所是否合适
是
否
联系外部机构
提供培训场地信息
选择培训场地
审批
签订租用合同
签订租用合同
布置培训场地
资料归档
结束
编修部门
签发人
签发日期

5. 培训考核管理流程图

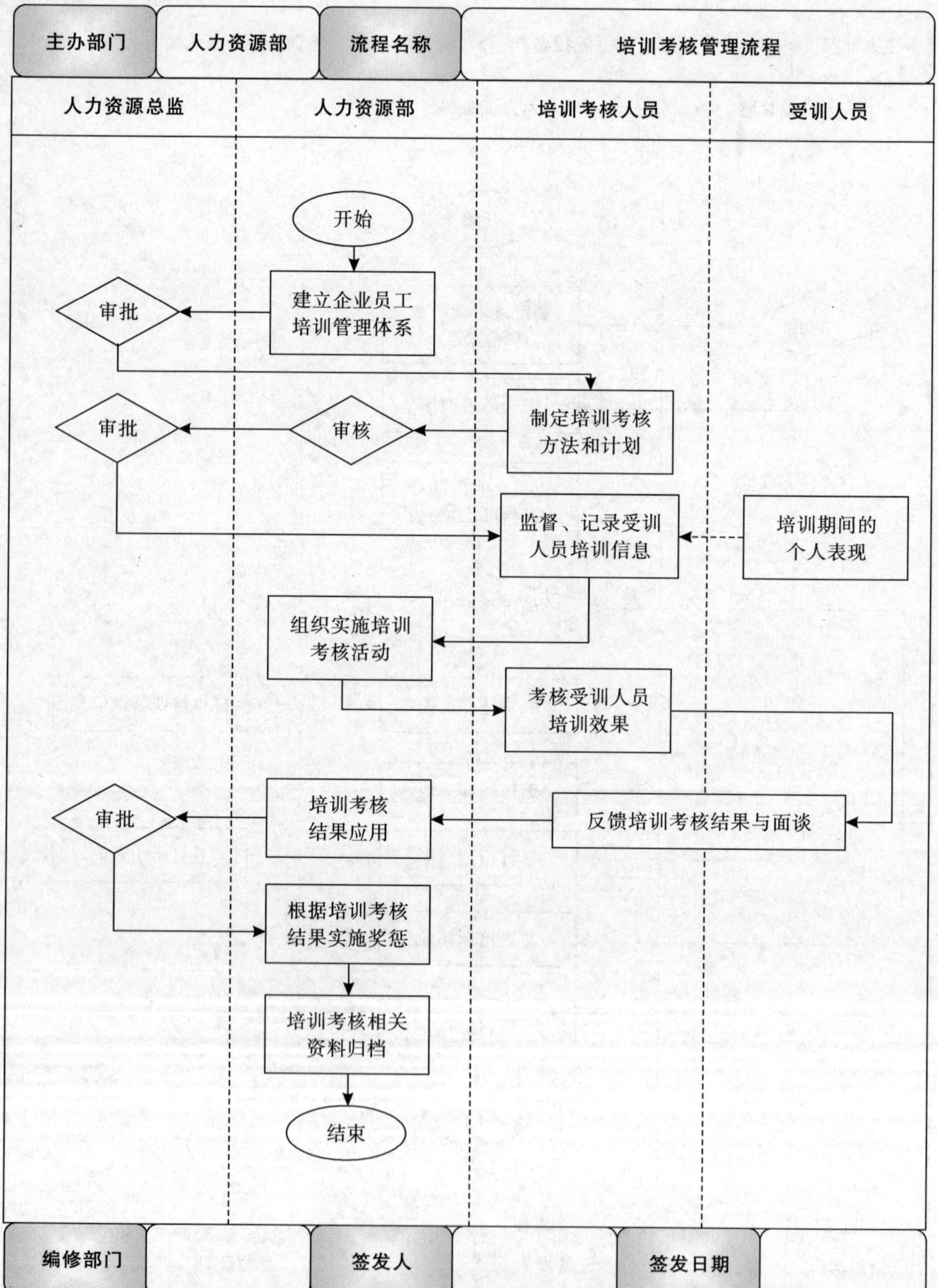
主办部门
人力资源部
流程名称
培训考核管理流程
人力资源总监
人力资源部
培训考核人员
受训人员
开始
建立企业员工培训管理体系
审批
制定培训考核方法和计划
审核
审批
监督、记录受训人员培训信息
培训期间的个人表现
组织实施培训考核活动
考核受训人员培训效果
培训考核结果应用
审批
反馈培训考核结果与面谈
根据培训考核结果实施奖惩
培训考核相关资料归档
结束
编修部门
签发人
签发日期

5.1.3 培训与开发管理关节点

为了防范企业培训与开发过程中可能发生的六种风险，避免或减少企业损失，企业人力资源管理人员在开展培训与开发相关业务的过程中需要做好对下列关节点事项的规范和控制工作，具体内容如图5-1所示。

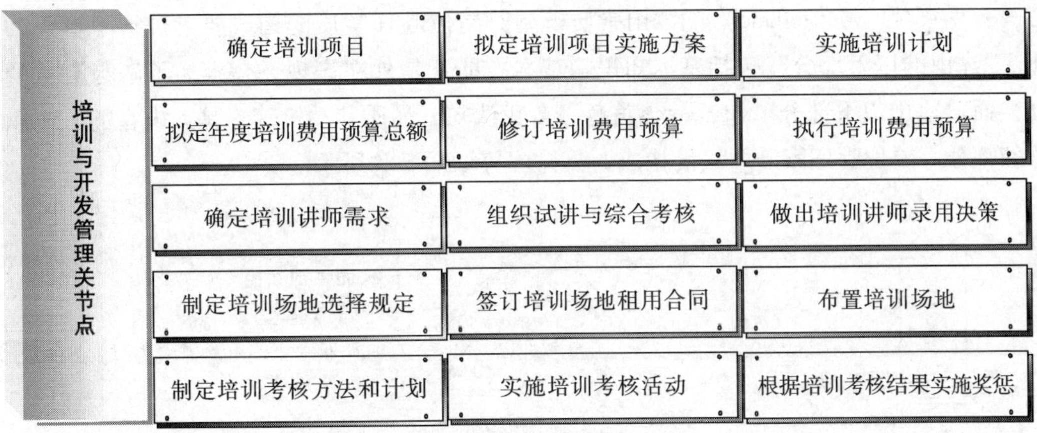

图5-1 培训与开发管理关节点

5.1.4 培训与开发五大关键点

在企业培训与开发工作过程中，培训与开发工作人员应针对存在的风险，加强对下列四大关键点的管理和控制工作，具体内容如图5-2所示。

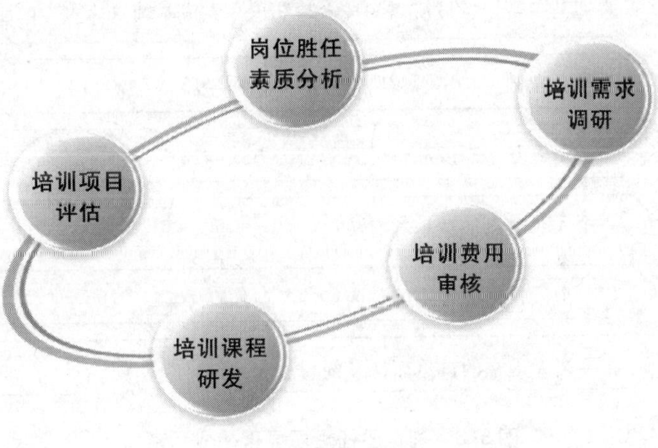

图5-2 培训与开发五大关键点示意

5.2 关键点1：岗位胜任素质分析

5.2.1 岗位胜任素质要素构成图

麦克莱兰（McClelland）的冰山素质模型对岗位胜任素质的构成要素进行了形象的描述。“冰山的以上部分”包括基本知识、基本技能，是外在表现，是容易了解与测量的部分；而“冰山以下部分”包括社会角色、自我认知、品质和动机等，是人内在的、难以测量的部分。岗位胜任素质要素的构成，具体内容如图5-3所示。

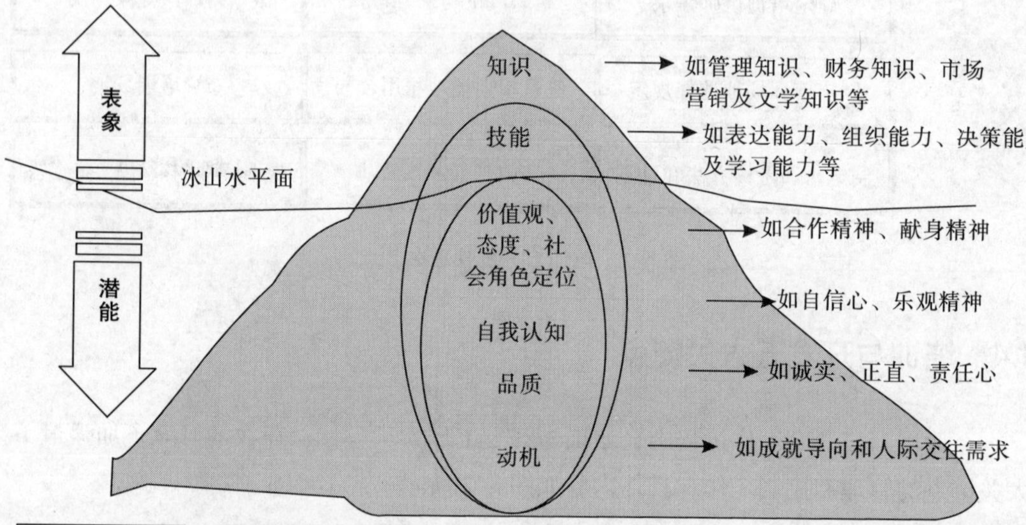

技能	掌握某一特定领域所需的技术与知识，完成某项具体工作的能力
知识	一个人在某一特定领域所拥有的知识和经验
社会角色	指一个人基于态度和价值观的行为方式与风格
自我认知	一个人对自己的认识和看法
品质	指一个人持续而稳定的行为特性
动机	指一个人内在的自然而持续的想法和偏好

图5-3 岗位胜任素质要素构成示意

5.2.2 胜任素质模型建立的程序

明确企业的略目标	1. 分析影响企业战略目标实现的关键因素 2. 提炼员工应有的符合企业文化和环境的胜任素质
确定目标岗位	1. 选择对企业战略目标的实现起关键作用的目标岗位 2. 分析目标岗位对员工所应具备的胜任特征的要求
界定岗位绩效标准	1. 对目标岗位各构成要素进行评估，区分不同绩效员工的行为表现 2. 将界定好的标准分解细化到各项具体任务中
选取样本组	根据目标岗位胜任特征，在从事该岗位工作的员工中随机抽取绩效优秀员工（3~6名）和绩效一般员工（2~4名）作为样本组
收集、整理数据信息	1. 选取适当的方法获取样本组有关胜任特征的数据资料 2. 将获得的资料和信息进行整理和归档
定义岗位胜任素质	1. 分析实际工作中员工的关键行为、特征、思想和感受的表现 2. 识别不同员工关键能力素质，并对其进行规范和定义
划分胜任素质等级	1. 将各个素质项目进行等级划分 2. 对不同的素质等级进行行为描述，初步构建胜任素质模型
构建胜任素质模型	1. 将初步构建的胜任素质模型同企业、岗位、员工进行匹配和平衡 2. 对初步构建的胜任素质模型进行修正，并形成最终的胜任素质模型

5.2.3 胜任素质模型建立方法汇总表

名称	操作说明	特点
行为事件访谈法	1. 让访谈者描述最成功和最不成功的三件事情，详细陈述事件发生的背景、过程、结果、经验和教训 2. 对访谈内容进行分析，确定访谈者所表现出来的胜任特征	用充实的行为数据来支撑胜任素质模型的有效性，可以对收集到的行为数据进行多方面的分析。但是由于参加人员有限，会造成样本量不足，影响分析结果
标杆研究法	1. 收集并研究其他同行业或类似企业的胜任素质模型 2. 通过小组讨论或研讨会的方式，从中挑选适用于本企业的素质类型，形成胜任素质模型	所建立的胜任素质模型具有广泛的适用性，可参考性强，所有的素质都经过了分析、比较和研究，可操作性强，但是由于共性过多，缺乏自己的个性特征，没有本企业的数据来支撑胜任素质模型的有效性和适用性

（续表）

名称	操作说明	特点
战略导向法	1. 根据企业的战略进行逐步分解 2. 通过小组讨论或研讨会的方式得出针对某类员工的关键素质，并形成每个素质的定义和层次	该方法能体现企业未来战略的导向性和牵引性，比较符合企业的现状，可以集中反映企业的战略对人员的要求，但是缺乏实际的行为数据来支持该模型，容易受到建模人个人想法的影响
调查问卷法	1. 通过标准化、结构化的问卷形式收集工作信息、表现一般的工作行为、工作条件和职位特征 2. 包含信息输入、脑力劳动、工作输出、与其他人的关系、工作环境和其他工作特征六类要素	从普通的工作行为角度来描述工作是如何完成的，这种方法花费较少，所需时间也较少，适用于公关部门职位胜任素质模型的建立

5.2.4 基于素质模型的培训计划制订程序

确定培训目标：员工潜在素质的胜任力培训目标难以量化，可将胜任素质模型中的信息转化为绩效目标

↓

组织工作分析：组织进行企业战略与环境分析、工作与任务分析、员工与绩效分析

↓

分析结果运用：根据分析结果对员工进行岗位轮换、降职、淘汰，或者根据素质差距进行培训

↓

确定培训项目：根据经验学习的特点制定相应的培训方法，使非结构化的学习成为结构化、有计划的培训，确定培训项目，最终形成培训计划

5.3 关键点2：培训需求调研

5.3.1 培训需求调研流程图

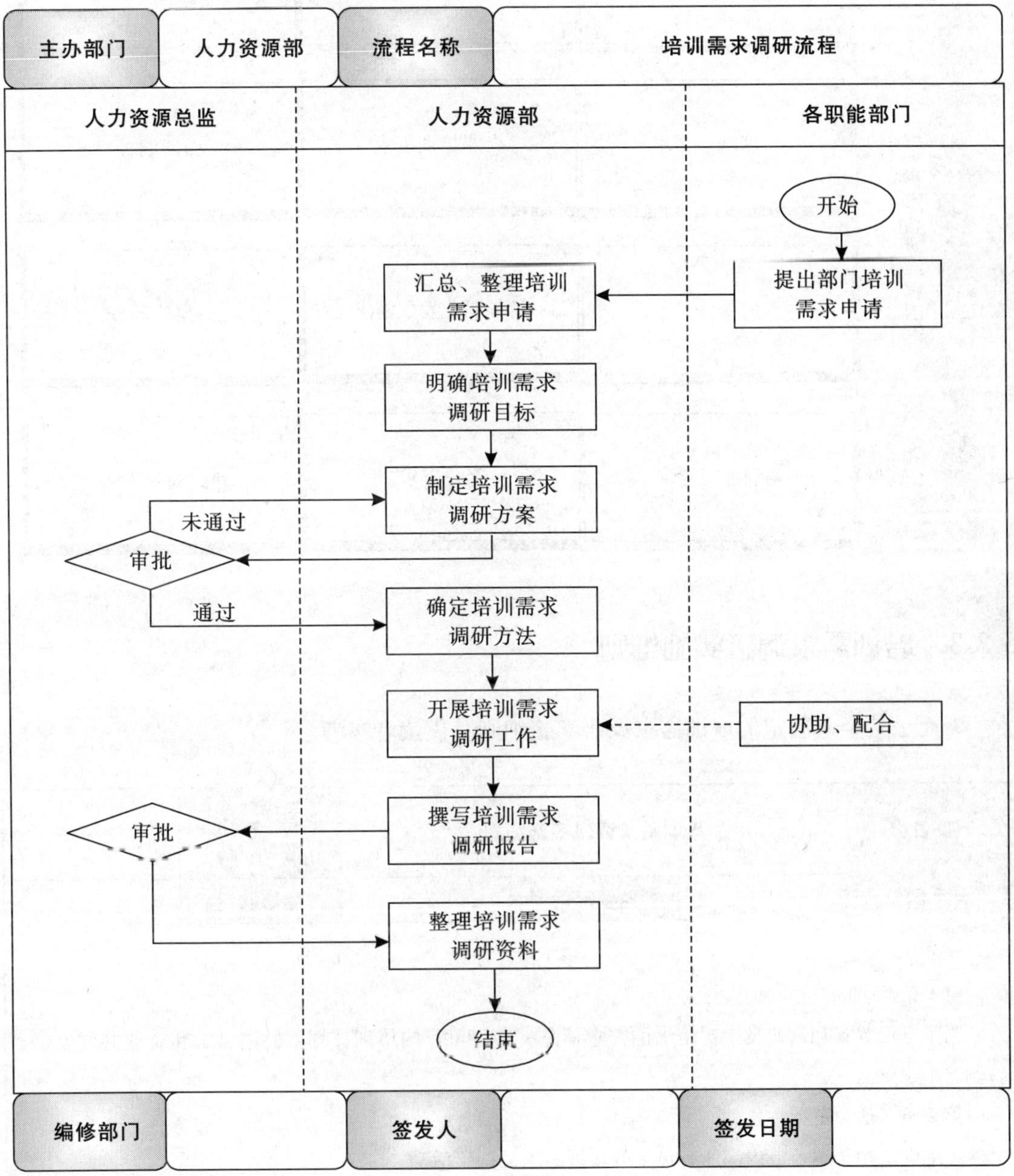

5.3.2 培训需求调研维度图

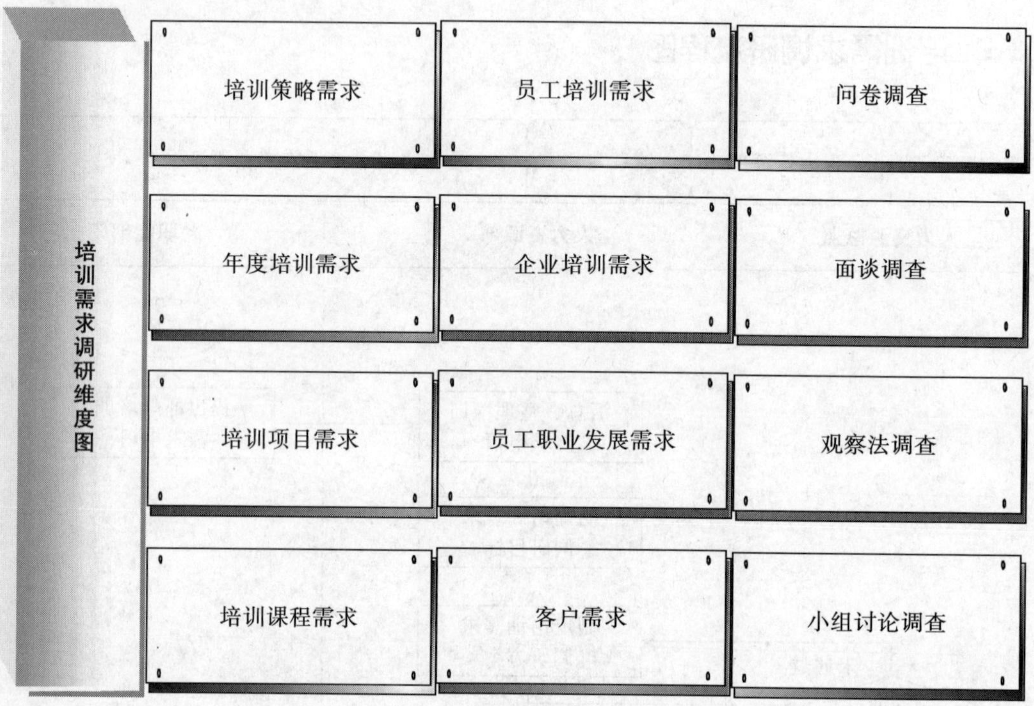

5.3.3 培训需求调研实施细则

下面是某企业制定的培训需求调研实施细则，供读者参考。

制度名称	培训需求调研实施细则			受控状态	
				编　　号	
执行部门		监督部门		编修部门	

第 1 章　总则

第 1 条　目的

为了全面收集和调研员工对培训的需求信息，制订可行的培训计划，促进员工和企业共同发展，特制定本细则。

第 2 条　适用范围

本细则适用于对企业内部所有员工的培训需求的调研活动。

（续）

<table>
<tr><td colspan="6">

第2章　培训需求调研形式

第3条　调查问卷

调查问卷由人力资源部制定，统一下发至各职能部门。

第4条　访谈

由人力资源部培训主管会同企业内部培训讲师对各职能部门主管领导和骨干员工进行访谈，以获得培训需求的信息。

第5条　座谈

由人力资源部培训主管组织各职能部门主管领导以座谈的形式就开展培训相关事宜进行进一步沟通，获得培训需求的信息。

第3章　培训需求调研程序

第6条　培训需求调研工作的主要负责机构由培训需求调研中心担任，培训需求调研中心由人力资源部培训主管、培训专员和企业内部培训讲师组成。

第7条　人力资源部向企业各职能部门发布培训需求调研通知。

第8条　人力资源部经理与企业中高层主管领导就企业整体培训方向进行沟通，并确定培训重点。人力资源部培训主管、培训专员一起与各职能部门主管领导进行沟通，确定访谈对象与重点。

第9条　培训需求调研中心组织实施调研工作，发放、回收“培训需求调查问卷”，统计、汇总访谈和座谈信息。

第10条　培训需求调研中心根据汇总信息进行培训需求分析并完成分析报告，报请人力资源部审核，经审核通过后上报至总经理进行审批。

第11条　培训需求调研中心应将所收集的“培训需求调查问卷”及相关培训需求信息交由人力资源部存档，作为制订后期培训项目计划的依据。

第4章　附则

第12条　本细则的最终解释权归人力资源部所有。

第13条　本细则自公布之日起实行。

</td></tr>
<tr><td>编制日期</td><td></td><td>审核日期</td><td></td><td>批准日期</td><td></td></tr>
<tr><td>修改标记</td><td></td><td>修改处数</td><td></td><td>修改日期</td><td></td></tr>
</table>

5.4 关键点3：培训费用审核

5.4.1 培训费用审核流程图

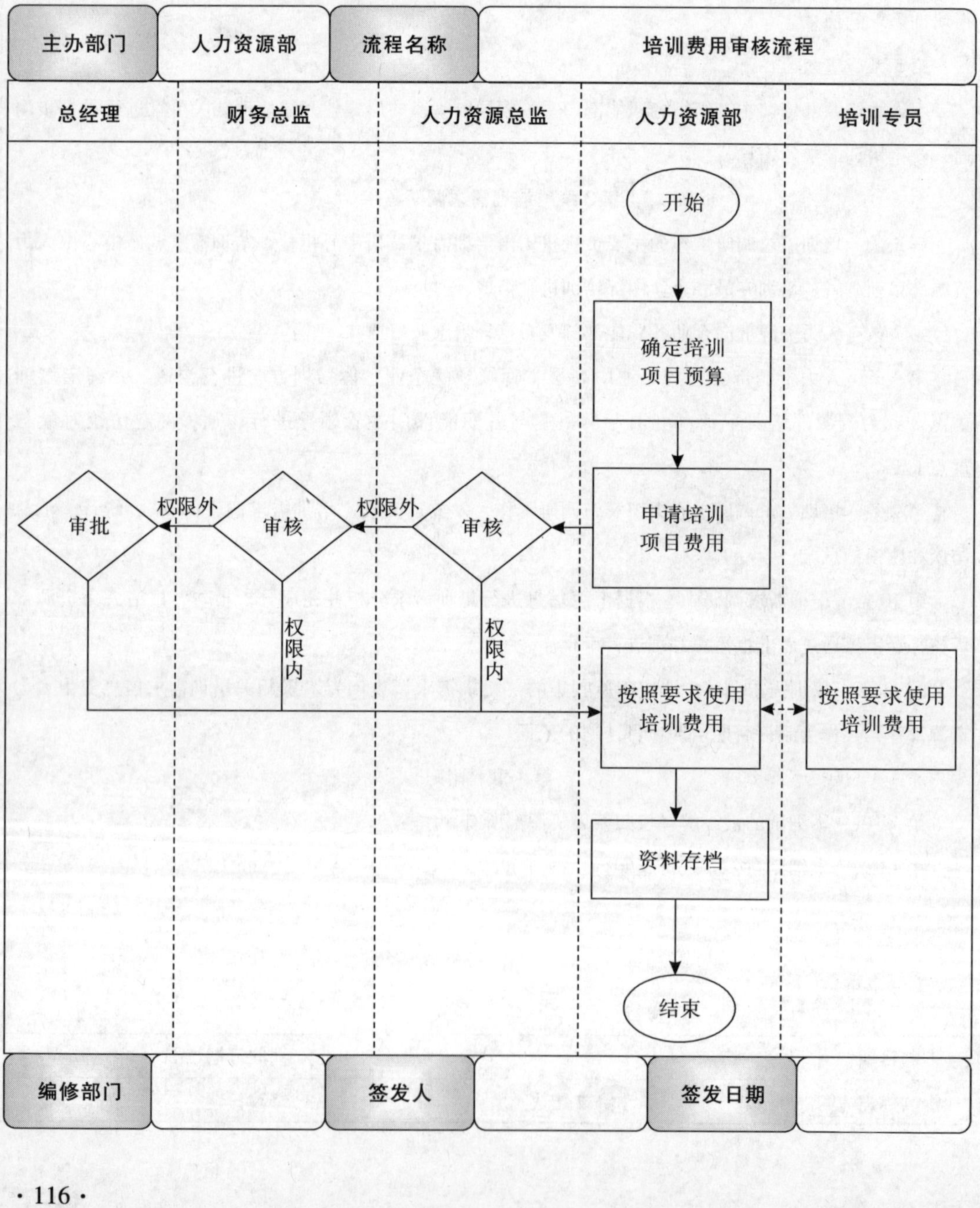

5.4.2 培训费用审核工作规范

<table>
<tr><td rowspan="2">制度名称</td><td colspan="3" rowspan="2">培训费用审核工作规范</td><td>受控状态</td><td></td></tr>
<tr><td>编　号</td><td></td></tr>
<tr><td>执行部门</td><td></td><td>监督部门</td><td></td><td>编修部门</td><td></td></tr>
<tr><td colspan="6">

第1章　总则

第1条　目的

为了使培训费用控制在合理范围内，严格费用审核管理，特制定本规范。

第2条　适用范围

本规范适用于公司相关培训费用的审核管理工作。

第2章　培训费用申请与审批程序

第3条　年度、单项培训费用预算表由人力资源部报人力资源总监审核，审核通过后提交至总经理，由总经理审批通过后移送财务部进行备案执行。

第4条　计划外培训支出由培训申请部门填写“在岗培训申请表”（随附费用明细），并将该表提交至人力资源部和人力资源总监核准。

第5条　“在岗培训申请表”经人力资源部和人力资源总监核准后，报送总经理审批，总经理审批通过后移交至财务部备案执行。

第3章　培训费用报销管理

第6条　参加培训或进修的员工，其学费、报名费、资料费用等一律先由本人支付，待获得合格证书后，方可向公司财务部报销，否则不予报销。岗位技能培训费用和各类上岗资格证书培训（进修）的费用全部由公司承担。

第7条　培训员工产生的交通费、食宿费，按照公司相关规定经核准后予以报销。

第8条　在岗培训如需支付教材编撰费用时，相关部门应向培训部提交“在岗培训费用申请单”，经核准后方可予以支付。

第4章　附则

第9条　本规范的最终解释权归人力资源部所有。

第10条　本规范自公布之日起实行。

</td></tr>
<tr><td>编制日期</td><td></td><td>审核日期</td><td></td><td>批准日期</td><td></td></tr>
<tr><td>修改标记</td><td></td><td>修改处数</td><td></td><td>修改日期</td><td></td></tr>
</table>

5.4.3 培训费用预算审核表

<table>
<tr><th rowspan="2">编号</th><th rowspan="2">培训类别</th><th rowspan="2">培训人数</th><th colspan="2">培训费（万元）</th><th colspan="2">差旅费（万元）</th><th colspan="2">资料费（万元）</th><th colspan="2">其他费用（万元）</th></tr>
<tr><th>总计</th><th>人均</th><th>总计</th><th>人均</th><th>总计</th><th>人均</th><th>总计</th><th>人均</th></tr>
<tr><td>1</td><td>综合管理类培训</td><td></td><td></td><td></td><td></td><td></td><td></td><td></td><td></td><td></td></tr>
<tr><td>2</td><td>核心素质、能力培训</td><td></td><td></td><td></td><td></td><td></td><td></td><td></td><td></td><td></td></tr>
<tr><td>3</td><td>岗位技能培训</td><td></td><td></td><td></td><td></td><td></td><td></td><td></td><td></td><td></td></tr>
<tr><td>4</td><td>专业知识培训</td><td></td><td></td><td></td><td></td><td></td><td></td><td></td><td></td><td></td></tr>
<tr><td>5</td><td>资格认证培训</td><td></td><td></td><td></td><td></td><td></td><td></td><td></td><td></td><td></td></tr>
<tr><td>6</td><td>新员工培训</td><td></td><td></td><td></td><td></td><td></td><td></td><td></td><td></td><td></td></tr>
<tr><td>7</td><td>境外培训</td><td></td><td></td><td></td><td></td><td></td><td></td><td></td><td></td><td></td></tr>
<tr><td>8</td><td>学历教育培训</td><td></td><td></td><td></td><td></td><td></td><td></td><td></td><td></td><td></td></tr>
<tr><td colspan="2">合计</td><td></td><td></td><td></td><td></td><td></td><td></td><td></td><td></td><td></td></tr>
<tr><td colspan="2">培训预算审核委员会意见</td><td colspan="9">（签章）　日期：____年__月__日</td></tr>
<tr><td colspan="2">人力资源总监审核意见</td><td colspan="9">（签章）　日期：____年__月__日</td></tr>
<tr><td colspan="2">总经理审批意见</td><td colspan="9">（签章）　日期：____年__月__日</td></tr>
</table>

5.5 关键点4：培训课程开发

5.5.1 培训课程开发的程序

5.5.2 培训课程开发工具表

工具名称	工具简介	操作程序
ISD课程开发模型	教学系统化设计（Instructional System Design，缩写为ISD）模型，是以传播理论、学习理论、教学理论为基础，运用系统理论的观点和知识，分析教学中的问题和需求并从中找出最佳答案的一种理论和方法	1. 分析。对教学内容、学习内容、学习者特征进行分析 2. 设计。对学习资源、学习情景、认知工具、自主学习策略、管理与服务进行设计 3. 开发。根据设计内容进行课程开发 4. 实施。根据课程开发的成果实施培训 5. 评估。对所开发的课程进行评估，并形成评估报告

（续表）

工具名称	工具简介	操作程序
HPT课程开发模型	绩效干预模式（Human Performance Technology，缩写为HPT）是一种操作方式，通过确定绩效差距，设计有效益和效率的干预措施，获得所希望的人员绩效。它涉及行为心理学、教学系统设计、组织开发和人力资源管理等多学科的理论，是绩效改进的一种策略	1. 绩效分析。组织分析、岗位分析、环境分析等 2. 原因分析。对产生绩效差距的原因进行分析并得出结论 3. 设计。绩效支持、员工发展、组织交流、人力资源、财政系统等 4. 执行。管理改革、过程咨询、员工发展、通信、网络等 5. 评估。形成性、总结性等方面的评估
CBET课程开发模型	课程开发模型（Competency Based Education and Training，缩写为CBET），即能力本位教育培训模型，它起始于技术工人的职业培训，是基于岗位而开发的模型	1. 分析经济政策和劳动力市场，确定培训需求 2. 根据岗位描述，分析岗位职责 3. 进行综合能力和专项能力分析（DACUM方法） 4. 明确教学目标、教学标准 5. 制订培训计划，准备培训材料 6. 实施教学和评估。对达成目标有困难的人，应向其提供资料、方法等帮助
ADDIE课程开发模型	ADDIE模型，是一套有系统地发展教学的方法，是指从分析（Analysis）、设计（Design）、发展（Develop Mont）、执行（Implementation）到评估（Evaluation）的整个过程	1. 分析。目标和任务分析、学习者分析、课程内容分析、培训工具分析、培训环境分析等 2. 设计。课程大纲拟定、课程体系规划、培训目标撰写、评估策略方法设计等，进行培训知识和技能分类、处理，符合学习者的特点 3. 开发。课程表现形式、教学活动设计、接口设计、页面设计、测试方法设计等 4. 实施。开展教学培训活动，并对教学和培训过程进行记录 5. 评估。确定教学或培训活动是否有效，内容包括课程内容评估、接口评估、学习效果评估等

（续表）

工具名称	工具简介	操作程序
DACUM 课程开发模型	课程开发模型（Developing A Curriculum，缩写为 DACUM），是通过职务分析或任务分析从而确定某一职业所要求的各种综合能力及相应专项技能的系统方法	1. 进行准备 2. 确定单项任务 3. 检查与完善各个任务领域与单项任务及其表述方式的准确度 4. 将各项任务领域和单项任务按其重要性、使用频率进行排序

5.5.3 培训课程实施方法表

方法	优点	缺点
讲授法	信息量丰富、应用条件宽松，能够全面表达内容	内容较多，学员易消化不良，培训师与学员之间的互动交流机会不多，使学员感觉枯燥
研讨法	参与性较强，能够加深认识和理解，帮助解决实际问题	容易离题，对主持者要求较高，培训师讲授的机会较少
视听法	形象生动、示范作用强、容易模仿、容易被学员记忆和接受	制作的难度大、对讲师的点评能力要求较高
角色扮演法	增强学员印象，调动学员的参与热情、活跃气氛，便于组织者及时了解学员对知识技能的掌握程度并做出有效指导	需要耗费大量的时间和精力来进行排练，可能导致角色扮演人员热衷于扮演，而忽视了对所学知识和技能的运用
案例分析法	将抽象的理论与现实的问题联系起来，让学员能够深入认识、把握和分析问题，帮助学员提高对理论知识的综合运用能力	需要参与的学员具备一定的知识基础，很难根据课程内容选择最为恰当的案例，自编案例会花费大量的时间
户外训练法	激发学员的兴趣，训练效果好	时间和费用等培训成本较高，存在一定的危险因素
游戏模仿法	活跃气氛、激发学员的参与兴趣、寓教于乐	较难掌控，对场地的要求较高，占用时间较多、同课程主题联系不紧密

5.6 关键点5：培训项目评估

5.6.1 培训评估系统建立的程序

步骤	说明
确定评估目的	培训评估有助于确定培训项目的前景，对培训系统的某些部分进行修订，或是对培训项目进行整改，使其更加符合企业的需要
建立评估数据库	定量数据：生产率、利润、事故率、设备完好率、员工流动率等； 定性数据：内外部顾客满意度、员工士气、工作氛围、工作积极性等
制定评估标准	制定培训效果评估衡量标准，以检测培训项目的目标是否得以实现
选择评估方法	主要包括问卷法、评估调查表、关键人物法、笔试、技能操作、绩效考核法、比较评价法、收益评价法等
分析、评估原始资料	原始资料的收集、分析是培训评估的重要环节。数据收集完后，与原始数据进行对比，得出评估结论
建立评估反馈机制	培训评估报告确定后，要及时在企业内进行传递和沟通，避免培训评估与实际工作脱节

5.6.2 培训项目评估流程图

主办部门	人力资源部	流程名称	培训项目评估流程

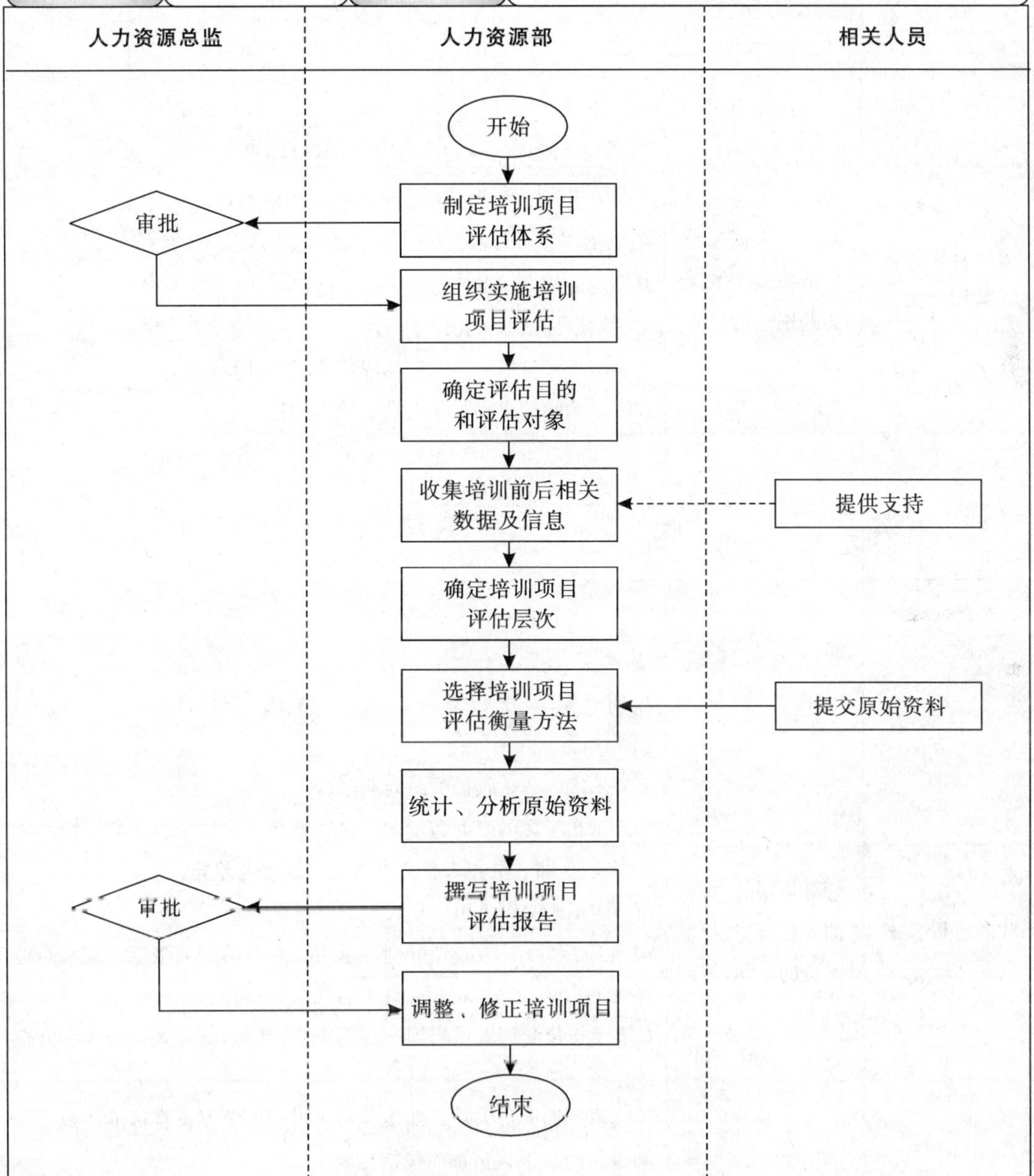

编修部门		签发人		签发日期	

5.6.3 培训效益计算说明表

评估工具	工具说明	计算公式
舍贝克和科恩效用公式	对受训人员在培训前后工作效益的差别进行计算	培训效益 = $(E_2 - E_1) \times P \times Y \times V - C \times P$ E_1表示培训前每位受训人员一年产生的效益； E_2表示培训后每位受训人员一年产生的效益； P表示受训人员的人数； Y表示培训效益可持续的年限； V表示工作价值，即对工作成绩的货币计算； C表示为每位受训人员花费的培训费用
收益分析公式	计算培训前后受训人员与未受训人员的工作差异	培训效益 = $(Y \times P)(Dt \times SDy)(1+V)(1-Tax) - (N \times C)(1-Tax)$ Y表示培训产生收益的时间期限； P表示在考虑的时间范围内，最终留在企业的受训人员数目； Dt表示受训人员和未受训人员工作成绩的差异； SDy表示未受训人员工作成绩的标准偏差； $(1+V)$和$(1-Tax)$分别表示用来调整易变的培训花费和企业税率的影响，这可以用会计的方法计算得出； C表示每位受训人员培训中所用花费，包括所有直接成本和间接成本； N表示受训人员人数，即使是最终培训成绩不符合标准的或者中间退出的受训人员都应包括在内

5.6.4 五层级培训评估工具分析图

层级	说明
反应层评估	评估学员的满意程度
学习层评估	评估学员的学习获得程度
行为层评估	评估学员在接受培训后，其在工作中知识、技能的运用程度
结果层评估	评估培训项目对组织的影响程度
投资回报率（ROI）	培训给企业带来的收益 ROI=（培训后效益－培训前效益）÷培训成本×100%

第6章

薪酬福利管理关键点

6.1 薪酬福利管理关键点分析

6.1.1 薪酬福利管理主要风险点

企业要加强对薪酬福利的控制，提高薪酬福利管理对员工的激励作用，就需要对薪酬福利管理过程中可能存在的风险进行全面的了解。薪酬福利管理的主要风险如表6-1所示。

表6-1 薪酬福利管理主要风险点说明

序号	风险点名称	风险点说明
风险点1	薪酬福利目标设置风险	1. 未对薪酬福利需求进行充分调查，可能导致薪酬福利目标的设置同企业的发展战略不一致 2. 未对员工的需要及关注点进行深入分析，可能致使薪酬福利目标的设置不能满足员工的要求与期望 3. 未对薪酬福利目标进行明确、详细的阐述，可能导致相关人员不清楚、不明白薪酬福利目标，致使薪酬福利管理工作无章可循
风险点2	薪酬福利管理体系设计风险	1. 薪酬福利管理体系设计得不够完善，可能导致体系在执行时与实际相脱节 2. 未以企业的实际情况为依据，导致薪酬福利体系具有不可操作性
风险点3	薪酬福利控制风险	1. 缺乏规范的薪酬福利控制制度，导致薪酬福利控制工作无章可循 2. 监督机制不健全、不完善、不合理，可能导致相关人员进行违规操作不能及时查处
风险点4	薪酬福利培训风险	1. 未及时对相关人员进行薪酬福利内容的培训，导致管理水平低下 2. 未及时制订培训计划，导致薪酬福利的培训活动混乱无序 3. 未根据实际情况分层次、有重点地进行培训，致使培训结果不理想
风险点5	薪酬福利改进风险	1. 未进行企业内外部调查，从而导致薪酬福利改进计划缺乏事实依据 2. 未根据企业的实际生产情况和员工需求进行薪酬福利改进工作，导致薪酬福利改进效果不理想

6.1.2 薪酬福利管理四大流程图

1. 薪酬福利目标制定流程图

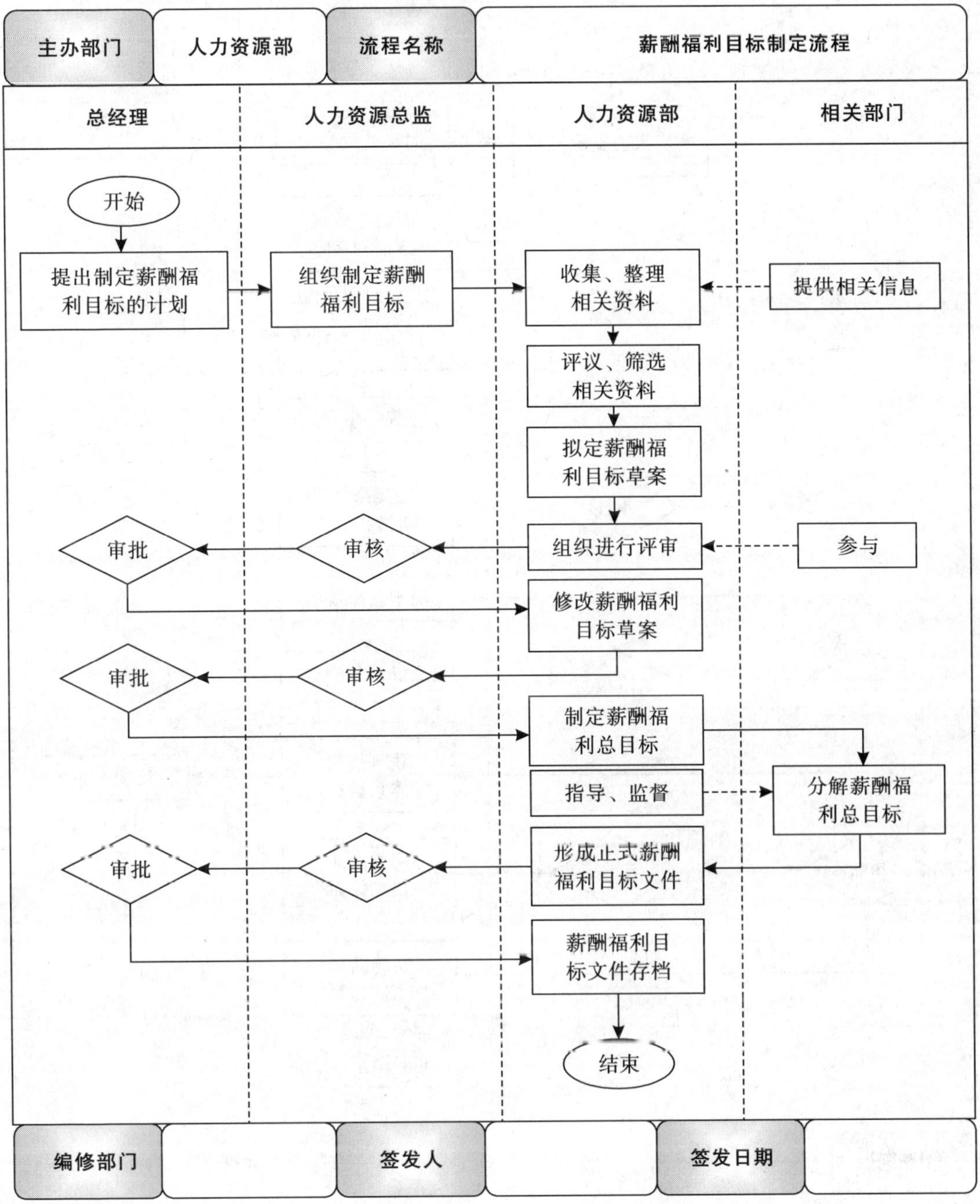

2. 薪酬福利体系设计流程图

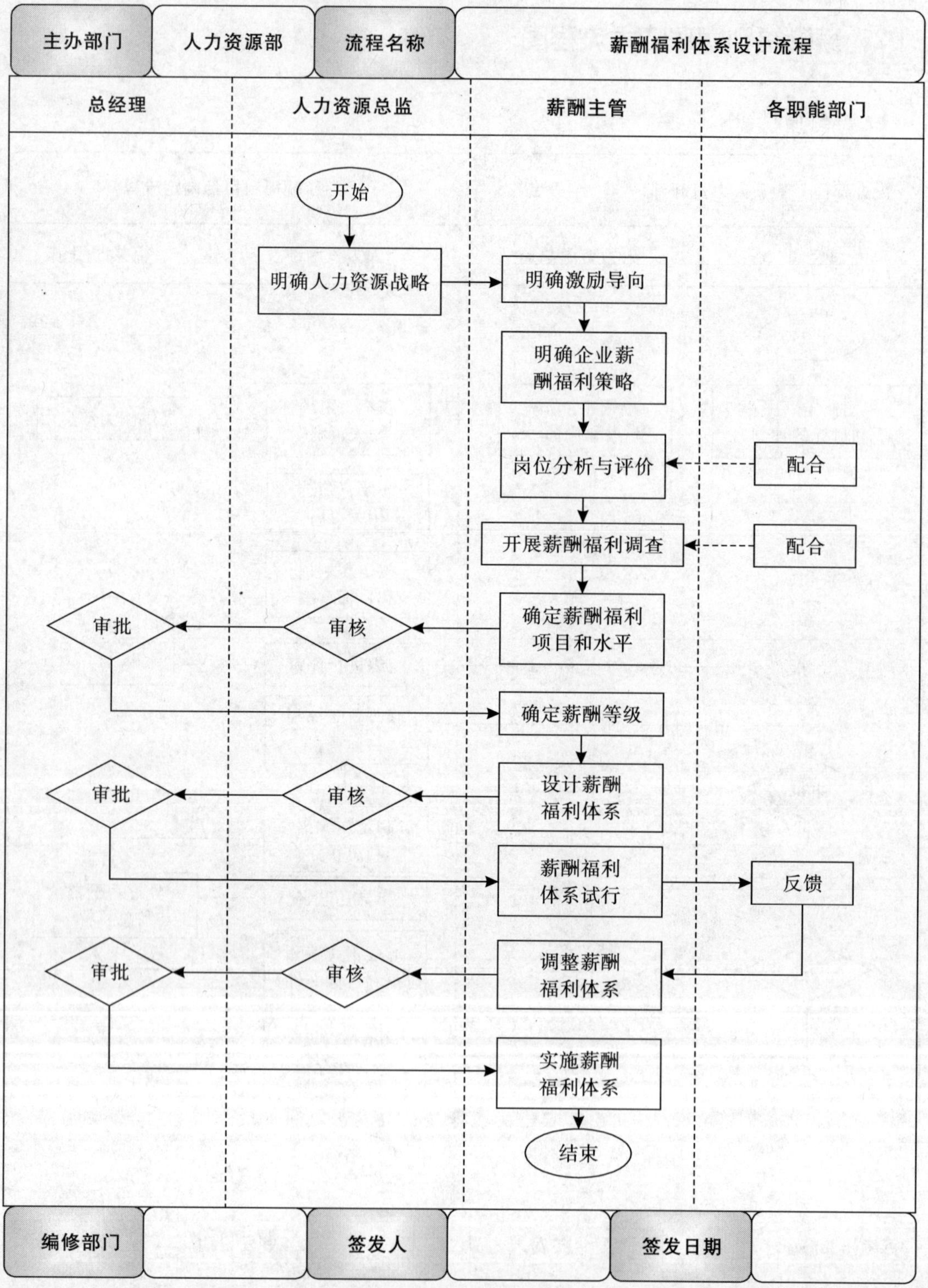

3. 薪酬福利管理流程图

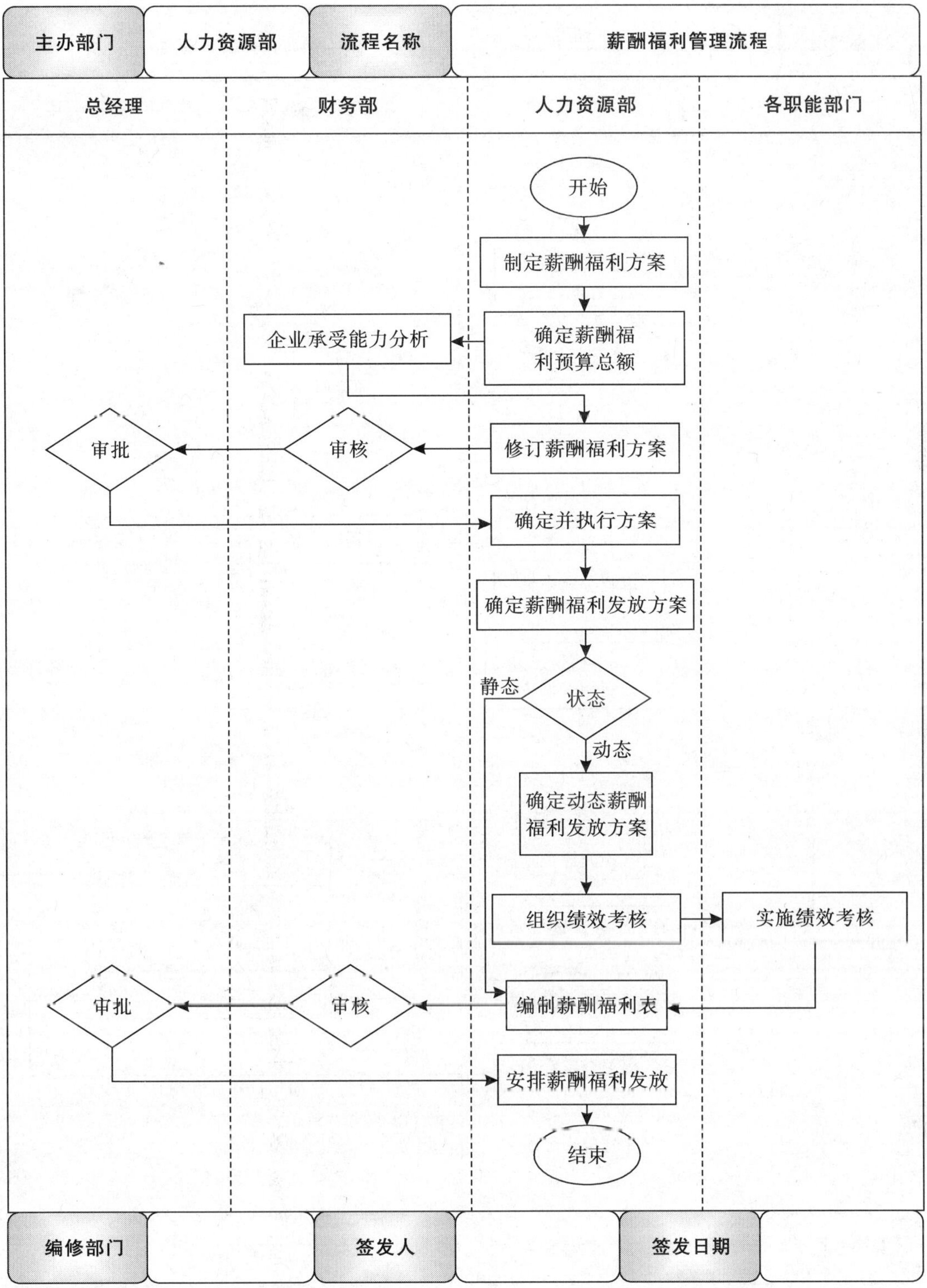
主办部门
人力资源部
流程名称
薪酬福利管理流程
总经理
财务部
人力资源部
各职能部门
开始
制定薪酬福利方案
确定薪酬福利预算总额
企业承受能力分析
修订薪酬福利方案
审核
审批
确定并执行方案
确定薪酬福利发放方案
状态
静态
动态
确定动态薪酬福利发放方案
组织绩效考核
实施绩效考核
编制薪酬福利表
审核
审批
安排薪酬福利发放
结束
编修部门
签发人
签发日期

4. 员工提薪管理流程图

主办部门	人力资源部	流程名称	员工提薪管理流程

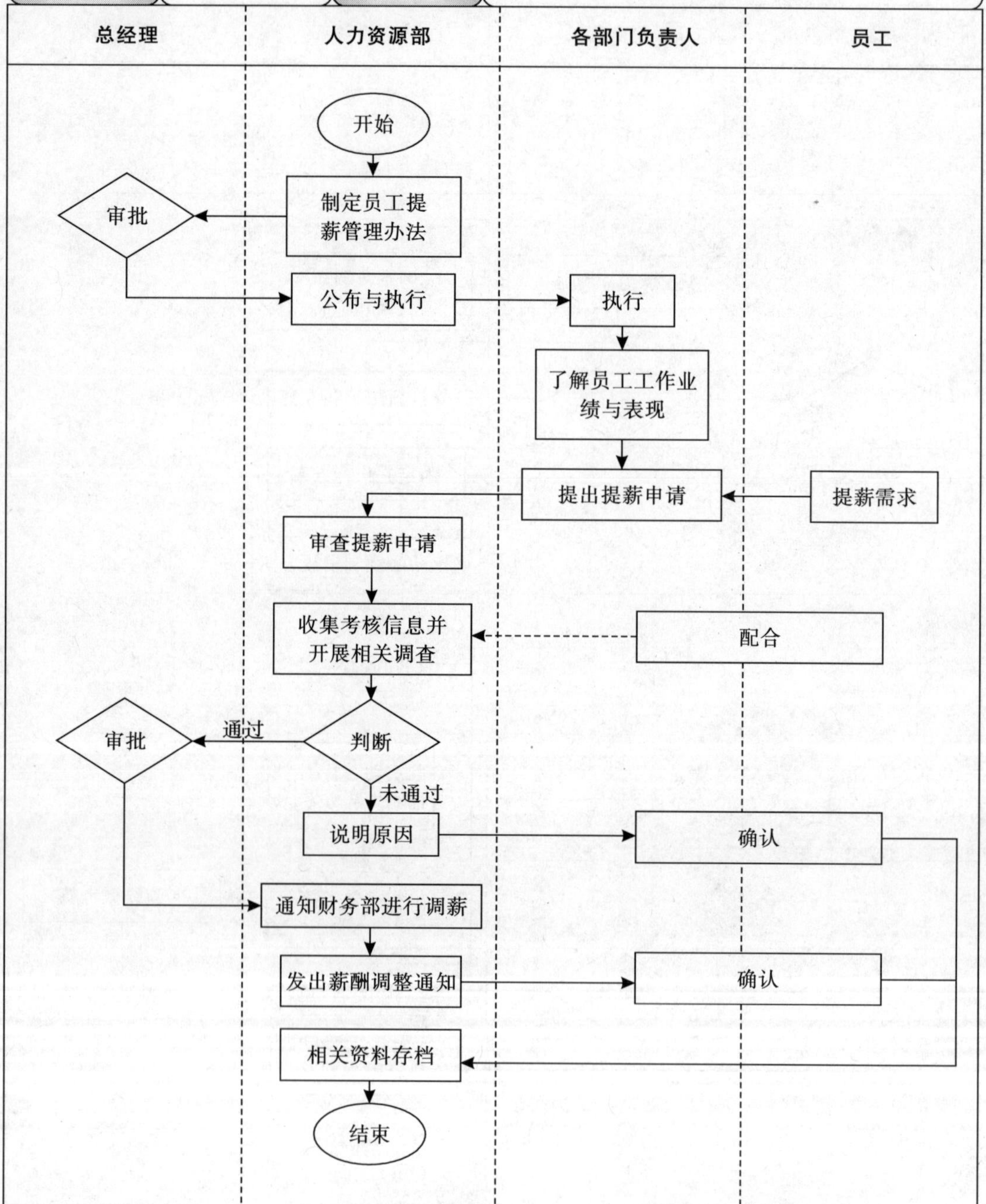

编修部门		签发人		签发日期	

6.1.3 薪酬福利管理流程关节点

为了降低薪酬福利管理过程中的风险，减少相关损失，企业薪酬福利管理人员要对薪酬福利管理过程中的关节点进行规范和控制。具体关节点如图6-1所示。

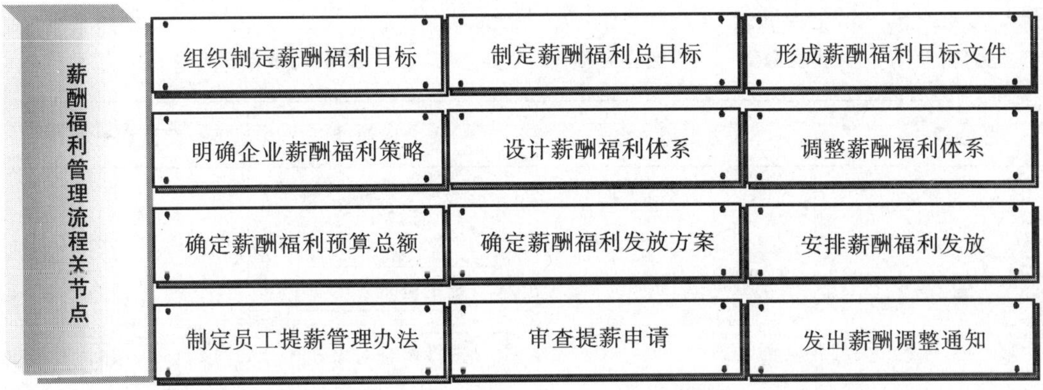

图6-1 薪酬福利管理流程关节点示意

6.1.4 薪酬福利管理四大关键点

为了顺利完成薪酬福利管理工作，消除各种潜在风险，人力资源部应在规范执行流程关节点事项的基础上，对下列四大关键点事项或业务进行重点管理和控制，具体如图6-2所示。

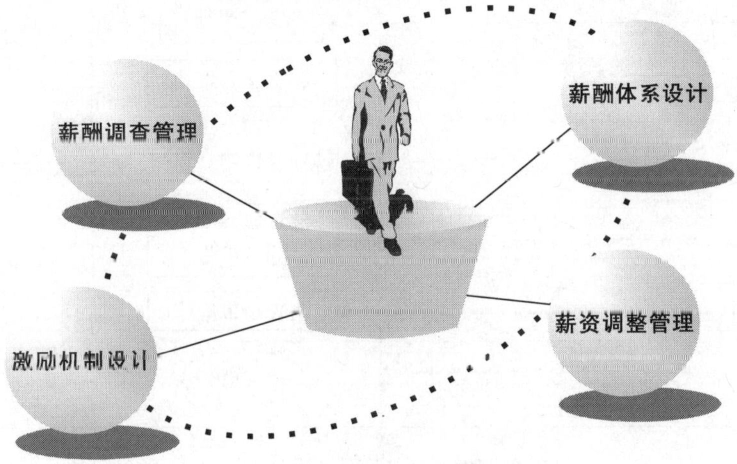

图6-2 薪酬福利管理四大关键点示意

6.2 关键点1：薪酬调查管理

6.2.1 薪酬调查管理流程图

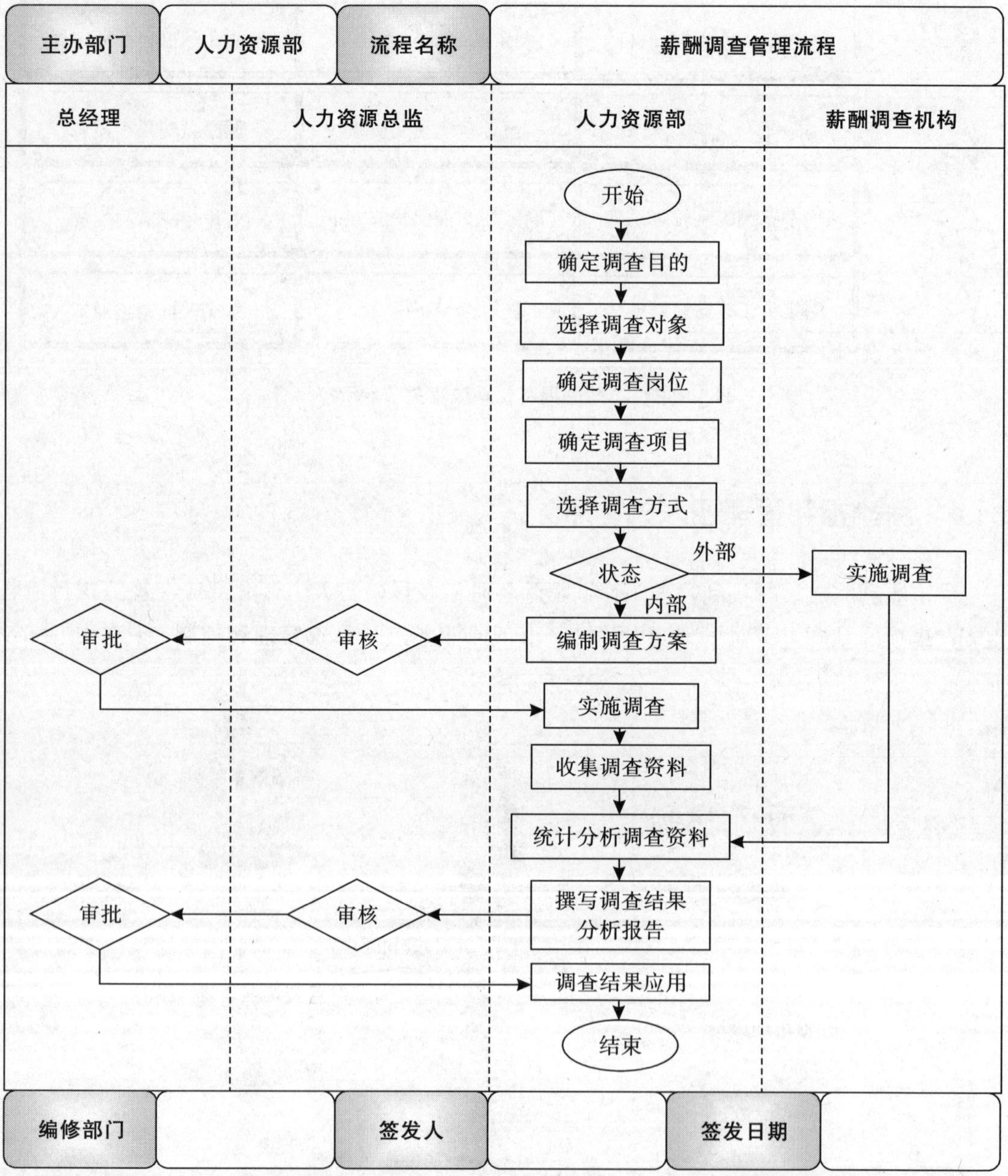

6.2.2 薪酬调查管理工作标准

<table>
<tr><th>序号</th><th>项目</th><th>工作执行标准</th><th>执行工具</th></tr>
<tr><td>1</td><td>选择调查对象</td><td>◆ 人力资源部选择薪酬调查对象
◆ 调查对象可以是行业内具有可比性的企业，例如同行业中同类型的其他企业、与本企业可构成人力资源竞争的企业等，也可以是本地区、本行业的企业</td><td rowspan="5">薪酬管理工作计划
薪酬调查计划
岗位分析表
岗位评价表
薪酬调查渠道分析表
薪酬调查问卷
员工满意度调查问卷
薪酬调查方案</td></tr>
<tr><td>2</td><td>确定调查岗位</td><td>◆ 人力资源部根据调查目的和要求确定选择哪些岗位进行调查
◆ 调查的岗位可以是技术类岗位、生产类岗位、管理类岗位、操作类岗位等，也可以是全部岗位</td></tr>
<tr><td>3</td><td>确定调查项目</td><td>◆ 人力资源部根据调查目的确定需要调查的薪酬信息，例如是调查普通员工的基本工资收入情况，还是调查年终奖等奖金，是编制各种福利计划，还是长期激励计划等</td></tr>
<tr><td>4</td><td>选择调查方式</td><td>◆ 人力资源部根据确定的调查目的、调查范围选择相应的调查方式
◆ 调查方式主要有：委托专业的中介机构进行调查、企业自行调查</td></tr>
<tr><td>5</td><td>编制调查方案</td><td>◆ 人力资源部负责编制企业薪酬调查方案。调查方案的主要内容有：调查目的、调查对象、调查岗位、调查项目、调查方法
◆ 必要时，应设计薪酬调查问卷。问卷的设计应以薪酬调查目的、岗位、范围等为基础，应确保每个调查项目都是必要的，且语言规范、标准，问题简单明确，并充分考虑信息处理的简便性
◆ 将调查方案提交上级领导审批</td></tr>
</table>

（续表）

序号	项目	工作执行标准	执行工具
6	收集调查资料	◆ 人力资源部通过各种渠道收集调查数据和资料 ◆ 收集方法主要有：采集政府部门公开信息、通过设计调查问卷收据数据、从第三方调查机构购买信息等	薪酬调查资料 薪酬调查问卷 薪酬调查统计分析表
7	撰写调查结果分析报告	◆ 人力资源部对收集的调查数据进行分析，编制分析报告 ◆ 报告应说明薪酬调查的组织实施情况、数据收集分析情况 ◆ 将薪酬调查分析报告提交给领导审批	薪酬调查分析报告
8	调查结果应用	◆人力资源部将薪酬调查分析报告呈权限领导审批，并确认审批意见 ◆人力资源部对薪酬调查结果加以应用 ◆对薪酬调查结果的应用一般有如下几种情况：企业薪酬制定或调整的参考依据、企业薪酬激励方案的制定等	薪酬调查结果应用表

6.2.3 外部薪酬水平调查表

填表时间：____年__月__日

基本情况					
姓名	（可不填）	年龄		学历	
单位名称		工龄			（年）
所在部门		担任职务			
企业性质					
所属行业	○金融业○批发零售业○能源（水电热煤炭）○纺织服装○程序设计软件				
企业规模	○100 人以下　○100～300 人　○300～500 人　○500 人以上				
岗位职责	请分大块说明：				
任职资格	请概括说明：				

（续表）

<table>
<tr><td>薪酬结构</td><td>月平均薪酬____（元/月）</td><td colspan="2">付薪月数____（月/年）</td></tr>
<tr><td>基本工资</td><td>____（元/月）</td><td>加班补贴</td><td>____元</td></tr>
<tr><td>年终奖金</td><td>____元</td><td>岗位津贴</td><td>____元</td></tr>
<tr><td>绩效奖金</td><td>____元</td><td>其他</td><td></td></tr>
<tr><td>福利待遇</td><td colspan="3">○五险 ○公积金 ○餐补 ○商业保险 ○带薪培训 ○公费旅游 ○带薪休假（ ）天
○其他请注明：</td></tr>
<tr><td>选择性问题</td><td colspan="3">1. 您认为您目前的薪酬水平与您的付出成正比吗？
○差不多 ○付出更多 ○薪酬更多
2. 您认为贵企业的薪酬在同行业中属于何种水平？
○高收入 ○中等 ○低收入
3. 贵企业调薪的时间通常是：
○年终 ○年初 ○年中 ○其他（请说明）</td></tr>
<tr><td>开放性问题</td><td colspan="3">您认为贵企业的薪酬制度需要改进的地方是（请说明）：</td></tr>
</table>

6.2.4 薪酬满意度调查问卷

<table>
<tr><td rowspan="2">文书名称</td><td rowspan="2">薪酬满意度调查问卷</td><td>编　号</td><td></td></tr>
<tr><td>受控状态</td><td></td></tr>
<tr><td colspan="4">为了及时了解公司目前薪酬管理工作中存在的不足和员工在薪酬方面的真实想法和建议，逐步提高公司的薪酬管理水平，提高员工的工作积极性，满足公司快速发展的需要，人力资源部特组织开展本次薪酬满意度调查。
请全体员工积极配合，认真、详细地填写本调查表，并于____年__月__日前交到人力资源部。
一、员工基本信息
员工姓名：________ 性别：________ 年龄：________ 学历：________
所在岗位：________ 所属部门：______ 入职时间：______ 目前薪水：______
二、薪酬满意度调查（请根据您的真实情况在合适的答案后画“√”）
1. 您对自己目前的薪酬水平
□ 非常满意 □ 比较满意 □ 一般 □ 不满意，希望自己薪资达到____元/年
2. 您认为自己的薪酬与您的岗位相比较
□ 非常相称 □ 基本相称 □ 不相称 □ 不确定</td></tr>
</table>

（续）

3. 您觉得您现在的薪酬能反映您对公司的贡献吗

□ 完全可以　□ 基本可以　□ 不可以　□不确定

4. 您觉得公司的薪酬水平在同行业中是否体现了竞争力

□ 竞争力很强　□ 竞争力较强　□ 竞争力一般　□ 竞争力较弱

5. 您对目前公司的薪酬管理工作客观科学的评价是

□ 非常科学合理　□ 较科学合理　□ 不够科学合理　□ 不确定

6. 您对目前公司薪酬制度对人才吸引能力的评价是

□ 非常有吸引力　□ 较有吸引力　□ 不够吸引　□ 几乎没有任何吸引力　□ 不确定

7. 您认为现有的薪酬制度公平吗

□ 非常公平　□ 比较公平　□ 一般　□ 不公平

8. 您认为公司实行的薪资激励措施对员工激励性的评价是

□ 非常强的激励　□ 较强的激励　□ 不确定　□ 激励性不强

9. 您认为公司薪酬制度所倡导的分配机制是

□ 向勤奋及优秀的员工倾斜　□ 按劳分配　□平均主义

10. 您清楚公司员工薪酬的组成形式吗

□ 非常清楚　□ 比较清楚　□ 不清楚　□ 无所谓

11. 您对公司福利政策的看法是

□ 有一些福利项目，但还不够完善和合理　□ 不太令人满意　□ 不确定

□ 其他（请注明）________________

12. 您认为还有哪些措施可能使您受到激励（可多选）

□ 明确晋升机制　□ 给予员工培训　□ 完善福利体系　□ 开展集体活动

□ 其他（请注明）________________

13. 您希望哪方面工作需要有所改进

□ 薪酬方面　□ 福利方面　□ 部门配合方面　□ 企业文化方面　□ 员工行为规范方面

□ 其他（请注明）________________

14. 除薪酬外，您最看重

□ 提高自己能力的机会　□ 好的工作环境　□ 和谐的人际关系　□ 工作的成就感

□ 其他（请注明）________________

15. 您对公司的薪酬管理工作的意见与建议

非常感谢您完成这份调查问卷！

编制人员		审核人员		审批人员	
编制时间		审核时间		审核时间	

6.3 关键点 2：薪酬体系设计

6.3.1 薪酬体系设计的程序

确定薪酬策略

1. 收集企业资料，包括组织结构、现有人员考核标准、奖惩制度等
2. 掌握并分析企业现行薪酬体系结构框架
3. 了解企业市场定位和目标及其发展阶段特征和自身战略需求

↓

进行工作分析

1. 由企业高层牵头，形成简明而系统的岗位说明书
2. 使用职位簇群的方法，即职位体系评估和分类，分出若干层级

↓

岗位评价

1. 解决薪酬的对内公平问题，根据报酬因素建立所有岗位的等级序列
2. 建立岗位薪酬调查统一评估标准，使其具有可比性，确保工资的公平性

↓

薪酬调查

1. 分析薪酬调查结果，解决薪酬的对外竞争力问题
2. 根据调查数据绘制“薪资线”，了解企业薪酬水平与同行业的对比情况

↓

薪酬定位

1. 根据企业状况执行不同的薪酬水平
2. 薪酬定位的影响因素包括企业的盈利能力、人员素质、发展阶段、外部环境等

↓

薪酬结构设计

1. 设计员工薪酬构成项目及其所占比例
2. 综合考虑岗位等级、技能资历、绩效等因素，确定岗位工资、技能工资、绩效工资等薪资组成部分

↓

分级定薪

1. 将评价结果接近的岗位定位于一个薪酬等级，形成若干薪酬等级
2. 确定薪酬级差，确定每一名员工的具体薪酬水平

↓

薪酬体系实施和修正

1. 对总体薪酬水平做出准确预算，进行及时沟通和必要的宣传、培训
2. 定期调查员工薪酬需求及满意度，了解员工的想法与建议

6.3.2 经营者薪酬管理制度

下面是某企业的经营者薪酬管理制度，供读者参考。

制度名称	经营者薪酬管理制度		受控状态	
			编　　号	
执行部门		监督部门	编修部门	

第1章　总则

第1条　目的

为了确保公司经营目标的如期实现，促进公司长远发展，公司经营者需提高工作积极性，将个人利益与公司长期利益紧密联系在一起，特制定本制度。

第2条　适用范围

本制度仅适用于在本公司具有法人资格并且工资关系在本公司的人员。

第3条　术语解释

经营者，指从事商品生产、经营或者提供服务的自然人、法人和其他组织。如商人、企业家。

第4条　遵循原则

1. 主体适用原则。
2. 风险、责任、利益相一致原则。
3. 与公司内部薪酬分配办法相分离原则。
4. 先考核后兑现的原则。

第2章　经营者的薪酬构成

第5条　基本年薪

基本年薪依据上一年度的公司总体经营业绩和对外部薪酬调查数据分析结果进行核定，参照职务等级及年薪比例来确定。一般情况下，基本年薪占年薪总额的60%。

第6条　绩效年薪

1. 绩效年薪基数

绩效年薪基数一般为基本年薪的50%。

2. 计算公式

绩效年薪根据公司利润、资本收益及人均收入增长情况进行核定，具体计算公式如下。

$$绩效年薪=绩效年薪基数\times绩效年薪系数$$

3. 绩效年薪系数

绩效年薪系数的高低，由综合指标增长率确定，具体计算公式如下。

$$综合指标增长率=资本收益率\times0.3+利润增长率\times0.4+人均收入增长率\times0.3$$

（续）

综合指标增长率对应的绩效年薪系数如下表所示。

绩效年薪系数对照表

综合指标增长率	绩效年薪系数
等于____%	1
大于____%，每增加 1%	绩效年薪系数增加 0.2
小于____%，每减少 1%	绩效年薪系数减少 0.1

第 7 条　奖励年薪

1. 奖励年薪基数

奖励年薪基数是根据公司效益核算的，作为特殊报酬基金一般从公司超额利润中按 10% 的比例提取。

2. 计算方法

奖励年薪根据公司经营收入情况进行核算，其具体计算公式如下。

奖励年薪 = 奖励年薪总额 × 奖励年薪系数 × 岗位系数

3. 岗位系数

岗位系数根据岗位级别、重要程度、难度系数等进行综合评估后确定。

4. 奖励年薪系数

奖励年薪系数标准如下表所示。

奖励年薪系数表

公司经营收入	利润增长率	奖励年薪系数
经营收入≤____万元	增长幅度≤____%	1.0
____万元＜经营收入≤____万元	____%＜增长幅度≤____%	1.5
____万元＜经营收入≤____万元	____%＜增长幅度≤____%	2.0
经营收入＞____万元	增长幅度＞____%	3.0

第 3 章　薪酬支付

第 8 条　基本年薪支付

经营者的基本年薪由公司于每月____日以银行汇款形式支付。

（续）

第9条　绩效年薪支付 绩效年薪由公司财务部根据考核期实际发生的相关数据，先行核算出公司的综合指标增长率，确定绩效年薪系数，最终确定绩效年薪工资的发放额度，于次年1月____日一次性支付绩效年薪应发额度的80%，剩余部分在____年后发放。 第10条　特殊情况薪酬支付 1. 经营者任职期内调任其他工作岗位的，按月发放基本年薪，公司对其任职期内业绩进行审计考核以决定奖励额度，不再享受绩效年薪。 2. 经营者因任职期内严重违反公司规定而调离岗位的，不再享受绩效年薪。 3. 经营者离任时，在通过离任审计后，公司应将剩余部分薪酬一次性付清。 **第4章　附则** 第11条　本制度由人力资源部根据国家相关规定结合公司实际情况起草、编制。 第12条　本制度由人力资源部负责解释。 第13条　本制度经总经理办公会审批后生效实施。					
编制日期		**审核日期**		**批准日期**	
修改标记		**修改处数**		**修改日期**	

6.3.3　管理人员薪酬管理规定

下面是某企业制定的管理人员薪酬管理规定，供读者参考。

制度名称	管理人员薪酬管理规定			**受控状态**	
				编　　号	
执行部门		**监督部门**		**编修部门**	

第1章　总则

第1条　目的

为了实现以下目标，特制定本规定。

1. 规范公司管理人员的薪酬管理，充分发挥薪酬体系的激励作用。

2. 鼓励公司管理人员长期为公司服务，共同致力于公司的不断成长和可持续发展，同时共享公司发展所带来的成果。

第2条　管理原则

1. 竞争原则。公司保持薪酬水平具有相对的市场竞争力。

（续）

2. 公平原则。使公司内部不同职务序列、不同部门、不同职位管理人员的薪酬相对公平合理。

3. 激励原则。公司根据管理人员贡献，决定员工的薪酬。

第3条　适用范围

本规定适用于本公司所有的管理人员。

第2章　管理人员工资构成

第4条　公司管理人员工资构成按人力资源的不同类别，实行分类管理，着重体现岗位（或职位）价值和个人贡献。

第5条　高层管理人员工资构成

1. 基本年薪

（1）基本年薪是高层管理人员的一个稳定的收入来源，它是由个人资历和职位决定的。该部分薪酬应占高层管理人员全部薪酬的60%左右。

（2）其薪酬水平由薪酬委员会来确定，确定的依据是上一年度的企业总体经营业绩以及对外部市场薪酬调查数据的分析。

2. 绩效年薪

绩效年薪基数一般为基本年薪的50%，绩效年薪根据年度经营业绩考核结果核定发放。

3. 年终效益奖

年终效益奖是对高层管理人员经营业绩的一种短期激励，一般以货币的形式于年底支付，该部分应占高层管理人员全部薪酬的10%左右。

第6条　一般管理人员的工资构成

1. 基本工资

通过对管理人员的能力、知识、经验、绩效等进行评估确定职能等级，以此来设计基本工资表，随着管理人员职能等级的晋升，其基本工资也不断上升，职能等级的晋升须遵循一定的标准并采用相应的考核手段。

2. 绩效工资

绩效工资一般占基本工资的50%左右，结合绩效考核结果核定发放，具体核算办法见公司绩效管理规定。

3. 奖金和红利

奖金和红利是对作出重大贡献或优异成绩的集体或个人给予的奖励。

4. 加班工资

（1）凡法定工作时间以外的工作均为加班，主要指休息日、法定休假日加班以及八小时工作日的延长作业时间。

（2）加班时间必须经主管领导认可，加点、加班时间不足半小时不予计算。其加班工资计算标准如下表所示。

（续）

加班工资核算标准

加班时间	加班工资
工作日加班	每小时加点工资＝正常工作时间每小时工资×150%
休息日加班	每小时加班工资＝正常工作时间每小时（日）工资×200%
法定节假日加班	每小时加班工资＝正常工作时间每小时（日）工资×300%

第3章　福利管理

第7条　福利是在基本工资和绩效工资以外，为解决所有管理人员后顾之忧所提供的一定保障。

第8条　社会保险

公司按照国家和地方相关法律法规为员工缴纳各项社会保险。

第9条　法定节假日

公司按照《中华人民共和国劳动法》和其他相关法律法规为员工提供相关假期，具体标准参照国家规定执行。

第10条　带薪年假

管理人员在公司工作满1年不满10年可享受5个工作日的带薪休假，已满10年不满20年的，年休假10天，已满20年的，年休假15天。

第11条　其他带薪休假

管理人员根据国家规定可享有婚假、丧假、产假、哺乳假等有薪假。

第12条　津贴或补贴

1. 学历津贴与职称津贴

为鼓励员工不断学习，提高工作技能，特设立此津贴项目，其标准如下表所示。

学历津贴、职务津贴支付标准

津贴类型		支付标准
学历津贴	本科	____元
	硕士	____元
	博士及以上	____元
职称津贴	初级	____元
	中级	____元
	高级	____元

2. 住房补贴

公司为员工提供宿舍，因公司原因而未能享受公司宿舍的员工，公司每月为其提供____元的住房补贴。

（续）

3. 午餐补助

公司为每位正式员工提供____元/天的午餐补助。

第4章 薪酬调整与发放

第13条 薪酬调整分为整体调整和个别调整两种。

第14条 整体调整指公司根据国家政策和物价水平等宏观因素的变化、行业及地区竞争状况、企业发展战略变化以及公司整体效益情况而进行的调整，包括薪酬水平调整和薪酬结构调整，调整幅度由人力资源部根据公司经营状况，拟定调整方案报总经理审批后执行。

第15条 个别调整主要指工资级别的调整，分为定期调整与不定期调整。

1. 工资级别定期调整指公司在年底根据年度绩效考核结果对管理人员岗位工资级别进行的调整。

薪级调整标准

考核结果	职务工资升（降）级
年度累计4次及以上达到卓越级	+3
年度累计3次及以上达到优秀级	+2
年度累计没有一次为合格级及以下	0
年度累计2次及以上达到不合格级	-1
年度累计3次及以上达到不合格级	-2

2. 不定期调整，指公司在年中由于管理人员职务变动等原因对员工工资级别进行的调整。

第16条 发放时间

实施年薪制的高层管理人员基本工资的发放时间与一般管理人员一致，绩效年薪结合年底考核结果于次年1月15日发放应发额度的80%，其余部分于____年之后一并审计发放。

一般管理人员的基本工资实行月薪制，每月10日支付上月基本工资，绩效工资于次月20日前结合考核结果核算发放，工资均以货币形式支付，若遇支付日期为休假日时，则调整至休假日前一天发放。

第17条 工资中代扣的项目

1. 员工个人所得税及应由员工个人缴纳的社会保险。

2. 与公司签订的协议中应从个人工资中扣除的款项。

3. 法律、法规以及公司规章制度规定的应从工资中扣除的款项。

第5章 附则

第18条 本规定由人力资源部负责制定和解释，并报总经理审批。

第19条 本规定自____年__月__日开始实施。

编制日期		审核日期		批准日期	
修改标记		修改处数		修改日期	

6.3.4 销售人员薪酬形式比较表

薪酬形式	具体说明	优点	缺点
纯佣金制	按销售额的一定比例进行提成作为销售报酬，此外销售人员没有任何固定工资，收入是完全变动式的	有较强的激励作用，易于控制销售成本	不适用于销售波动情况，销售收入没有保障
固定工资制	固定工资制就是对销售人员实行固定的工资制度，而不管销售人员是否完成当期销售任务	易于了解，计算简单，销售人员收入有一定的保障，增加了员工的安全感	不利于激励员工
基本工资加佣金制	基本工资加佣金制指将销售人员的收入分为固定工资和销售提成两部分内容，销售人员有一定的销售定额，当月不管是否完成销售指标，都可得到基本工资即底薪。如果销售人员当期完成的销售额超过设定指标，对于超过以上部分按比例提成	销售人员既有固定工资保障，又有与业绩相关的提成，进而产生销售激励作用	佣金少时激励作用不大
基本工资加奖金制	这种薪酬制度与前一种有些类似，但还是存在一定区别。这种区别主要体现在，佣金直接由绩效表现决定，而奖金和业绩之间的关系却是间接的。通常销售人员的业绩只有超过了某一销售额，才能获得一定数量的奖金	能激励销售人员努力完成销售任务	销售人员的奖金数额较模糊，激励作用减弱
基本工资加佣金加奖金制	这种薪酬制度设计的特殊性在于，它将佣金制和奖金制结合到了一起，使销售人员薪酬中包含底薪、佣金和奖金三种成分	收入稳定，有效控制销售成本	提高了管理费用
特别奖励制度	指规定报酬之外的奖励制度，包括精神奖励和物质奖励。精神奖励包括荣誉、奖状等。物质奖励包括加工资、发奖金及其他福利等	有较强的激励作用	奖金的标准或基础不够可靠，易引起销售人员之间的攀比心理，增加管理难度

6.4 关键点3：薪资调整管理

6.4.1 薪资调整管理流程图

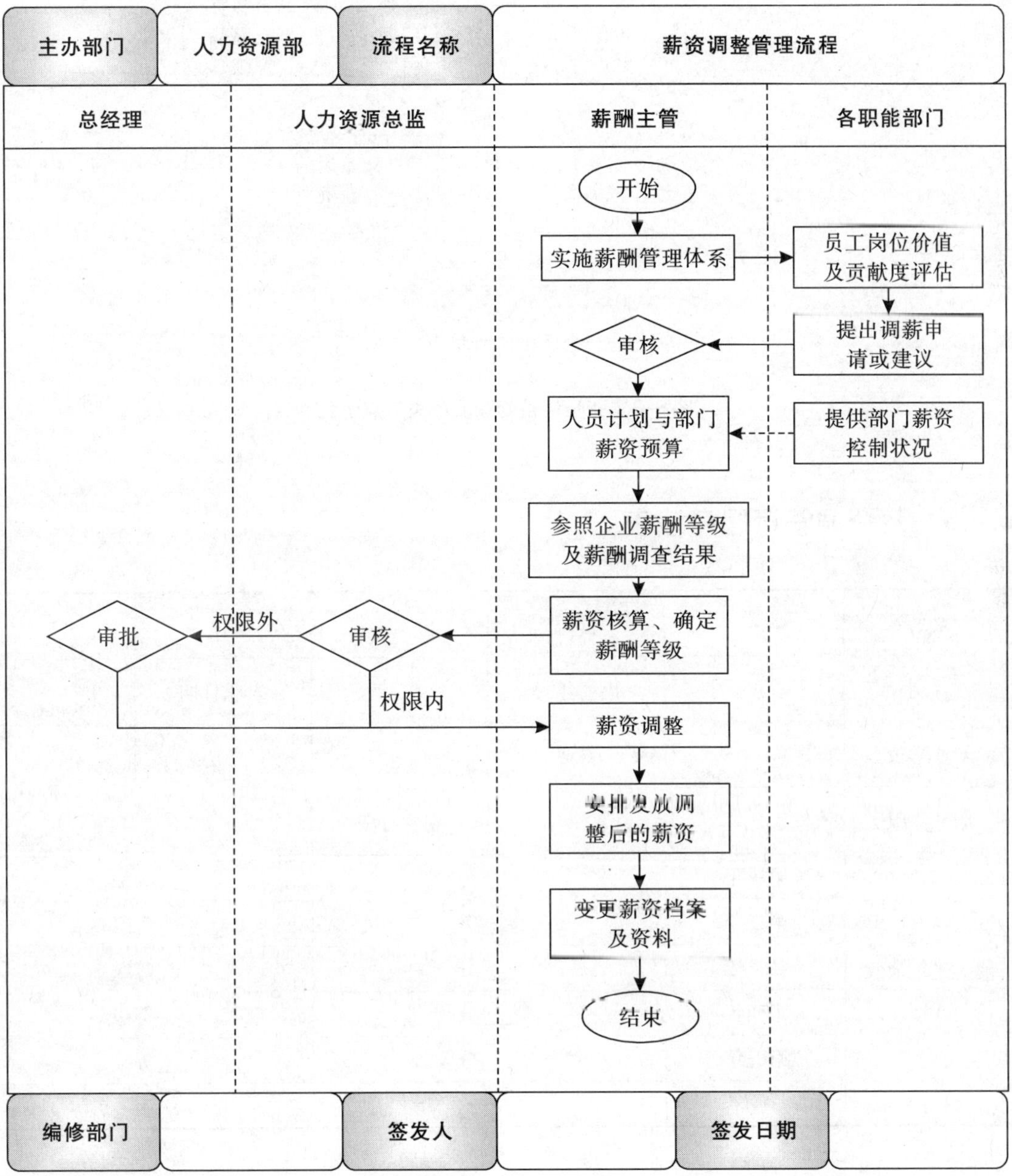

6.4.2 薪资调整管理关节点

为了降低薪资调整管理过程中的风险，减少相关损失，企业薪酬福利管理人员要对薪资调整管理过程中的关节点进行规范和控制。具体关节点如图 6-3 所示。

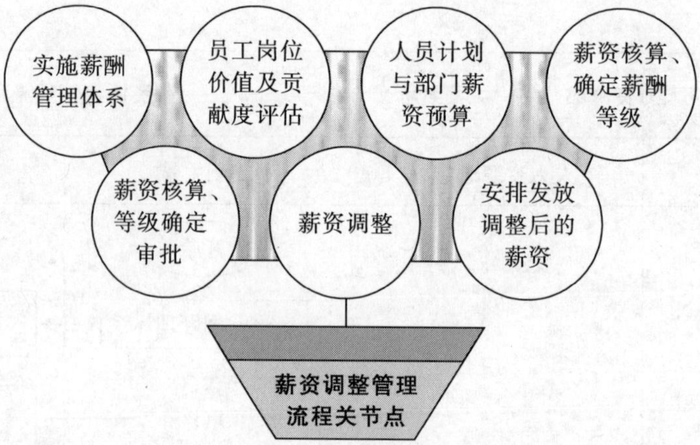

图 6-3 薪资调整管理流程关节点示意

6.4.3 薪资调整管理考核表

姓名		部门		职位	
性别		出生年月		入职日期	
毕业学校		专业		学历	
服务年限	____年__月		现支月薪		
前____年绩效考核	第一年	____分		____等级	
	第二年	____分		____等级	
	第三年	____分		____等级	
	第四年	____分		____等级	
	第五年	____分		____等级	
	……	……		……	

（续表）

本年绩效考核			
分数		等级	
拟调整			
职位		月薪	
核定调整			
职位		月薪	
薪酬主管审核意见			

6.4.4 薪资调整申请审批表

调薪员工姓名		身份证号			
部门		岗位		入职日期	
学历		专业			
岗位薪资（原）		申请薪资		变动幅度	
个人自我鉴定	签名：			日期：____年__月__日	
部门经理意见	（同意/不同意）将其岗位工资调整为____元/月。 签名：			日期：____年__月__日	
绩效主管意见	（同意/不同意）将其岗位工资调整为____元/月。 签名：			日期：____年__月__日	

（续表）

人力资源部总监意见	（同意/不同意）将其岗位工资调整为____元/月。 自 ____年__月__日起开始执行 签名： 日期：____年__月__日
总经理意见	
备注	

填表人： 填表日期：____年__月__日

6.5 关键点4：激励机制设计

6.5.1 激励机制体系建立规定

下面是某企业的激励机制体系建立规定，供读者参考。

制度名称	激励机制体系建立规定			受控状态	
				编　　号	
执行部门		监督部门		编修部门	

第1章　总则

第1条　目的

为了规范公司激励管理体系，不断激发员工的工作积极性和创造性，促进公司经营管理目标的顺利达成，特制定本规定。

第2条　适用范围

本规定适用于公司的全体员工。

第3条　激励的基本原则

1. 目标与需求相结合原则

在激励机制中，设置目标是一个关键环节。目标设置必须同时体现组织目标和员工需要的要求。

2. 物质激励和精神激励相结合的原则

物质激励是基础，精神激励是根本。在两者结合的基础上，逐步过渡到以精神激励为主。

3. 正激励与负激励相结合的原则

所谓正激励就是对员工的符合组织目标的期望行为进行奖励。所谓负激励就是对员工违背组织目标的非期望行为进行惩罚。正负激励都是必要而有效的，不仅作用于当事人，而且会间接地影响周围其他人。

（续）

4. 灵活的原则

激励的起点是满足员工的需要，但员工的需要因人而异、因时而异，并且只有满足了员工最迫切的需要（主导需要）的措施，其激励强度才大。因此，领导者必须深入地进行调查研究，不断了解员工需要层次和需要结构的变化趋势，有针对性地采取激励措施，才能收到实效。

第2章　激励体系的构成

第4条　薪酬体系

合理的薪酬制度是激励机制的重要组成部分，合理的薪酬体系对员工有很大的激励作用，不同的薪酬结构适用于不同的公司。公司中常见的薪酬结构及适用范围如下表所示。

常见的薪酬结构及适用范围

薪酬结构	适用对象	适用企业类型	激励作用
工资＋津贴＋养老计划	全体员工	大型国企	主要激励力量来源于职位的升迁，退休后高水准生活保障起到约束其短期化行为的作用
工资＋津贴＋养老计划＋股权	知识型、技术型员工	股份制企业	保证了员工行为的规范化与长期化
工资＋津贴＋养老计划＋业绩奖金	销售人员	非股份制企业	科学准确的考核指标选择使这种薪酬方案更具有激励作用，但缺少激励员工长期行为的内容，影响到企业的长远发展
单一固定数量的年薪	管理者	面临急需解决问题的企业	具有承包式的激励作用，但易引起短期化行为

第5条　绩效考核体系

激励机制要建立在绩效考核制度的基础上。

1. 考核制度遵循的原则

（1）考核结果能改善员工行为。

（2）建立制度的目的是最大限度地提高员工积极性。

（3）建立容易理解、便于操作和监督的激励机制。

（4）随着公司业务类型和战略的变化改变员工激励的内容。

（5）基于可测量或可观察的数据和事实对员工实施奖励。

2. 绩效管理的目标

（1）能用量化的指标反映各部门跨时段的绩效变化。

（2）将企业的经营目标转化为详尽的、可测量的目标。

（续）

（3）将员工的工作职责和公司的长远目标紧密联系在一起。

（4）帮助员工及时发现并解决问题。

（5）为制定新的以绩效为出发点的激励机制提供工具。

（6）真实、准确地评价员工的表现。

（7）使公司的关键能力和需要改进的地方一目了然。

（8）帮助员工分析未能完成绩效目标的原因。

第6条　员工提升机制

员工提升机制与薪酬制度紧密结合。适时地提升员工的职位，能鼓励士气，同时也能带动其他员工的工作积极性。提升标准主要是依据员工的才能高低，辅助工作是考核，它不受年龄、性别的限制。

第7条　员工培训管理体系

不断地为员工提供各种培训机会。培训是公司风险最小，受益最大的战略性投资，有效的培训能使员工和企业同时受益，主要体现在以下几个方面。

1. 对员工来讲，培训是一种奖励，表明公司对员工的重视，能提高员工的工作积极性，增强员工对公司的归属感。

2. 对公司来讲，培训是一种战略，通过培训提高员工技能和能力使之为公司创造更多的价值。

第3章　激励的常见方法及操作步骤

第8条　目标设置法

目标设置法是管理领域中最有效的方法之一，员工的绩效目标是其工作行为最为直接的推动力，所以，设置适当的目标是管理工作中最重要的任务之一。目标设置具体包括以下四个步骤。

1. 制定总目标

总目标的制定采取由上而下的方法，由公司上层管理人员集体制定，一般程序如下：首先，确定公司所要达到的关键绩效。其次，确定关键绩效的具体测量方法，这就要求总目标是客观、可测的。最后，制定行动方案。

2. 制定各层级的分目标

目标管理的主要职能在于分解目标，使公司的总目标具体化，形成一个由上而下的相互制约、相互衔接的目标网络，层层落实、层层负责，使每个人都有明确的工作目标，以此来确保总目标的实现。

3. 目标评价和控制

目标控制的任务就是定期检查下属工作的进度和绩效，对他们的工作进展情况做出评价和反馈，并帮助解决他们遇到的困难和问题，对意外情况的出现采取必要的调整措施。

4. 目标调整

进行目标评价的另一个重要作用就是对前一期的工作进行总结，并据此对下一期的目标做出相应的调整，以便开始下一轮的目标管理循环。

（续）

第9条　奖励制度法

奖励制度是一种外在激励，包括物质奖励和精神奖励，由于个体存在着差异，不同的奖励形式对不同的员工的奖励效果也会有所不同。奖励制度是否得当直接影响公司员工的工作积极性，具体的奖励制度包括加薪、晋升、津贴、地位和身份的象征、证书、福利、休假、实物奖励等。

第10条　工作设计法

工作设计是指组织通过向员工分配工作和职责的方式，对员工进行激励的一种方法。工作设计是一种内在激励，从改变工作内容和形式入手来激发员工的工作动机，增强他们对工作的满意度，从而提高工作绩效。应用此方法时要注意因人而异。

工作设计的具体形式包括工作扩大化（工作扩大化是建立在双因素理论基础上的）和工作丰富化。

第11条　行为矫正法

行为矫正法是强化理论应用于管理实践产生的一种方法和技术。它是以改变影响工作绩效的行为，从而达到提高组织的工作效率的目的。一般来说，行为矫正法的实施分为五个步骤。

1. 确定关键行为

确定关键行为也就是确定对工作绩效有重大影响的行为。这种关键行为可由本部门的管理人员和从事该项工作的员工共同来确定，也可由外来的咨询专家来确定。这一步是后面行为矫正工作的依据。

2. 行为的测量

即通过观察、计算或查阅记录等方式获得关键行为在实际工作中出现的次数。这一步骤有两个目的：首先是为了检验关键行为的确定是否恰当。其次，是可以获得基本的客观数据，为以后的矫正工作提供参考。

3. 行为起因分析

对行为的起因进行细致、正确的分析是后面采取相应的矫正措施的基础。

4. 选择矫正措施

具体的矫正措施根据强化理论可以分为：正强化措施、与正强化相结合的惩罚以及与正强化相结合的消退。这一步骤的具体操作应注意要以正强化为主，而以惩罚和消退为辅助手段。

5. 绩效评价

绩效评价是行为矫正的最后一个步骤，也就是对行为矫正的效果，即行为改变和绩效改进做出评价。这是因为行为矫正的最终目的是改善员工的行为，改进组织的绩效。

第4章　激励体系实施的注意事项

第12条　不同的员工有不同的需求，公司在实施激励机制时应该有一定的针对性。

第13条　经济性激励可能会给公司带来沉重的负担，且经济性激励并不适用于所有员工。

第14条　奖励制度并不是达到激励效果的唯一途径。

第15条　激励并不等于奖励、惩罚和约束。

第16条　实施激励措施时要分析员工的实际需求，而不是对所有员工采取相同的激励措施。

第17条　将经济性激励与精神激励相结合以保证激励的长期性效果。

（续）

第 18 条　员工激励应选择合适的时间、合适的地点，及时实施。 第 19 条　员工激励要有一定的连贯性且间隔时间不宜太长。 **第 5 章　附则** 第 20 条　本规定由人力资源部制定，由人力资源部负责解释。 第 21 条　本规定经总经理审批同意后生效实施。					
编制日期		**审核日期**		**批准日期**	
修改标记		**修改处数**		**修改日期**	

6.5.2　物质激励模型示意图

物质激励是激励的主要形式，是指通过物质的正向激励和负向激励手段，鼓励员工认真工作。物质激励的出发点是关心员工的切身利益，不断满足员工日益增长的物质文化需要。其实施内容、具体做法及注意事项如图 6-4 所示。

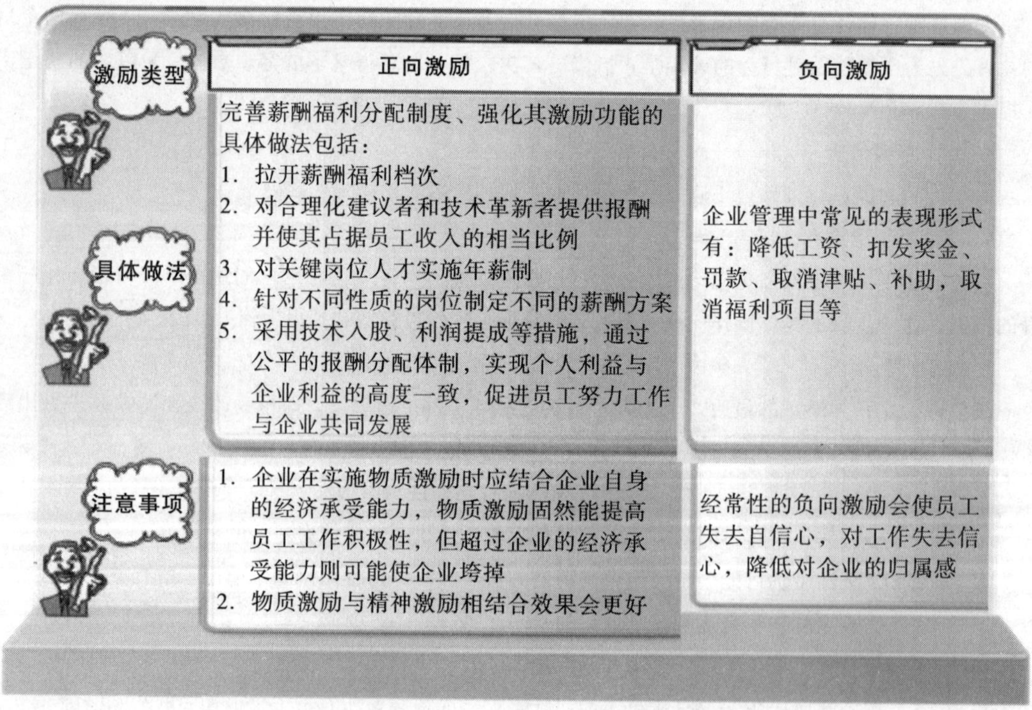

图 6-4　物质激励模型示意

6.5.3 精神激励模型示意图

精神激励是内在激励，是在精神方面的无形激励，与物质激励相比较，精神激励不仅能为企业减少经济压力，而且能从根本上提升激励的内涵，更能体现出企业管理者的领导能力和企业的管理水平。精神激励的主要方式有以下 12 种，如图 6-5 所示。

激励模式	说明
知识激励	使员工在实践中积累知识，加强学习，树立“终身学习”的观念，采取脱产学习、参观考察、出国深造等激励措施
情感激励	员工过生日或遇到困难时，领导或者团队代表给予其关心和帮助
参与激励	员工参与自己利益有关的讨论时会有较大兴趣，可借此培养员工对企业的使命感、归属感和认同感
内部竞争激励	组织员工交流并举办竞赛，例如，组织员工进行销售技巧和销售方法竞赛，优胜者将获得一份额外的奖励（旅游、探亲等）
职务激励	对确有才能的员工，要及时地给予任务，引入竞争和激励机制，形成“优秀员工有成就感、平庸员工有压力感、不称职员工有危机感”的良性循环
授权激励	人人都想实现自己的价值，授权体现了管理者对员工的信任
目标激励	确定适当的目标，正确处理个体目标与组织目标的关系，在目标考核和评价上进行全面综合的考察，做到奖惩分明，诱发员工的工作动机，引导员工行为
荣誉激励	对于工作表现比较突出、具有代表性的先进人物，基于必要的精神奖励，在荣誉激励中还要注重培养员工的集体荣誉感和团队精神
信任激励	体现在平等待人尊重下属的劳动、职权和意见上，用人不疑、疑人不用，对员工在信任的基础上放手使用，才能最大限度地发挥人才的主动性、创造性
领导行为激励	员工在报酬引诱及社会压力下工作，其能力一般可以发挥一多半，其余的一小部分有赖于领导者去激发
培训机会激励	在知识型社会里，知识就是金钱，是永远的财富。给予表现良好的员工技能培训的机会，会让员工受益终生
宽容激励	胸怀宽广可使人甘心效力，领导的宽容不仅能使员工感到亲切，获得安全感，更能激发员工的工作积极性，启发员工自省、自律、自强，对企业心怀感激

图 6-5 精神激励模型示意

6.5.4 精神激励措施实施说明表

激励措施	实施说明
工作激励	◆使员工工作丰富化，使工作本身成为激励因素，既减少了员工工作的单调性，又增加了员工工作的责任感 ◆采用人才内部流动机制，人才内部流动一方面能有效阻止人才跳槽，另一方面能使员工的工作积极性得到充分的发挥
发展激励	◆公司将个体成员的希望与梦想融入公司的目标中去，员工投身于这个目标，既使自己得到发展又使团队获得成功。公司通过提供给员工实现个人愿望的空间，提供让他们脱颖而出的机会，使其创造力处于最佳状态
约束激励	◆建立健全公司管理制度，使公司经营规则占据主流，妥善处理私人感情与公司经营规则之间的矛盾
授权激励	◆通过提拔基层员工担任重要角色，授予其重要职能及适当的权利，提高员工的士气，员工会因此在工作中发挥主动性、创造性和革新精神，为公司献计献策、尽心尽力，有利于组织绩效的提高和整体目标的实现
文化激励	◆塑造独特的企业文化，并将此作为公司经营发展的出发点，使消费者产生亲切感，使员工在内心深处受到鼓舞，以此来支撑和推动公司的发展
精神激励措施实施时的其他说明	
激励要适时	及时肯定员工的行为，领导对员工的肯定，不仅有利于员工个人的进步，也会激励其他员工积极工作
激励要适度	保持激励的度，能使激励的对象乐此不疲
公平、公正	根据员工的表现来实施精神激励，公平、公正地对待员工
注重对员工的启发	注重对员工的正向精神激励，在实施负向精神激励时，要先对其进行教育、启发，使其明白公司的要求和规则，明白自己有哪些违规行为，这才会使当事人对于负向精神激励的处理感到有参考依据

第7章

绩效考核管理关键点

7.1 绩效考核管理关键点分析

7.1.1 绩效考核管理主要风险点

为了确保企业经营管理目标的顺利达成，企业需要进行绩效考核管理工作。在这个过程中可能涉及的风险如表7-1所示。

表7-1 绩效考核管理主要风险点说明

序号	风险点名称	风险点说明
风险点1	绩效考核体系设计风险	1. 未建立与绩效考核体系设计相关的制度或流程，导致设计绩效考核体系时程序混乱 2. 未规定绩效改进的措施，导致绩效考核体系不完善，绩效考核的作用减弱
风险点2	绩效目标设定风险	1. 绩效目标的设定偏离企业发展战略目标，导致绩效目标对企业战略目标的支持力度不够 2. 考核双方沟通不彻底，导致目标过高或过低，失去考核的真正意义
风险点3	指标标准制定风险	1. 未充分考虑员工的工作职责，导致考核指标标准脱离实际，考核结果不准确 2. 指标量化不清晰，可行性差
风险点4	考核评定过程风险	1. 未按照既定标准执行绩效考核，导致评定过程存在主观行为 2. 考核评定依据未获得员工认同，导致员工不接受考核结果
风险点5	考核申诉风险	1. 未制定合理的考核申诉处理办法和程序，导致员工没有及时有效地申诉，而留下积怨 2. 考核申诉处理不及时，导致员工埋怨，增加了员工对绩效考核体系的不满
风险点6	考核结果应用风险	1. 未建立全面的绩效考核结果应用体系，导致员工缺乏绩效改进的动力 2. 未建立与考核结果相对应的奖惩标准，导致绩效考核制度形同虚设

7.1.2 绩效考核管理三大流程图

1. 绩效管理控制流程图

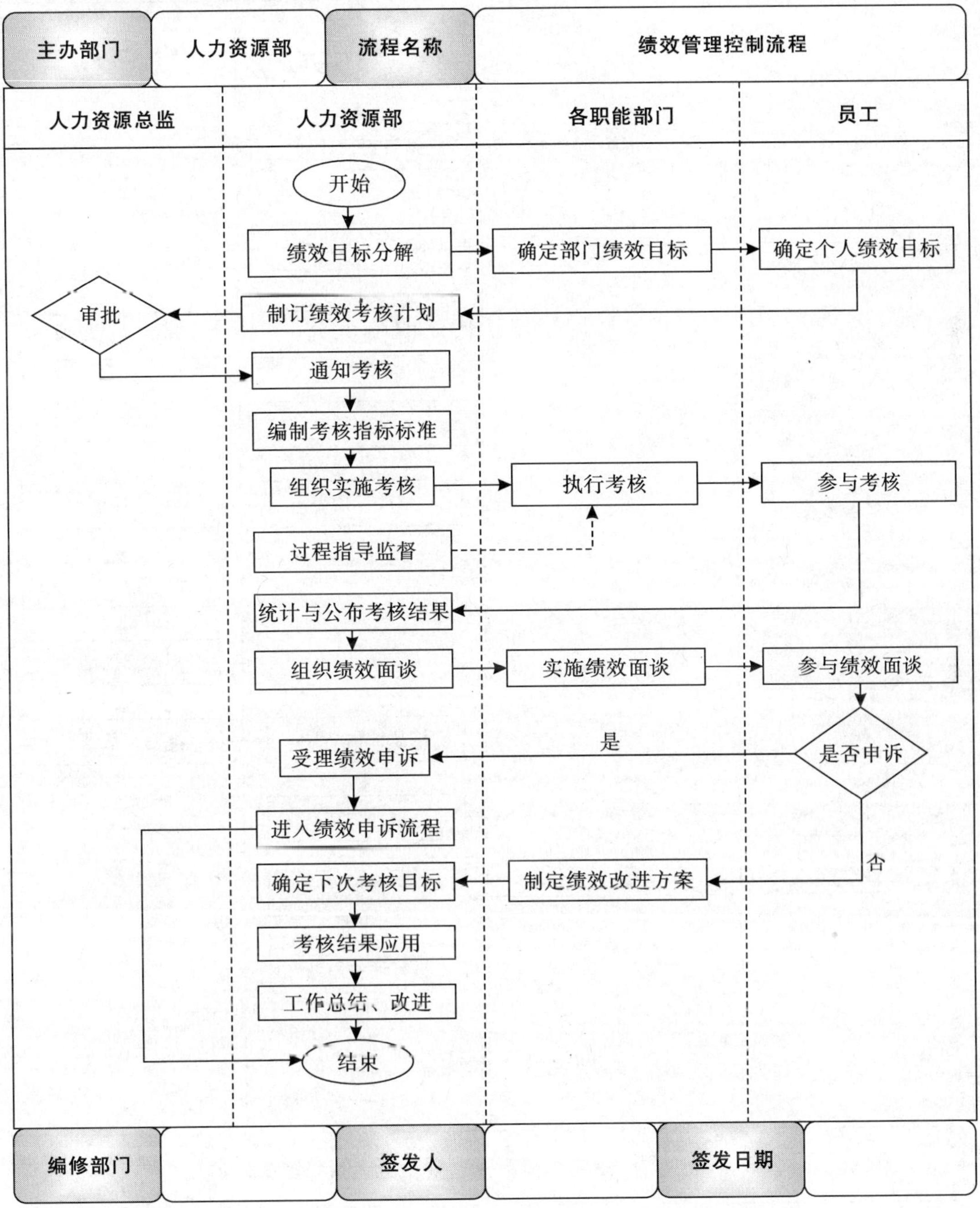

2. 绩效考核评估实施流程图

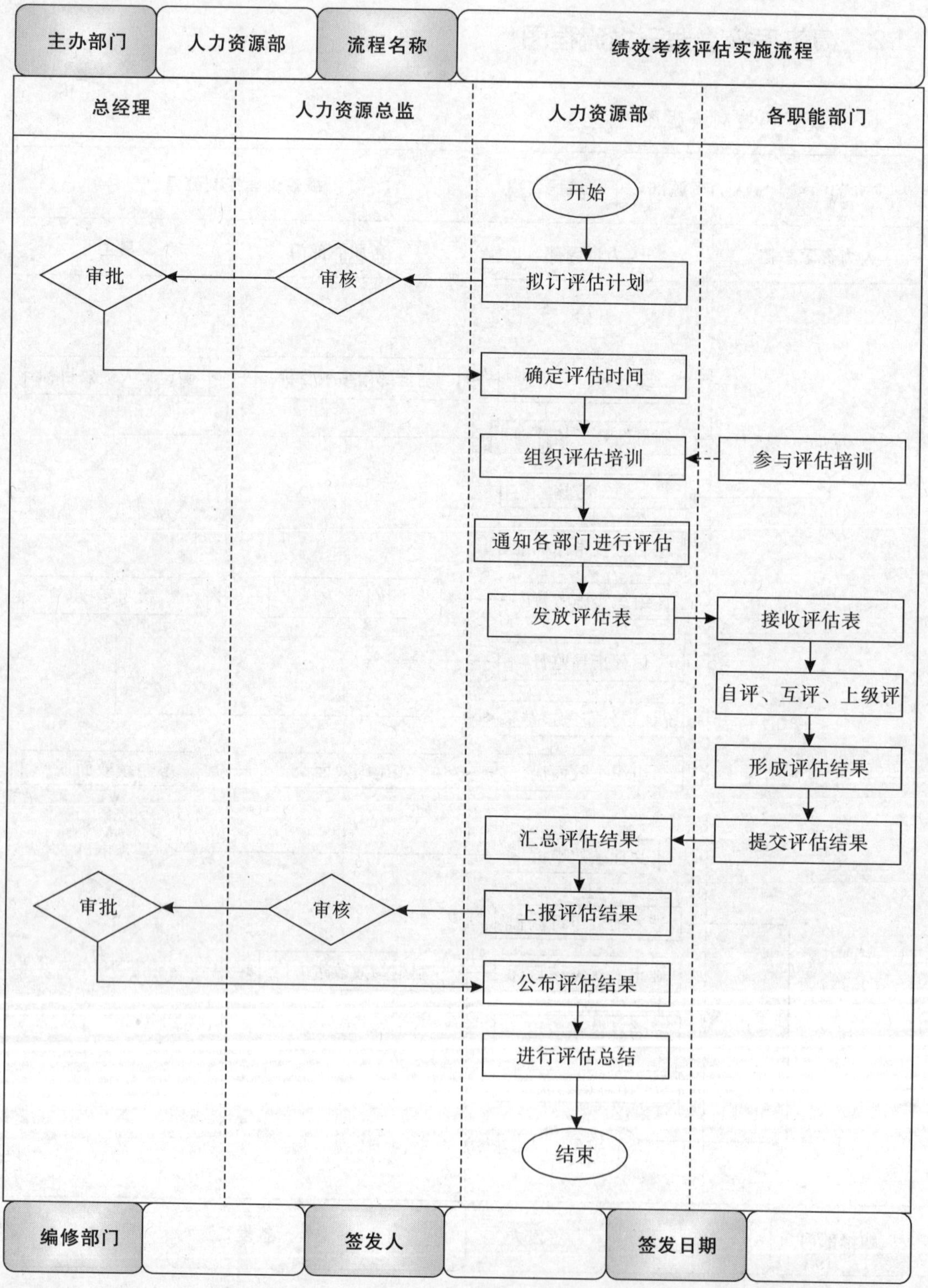

3. 绩效面谈实施流程图

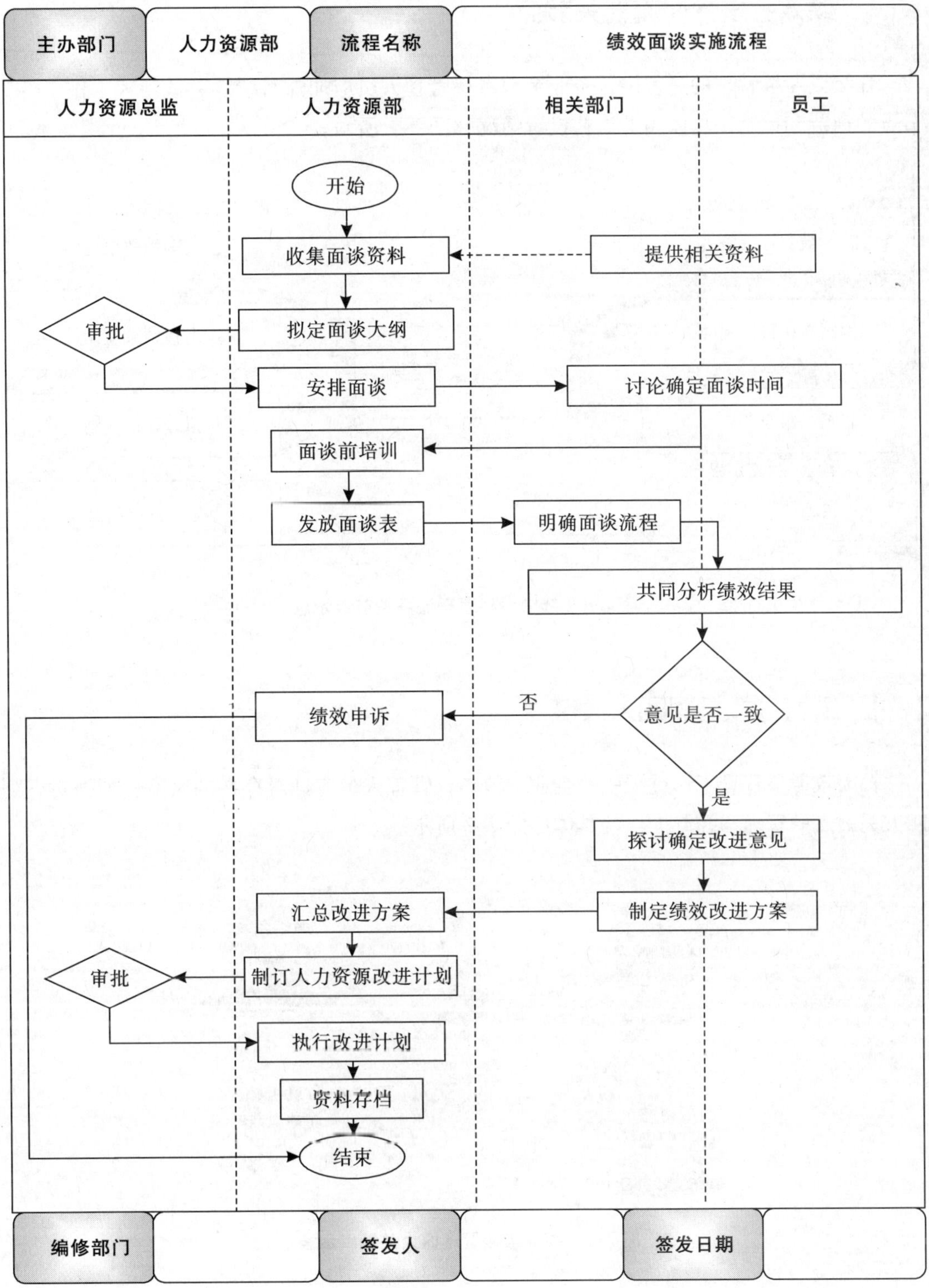
主办部门
人力资源部
流程名称
绩效面谈实施流程
人力资源总监
人力资源部
相关部门
员工
开始
收集面谈资料
提供相关资料
审批
拟定面谈大纲
安排面谈
讨论确定面谈时间
面谈前培训
发放面谈表
明确面谈流程
共同分析绩效结果
否
绩效申诉
意见是否一致
是
探讨确定改进意见
汇总改进方案
制定绩效改进方案
审批
制订人力资源改进计划
执行改进计划
资料存档
结束
编修部门
签发人
签发日期

7.1.3 绩效考核管理流程关节点

在绩效考核管理的过程中，企业绩效考核管理人员应加强对绩效考核管理工作中各关节点的规范和控制，具体关节点的设置情况如图 7-1 所示。

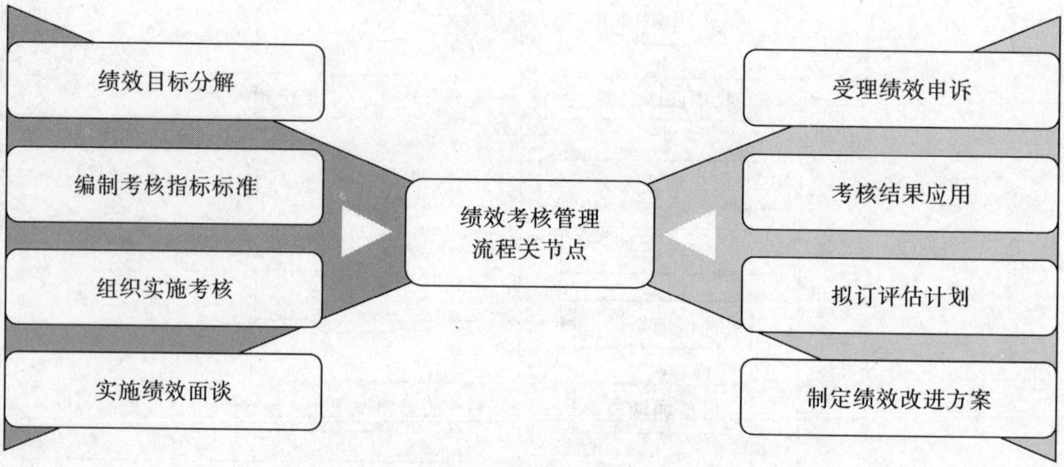

图 7-1 绩效考核管理流程关节点示意

7.1.4 绩效考核管理四大关键点

在绩效考核管理工作过程中，企业绩效考核管理人员应针对存在的风险，加强对下列四大关键点的管理和控制工作，具体如图 7-2 所示。

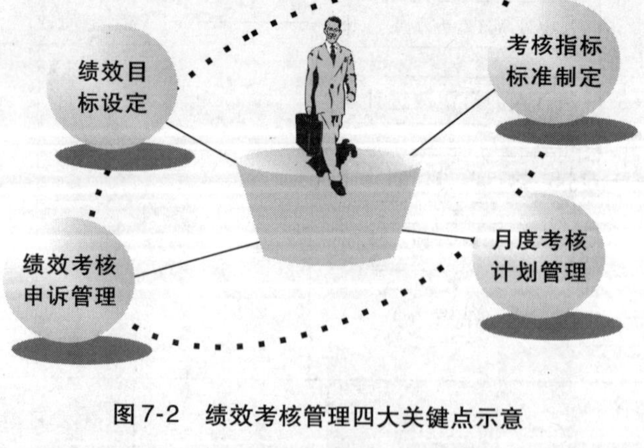

图 7-2 绩效考核管理四大关键点示意

7.2 关键点 1：绩效目标的设定

7.2.1 绩效目标设定的程序

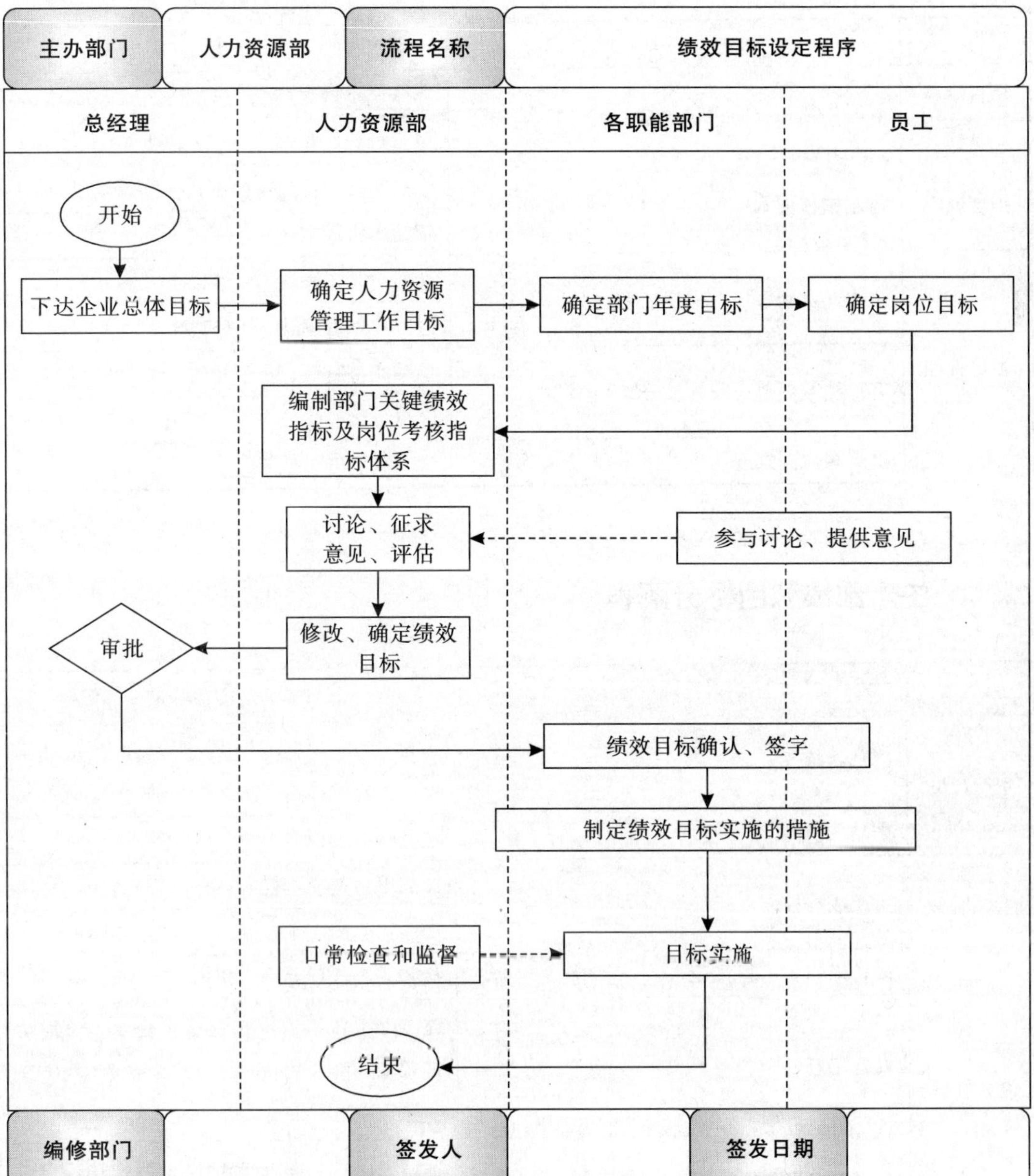

7.2.2 营销部绩效目标分解表

目标项	目标细化	需达到的目标值
销售量	销售量	销售量达____万件以上
	销售增长率	销售增长率达____%以上
销售收入	——	年度销售收入达____万元
销售账款管理	及时催款，收回销售账款，减少呆账	坏账率不得超过____%
		销售账款回收率达____%以上
销售成本	控制销售成本	产品年度销售成本控制在____万元以内
		年度销售成本比上一年度下降____%
客户管理	全力开发新客户，保持老客户	新客户开发率达____%以上
		老客户保有率达____%以上
	客户档案规范、完善，分级科学	档案完整有效，更新及时
		客户分级科学、有效、实用
	提高客户满意度	客户满意度不低于____分

7.2.3 生产部绩效目标分解表

目标项	目标细化	需达到的目标值
生产产量	产品产量	产量达____件，其中，产品甲产量达到____件；产品乙产量达____件
	产品产值	达____万元以上
生产成本	生产成本控制	产品甲生产成本控制在____万元以内
		产品乙生产成本控制在____万元以内
设备管理	设备采购	设备采购计划完成率达到____%以上
	设备完好	每季度进行1次公司设备大检查，及时发现设备存在的问题，设备完好率达到____%以上
	合理安排设备的使用	根据生产计划合理安排设备的使用，设备利用率达到____%以上

（续表）

<table>
<tr><th>目标项</th><th>目标细化</th><th>需达到的目标值</th></tr>
<tr><td rowspan="5">安全生产</td><td rowspan="3">安全生产检查</td><td>____月份，编制公司《安全生产管理制度》，定期进行安全生产教育</td></tr>
<tr><td>每月进行1次安全生产大检查</td></tr>
<tr><td>安全生产事故率控制在____‰</td></tr>
<tr><td rowspan="2">严防生产事故</td><td>重伤率控制在____‰以下</td></tr>
<tr><td>事故率控制在____%以下</td></tr>
<tr><td rowspan="2">质量管理</td><td rowspan="2">产品合格率</td><td>合格率达____%以上</td></tr>
<tr><td>优良率达____%以上</td></tr>
</table>

7.2.4 财务部绩效目标分解表

<table>
<tr><th>目标项</th><th>目标细化</th><th>需达到的目标值</th></tr>
<tr><td rowspan="5">财务管理</td><td>提高公司财务预算执行率</td><td>预算执行率达到____%</td></tr>
<tr><td rowspan="2">加强资金安全管理，提高资金利用效率</td><td>资金安全率达到____%</td></tr>
<tr><td>调控好各项经营所需资金，资金供应及时</td></tr>
<tr><td>加强财务监督</td><td>各类资产账实相符，无盘亏</td></tr>
<tr><td>规范各项财务基础工作</td><td>财务报表未出现差错、报送及时、报表格式规范化、内容完整</td></tr>
<tr><td rowspan="3">资金管理、融资</td><td>确保经营计划全面完成，实现流动资金周转天数在____天以内</td><td>公司资金的周转率达到____次/年</td></tr>
<tr><td>对公司的债权债务结构进行检查、分析和评价，提交《公司债权债务和资金使用报告》，每年度____次，每季度____次</td><td rowspan="2">《公司债权债务和资金使用报告》编写及时率达到100%</td></tr>
<tr><td>及时向金融部门办理相关资金的信贷存储，确保生产经营的顺利进行</td></tr>
</table>

（续表）

目标项	目标细化	需达到的目标值
资金流动比率	严格控制流动资产与流动负债的比率，对每笔流动资产进行详细登记	流动比率控制在____%以下（流动比率＝流动资产÷流动负债×100%）
	流动资产与流动负债的比率一旦出现异常，立即向有关领导反映，并提出控制措施	
	对资产流动情况定期进行总结，每季度编写1次相关总结报告，报有关领导审批	资产流动情况总结报告编写及时，达到100%
成本控制、预算	根据公司年度生产经营计划，对公司经营性费用详细分类，编制月度计划表，严格控制费用支出	确保公司成本降低____%以上，不超过计划指标
	组织相关部门及人员对公司生产经营活动进行成本分析，提出降低成本的具体措施，每年度____次，每季度____次，每月____次	成本分析及时，达到100%
	根据年初编制的预算，编制《公司成本控制方案》，报财务总监审核、总裁审批	
管理费用控制	对公司的管理费用进行综合分析，编制“管理费用明细表”，每月进行一次统计、核对	确保管理费用比上年度降低____%
	在执行过程中，对明细表进行严格监控，并根据实际情况，提出调整建议	“管理费用明细表”的编制、填写及时，达到100%
客户满意度目标	公司内部合作满意度	满意度评价不得低于____%
	外部合作单位满意度	满意度评价不得低于____%

7.2.5 人力资源部目标分解表

目标项	目标细化	需达到的目标值
员工招聘	7月份，引进研究生、博士生各____名	硕士以上学历的员工比例从原有的____%提高到____%
	7月份，从全国各大院校招聘本科生____名，专科生____名	大专、本科文化程度的员工比例从原有的____%提高到____%
	7月份，从社会各界招聘具备国家级资质的专业技术人员____名	具备国家级资质的专业技术人员比例从现有的____%提高到____%

（续表）

目标项	目标细化	需达到的目标值
薪酬福利改革	3月份，编制完成薪酬福利改革方案，报有关领导和董事会审批	薪酬福利改革方案编制及时率达到____%
	自7月份起，在公司全面推行新的薪酬福利体系	薪酬福利改革方案通过率达到____%
		公司总体薪酬水平增长控制在____%以内
		中高层干部薪酬水平增长控制在____%以内
		普通员工薪酬水平增长控制在____%以内
员工考核	2月份，根据年初拟定的目标，编写中高层干部业绩目标考核表，按期进行中高层干部的考核	中高层干部考核，每半年进行一次
	组织公司各个部门对本部门的员工进行考核，汇总后编制部门员工考核表	各部门员工考核，每季度进行一次
员工培训	中高层年度培训____次，每次不少于____人，其中企业内部培训____次，外出学习____次	中高层培训计划完成率达到____%以上
	专业技术人员每年参加技术交流会____次，到同行业企业学习年度内达到____次，每年脱产学习____次，具体学习天数根据实际情况确定	专业技术人员培训计划实现率达到____%以上
	普通员工在上岗前要进行____天岗前培训并考试，人力资源部应将具体培训内容编辑成《员工培训手册》下发给员工。下岗后，在试用期内员工应根据自己所从事的工作的性质，每月听取1次各专业人员或技师的讲课	普通员工培训按计划实现率达到____%
	新员工在进入公司时要对其进行为期1周的培训，培训内容为企业参观和介绍2天，学习《员工培训手册》3天，并考试	新员工培训按计划实现率达到____%

7.2.6 绩效考核方法汇总表

类型	方法名称	定义
系统的绩效考核方法	关键绩效考核指标法	关键绩效指标（KPI）衍生于组织目标管理的理念，是动态绩效管理中都需要用到的概念，既保留了目标管理从上到下的指标分解过程，也结合了有形财务指标和无形指标（如工作态度、公共责任等）的思路，但更侧重于过程中的辅导和沟通，整合了企业部门岗位的关键指标
	平衡计分卡法	平衡计分卡（Balanced Score card，缩写为 BSc）把对企业业绩的评价划分为财务、内部流程、客户及学习与发展四个方面，不仅是一个指标评价系统，还是一个战略管理系统，是进行企业战略执行与监控的有效工具
	目标管理法	目标管理法是一种程序或过程，把企业的工作目的和任务自上而下地转化为全体员工的明确目标，并以此作为考核依据
	360 度绩效考核法	360 度绩效考核法又称为全方位考核法，是指从与被考核者发生工作关系的多方主体那里获得被考核者的信息，并以此对被考核者进行全方位、多维度的绩效评估的过程
非系统的绩效考核法	行为锚定法	也称行为定位法、行为决定性等级量表法，它将关键事件和等级评价有效地结合在一起，通过一张行为等级表可以发现，在同一个绩效维度中存在一系列的行为，每种行为分别表示这一维度中的一种特定绩效水平，将绩效按等级量化，可以使考核的结果更有效、更公平
	关键事件法	亦称重要事件法，在某些工作领域内，员工在完成工作任务过程中，有效的工作行为导致了成功，无效的工作行为导致失败
	行为观察法	也称行为观察评价法、行为观察量表法、行为观察量表评价法，它首先确定员工某种行为出现的概率，要求评定者根据某一工作发生的概率或次数的多少来对被评定者打分
	图尺度评价法	是指按照员工的考核内容，选择不同的绩效构成因素，给每一个因素确定不同的层级尺度，并确定相应的评分标准，然后据此方法评估每一位员工

（续表）

类型	方法名称	定义
非系统的绩效考核法	因素考核法	是将一定的分数按照权重分配给各项考核因素，使每一项考核因素都有一个评价尺度，然后根据被考核者的实际表现在各因素上评分，最后汇总得出总分，这就是被考核者的考核结果
	交替排序法	将员工绩效最好到最差进行交替排序，最后根据序列值来计算得分的一种评估方法
	配对比较法	针对同一个评估因素将被考核人进行两两比较，亦称成对比较法、两两比较法等
	强制分布法	按照某种分布规律，对评价结果或考核进行合并归类或归档
	绩效考核量表法	此方法通常按维度分解，并沿各维度划分等级、设置量表（即尺度），采用这种方法考核效果较好，操作简单，通常只用存在数字或尺度，不附加文字说明
	自我报告法	是以书面形式对自己的工作进行总结及考核的一种方法，是自己对自己一段工作结果的总结，通常用于对少数的管理人员的测评
	个人绩效合约法	该方法借用目标管理的核心思想，强调员工绩效目标的实现及员工对组织目标达成的具体承诺，采用该方法时需要将组织目标逐级分解，确定岗位考核范围

7.3 关键点2：考核指标标准的制定

7.3.1 考核指标标准制定的程序

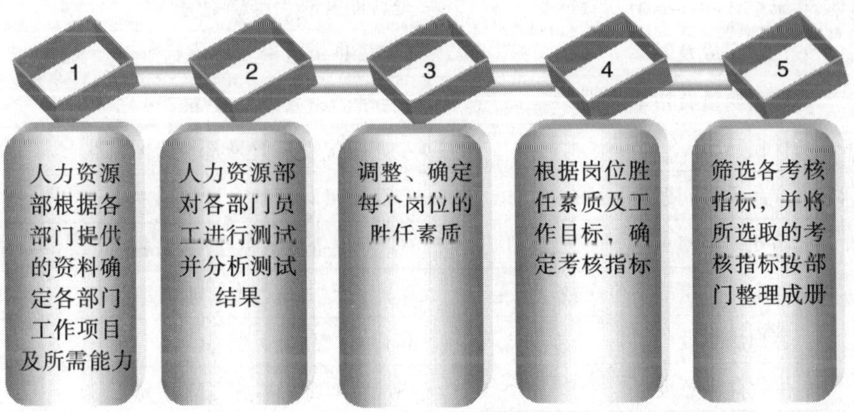

7.3.2 营销部考核指标标准表

指标类别	考核指标	指标说明
财务类	费用预算达成率	（实际部门费用/计划部门费用）×100%
	销售成本金额控制	销售成本是否控制在预算范围内
内部运营类	销售增长率	销售同期对比是否有所增长
	销售目标达成率	（实际销售额/计划完成销售额）×100%
	货款回收及时率	（实际收回货款/应收货款额）×100%
	销售费用率	（销售费用/销售收入）×100%
	销售服务响应及时率	是否能及时满足销售服务要求
客户类	市场占有率	——
	品牌认知度	——
	重要客户保有率	重要客户保有数量是否达到标准
	新客户开发率	新客户开发数量是否达到标准
学习与发展	关键员工流失率	保证部门员工的稳定性
	培训计划完成率	保质保量、及时地完成培训计划

7.3.3 生产部考核指标标准表

指标类别	考核指标	指标说明
财务类指标	成本预算达成率	（实际生产成本÷计划生产成本）×100%
	生产计划完成率	是否能及时、准确地完成生产计划
	订单完成及时率	（完成订单数量÷订单总数量）×100%
内部运营类	产品质量合格率	（合格产品数量÷产品总量）×100%
	优良品率	生产的优良品数量是否达到标准
	产品质量问题重复出现次数	产品质量问题是否重复出现
	设备完好率	（完好设备数量÷在用设备数量）×100%
	安全生产事故发生次数	生产过程中是否发生重大事故
客户类	客户满意度	客户对产品是否满意
	供货商满意度	供应商对部门合作是否满意

（续表）

指标类别	考核指标	指标说明
学习与发展	部门员工任职资格达标率	员工绩效考核合格人数
	培训目标达成率	保质保量、及时地完成培训计划
备注	客户满意度中的“客户”是指购买企业产品的单位或个人	

7.3.4 财务部考核指标标准表

指标类别	考核指标	指标说明
财务类指标	费用预算达成率	（部门实际费用÷部门计划费用）×100%
	成本金额控制	年度财务成本控制在____万元内
	不良坏账率	年度不良坏账情况
内部运营类	财务报表完成的及时性、准确率	各项财务报表在规定时间内准确完成
	预算执行率	（累计支出数＋应付未付数＋结余数）÷累计分配数×100%
	财务信息有效性	定期、及时、真实地汇总财务信息
	现金管理差错率	——
	工作计划完成率	是否能及时、保质保量地完成工作计划
客户类	外部客户满意度	合作客户对财务工作是否满意
	员工满意度	员工对财务工作是否满意
学习与发展	关键员工培养率	是否定期对关键员工进行培训
	培训计划完成率	保质保量、及时完成培训计划

7.3.5 人力资源部考核指标标准表

指标类别	考核指标	指标说明
财务类指标	费用预算达成率	（部门实际费用 ÷ 部门费用计划）×100%
内部运营类	人事政策和制度执行情况	——
	招聘计划达成率	（新入职人数 ÷ 计划招聘人数）×100%
	培训计划达成率	（参加培训人数 ÷ 计划培训人数）×100%
	员工流失率	保证部门员工的稳定性
	绩效考核通过率	（考核通过人数 ÷ 参加考核人数）×100%
	薪酬福利工作完成情况	——
	劳动关系处理情况	——
客户类	合作部门满意度	各部门对人力资源部工作满意度
	员工满意度	员工对人力资源部工作满意度
学习与发展类	部门培训计划完成率	保质保量、及时完成培训计划
	部门关键员工保有率	保证部门关键员工的在岗数

7.4 关键点3：月度考核计划管理

7.4.1 月度考核计划管理流程图

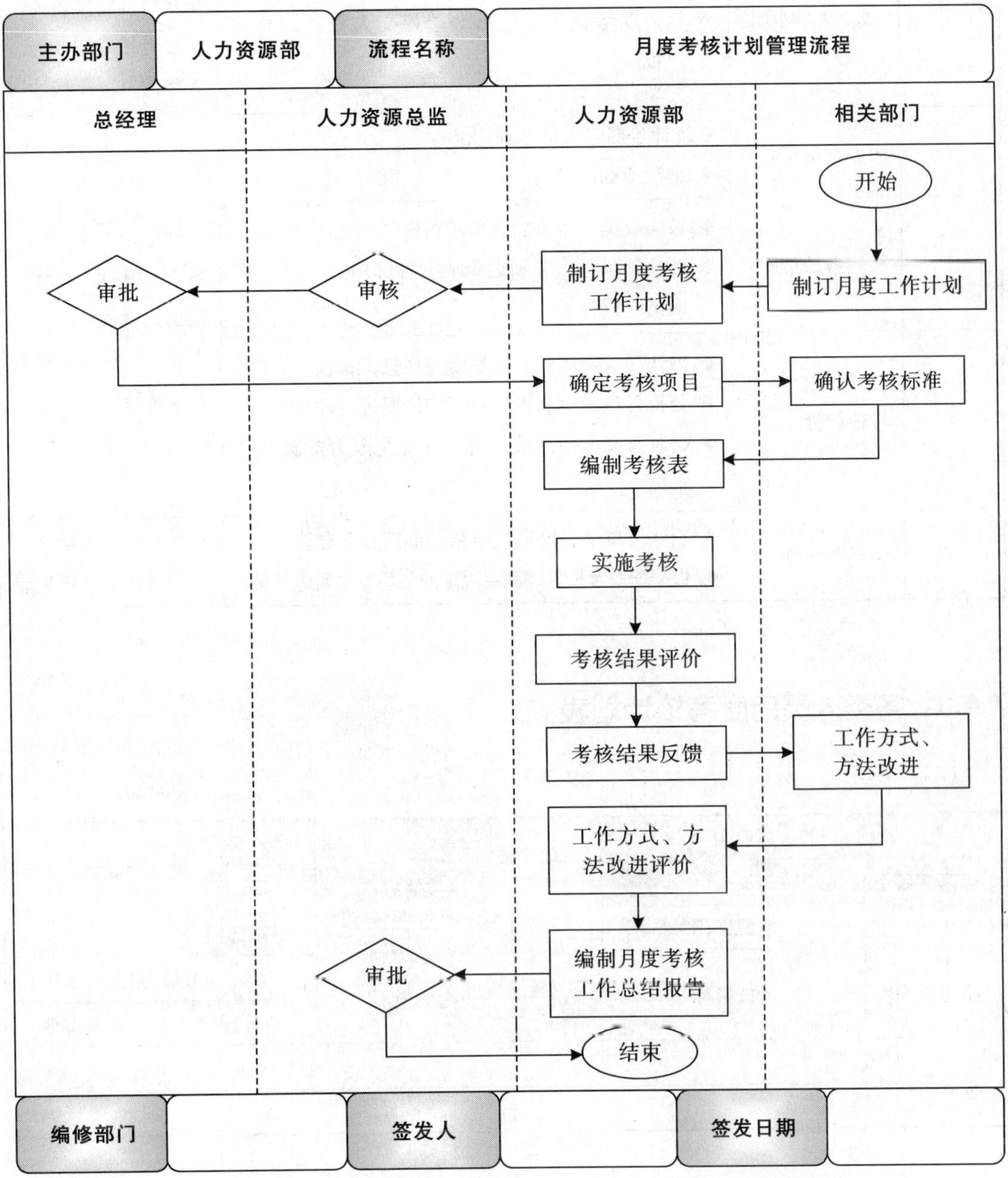

7.4.2 月度考核计划实施工作标准

<table>
<tr><th>序号</th><th>项目</th><th>工作执行标准</th><th>执行工具</th></tr>
<tr><td>1</td><td>成立考核小组</td><td>◆ 根据月度考核计划及内容组建月度考核小组
◆ 将月度考核小组成员名单提交人力资源总监审批</td><td>月度考核计划表
考核培训安排表
月度考核通知
各部门月度工作计划</td></tr>
<tr><td>2</td><td>考勤情况统计</td><td>◆统计各部门人员考勤情况
◆ 编制考勤记录表</td><td rowspan="3">考勤记录表
各部门月度计划完成情况报告
考核资料核实记录表
月度考核评价报告</td></tr>
<tr><td>3</td><td>核实考核情况</td><td>◆ 核实收集、接收的各项考核资料
◆ 考核资料包括考勤记录表、各部门月度计划完成情况报告等</td></tr>
<tr><td>4</td><td>考核评价</td><td>◆ 确认各项考核资料已核实完毕且无错误
◆ 分析各项考核资料，对考核情况进行评价
◆ 编制月度考核评价报告，并提交人力资源总监审批</td></tr>
<tr><td>5</td><td>实施奖惩</td><td>◆ 确认考核结果已反馈给相关部门且无异议
◆ 根据绩效考核管理制度规定的奖惩方法实施奖惩</td><td>绩效考核管理制度
绩效考核奖惩登记表</td></tr>
</table>

7.4.3 各类人员月度考核计划表

编号：　　　　　　　　　　　　　　　　　　　　　　日期：

<table>
<tr><td rowspan="3">被考核者</td><td>姓名</td><td></td><td rowspan="3">考核者</td><td>姓名</td><td></td></tr>
<tr><td>岗位</td><td></td><td>岗位</td><td></td></tr>
<tr><td>所属部门</td><td></td><td>所属部门</td><td></td></tr>
<tr><td rowspan="2">指标类型</td><td rowspan="2">考核指标</td><td rowspan="2">权重</td><td rowspan="2">指标说明</td><td colspan="2">考核得分</td></tr>
<tr><td>指标得分</td><td>加权得分</td></tr>
<tr><td rowspan="2">定量指标</td><td></td><td></td><td></td><td></td><td></td></tr>
<tr><td></td><td></td><td></td><td></td><td></td></tr>
</table>

（续表）

定性指标					
合计得分					
备注					

7.4.4 月度考核绩效面谈记录表

面谈员工姓名		岗位	
部门		考核期	
面谈内容		信息记录	
1. 您在上一工作阶段中取得了哪些成绩			
2. 您工作中有哪些需要改进的地方			
3. 您对此次考核有什么意见和建议			
4. 您认为本部门员工谁的工作表现比较好			
5. 您下一步的工作计划是什么			
面谈实施者签字			
备注			

7.5 关键点4：绩效考核申诉管理

7.5.1 绩效考核申诉管理制度

下面是某企业制定的绩效考核申诉管理制度，供读者参考。

制度名称	绩效考核申诉管理制度		受控状态	
			编　　号	
执行部门		监督部门	编修部门	

第1章　总则

第1条　目的

为了规范绩效考核申诉管理，确保员工在绩效考核实施过程中，遇到考核问题时及时向公司反映并获得公平、公正、科学、客观的绩效认可，公司特编制本制度。

第2条　适用范围

本制度适用于公司全体员工。

第3条　职能划分

公司人力资源部是员工考核申诉的日常管理部门，被考核者如对考核结果不清楚或者持有异议，可填写“考核申诉表”向人力资源部提出申诉。

第2章　申诉的内容及处理方式

第4条　申诉处理原则

迅速、保密、客观，被调查的人员据实作证并对调查事项保密。

第5条　申诉的内容

在绩效考核实施过程中，出现以下情况时员工均可以进行申诉。

1. 对自己的考核结果不满或有异议。
2. 对自己的考核过程不满或有异议。
3. 对他人的考核过程不满或有异议。
4. 考核人考核操作不规范。

第6条　申诉的方式及时效

员工申诉应于绩效沟通结束后15日内通过匿名或者不匿名的方式进行。

第7条　申诉途径

员工申诉可通过以下两种途径。

1. 直接向人力资源部递交申诉书进行申诉。

（续）

2. 通过企业公布的电话或邮箱进行申诉。

第8条　申诉处理方式

人力资源部收到员工申诉时应及时通过秘密调查和绩效考核申诉面谈的方式了解申诉原因。

第9条　申诉处理流程

1. 人力资源部下达考核结果。

2. 部门经理安排绩效面谈，绩效辅导，双方进行意见交流。

3. 被考评者对自己的考评结果提出异议并填写绩效考核申诉表，向人力资源部提出申诉。

4. 人力资源部审核申诉原因并请示主管领导于三日内确定是否受理。

5. 主管领导确定受理的申诉，由人力资源部进一步组织调查、了解，搜集、分析考核信息、资料。

6. 人力资源部将了解到的申诉信息反馈给主管领导以提供决策依据。

7. 主管领导做出申诉处理决定。

8. 对被考核者的绩效考核结果调整或答复并让其签字确认。

9. 将绩效考核调整结果存档、备查。

第3章　申诉相关事项的说明

第10条　员工对绩效考核结果不满提出申诉的，申诉期间原考核结果及处理决定依然有效，相关部门必须按规定执行。

第11条　员工在申诉过程中出现以下行为的人力资源部将驳回申诉，并视其影响程度进行相应处理。

1. 无适当理由、超过申诉期限的。

2. 申诉事项无客观事实依据、仅凭主观臆断的。

3. 故意捏造事实，诬告、陷害他人的。

第12条　对于泄露、散布申诉事件或申诉人的相关信息，造成不良影响或导致申诉人受到报复的，公司给予信息泄露人相应的处罚，后果严重者（如恶性报复、打架滋事等），送公安机关处理。

第4章　附则

第13条　本制度由人力资源部根据相关规定起草、编制。

第14条　本制度由人力资源部负责解释。

编制日期		审核日期		批准日期	
修改标记		修改处数		修改日期	

7.5.2 绩效考核申诉流程图

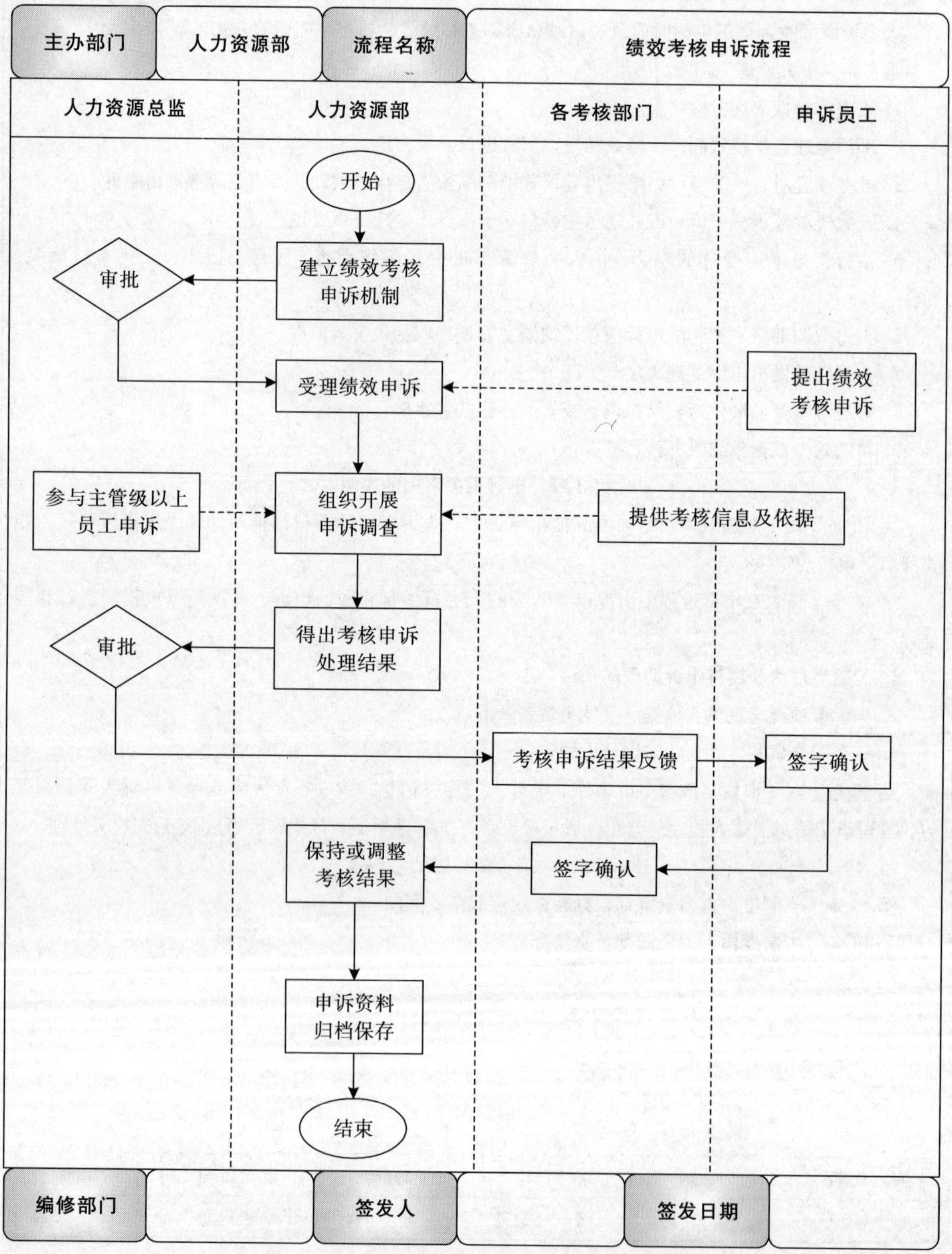

7.5.3 绩效考核申诉申请表

<table>
<tr><td>申诉人</td><td></td><td>所在岗位</td><td></td></tr>
<tr><td>所属部门</td><td></td><td>申诉日期</td><td></td></tr>
<tr><td colspan="4">申诉事由</td></tr>
<tr><td colspan="4"></td></tr>
<tr><td>处理意见或建议</td><td colspan="3">受理人签字：　　　日期：____年__月__日</td></tr>
<tr><td>人力资源部调查结果</td><td colspan="3"></td></tr>
<tr><td>处理结果</td><td colspan="3"></td></tr>
</table>

7.5.4 绩效考核申诉管理关节点

由于在绩效考核申诉管理工作中存在着诸多风险，企业绩效管理人员需要加强对其关节点的规范和控制。绩效考核申诉管理工作中的主要关节点如图7-3所示。

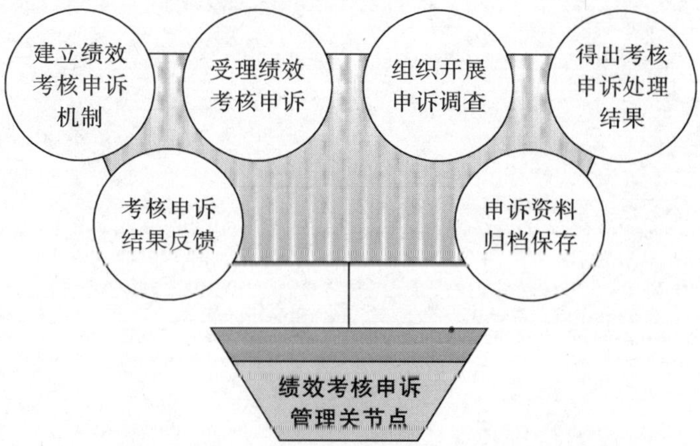

图7-3 绩效考核申诉管理关节点示意

第8章

职业生涯管理关键点

8.1 职业生涯管理关键点分析

8.1.1 职业生涯管理主要风险点

职业生涯管理是指组织和员工个人对职业生涯进行设计、规划、执行、评估和反馈的一个综合管理过程，通常包括员工职业测评、职业定位、职业发展设计和职业生涯评估等内容。企业在职业生涯管理方面应至少关注如表8-1所示的五种风险。

表8-1 职业生涯管理主要风险点说明

序号	风险点名称	风险点说明
风险点1	职业发展通道设计风险	1. 缺乏合理的职业生涯发展通道设计标准和流程，导致相关工作人员在职业生涯通道设计中无据可依 2. 未认清企业岗位的性质，致使设计结果不理想 3. 企业未对各岗位员工职业发展需求进行充分调查，可能导致设计的职业发展通道和实际要求背道而驰
风险点2	职业测评风险	1. 企业选取的职业测评方式不符和企业和员工自身的实际情况，导致测评结果出现严重偏差 2. 企业未对员工的基本素质和职业能力进行测评，可能致使员工的职业生涯规划不够合理
风险点3	职业定位风险	1. 企业未能严格按照测评结果对员工职业进行定位，导致企业出现人不适岗问题 2. 企业未及时对员工进行职业定位，导致企业职业生涯管理可信度降低
风险点4	职业生涯管理评估风险	1. 对职业生涯评估小组成员的选择缺乏针对性，致使评估结果脱离实际，出现偏差 2. 员工职业生涯管理评估缺乏可操作性和科学性标准，致使评估结果实用性较差
风险点5	职业生涯调整、完善风险	1. 编制职业生涯调整、完善计划的依据不合理，从而导致职业生涯改进计划不合理 2. 企业未能按照评估结果对员工进行职业生涯调整，从而导致职业调整结果不理想

8.1.2 职业生涯管理三大流程图

1. 职业发展通道设计流程图

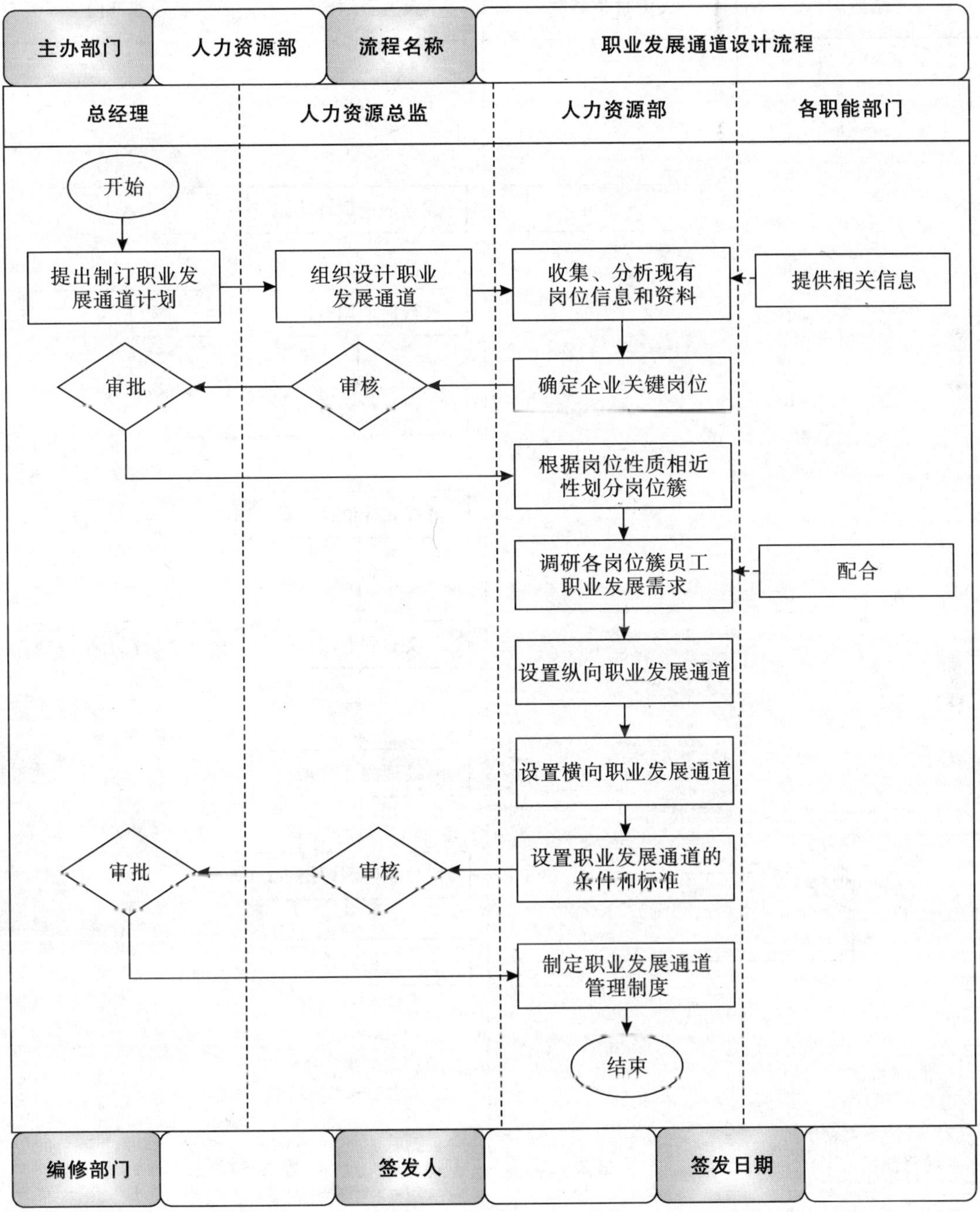

2. 职业测评流程图

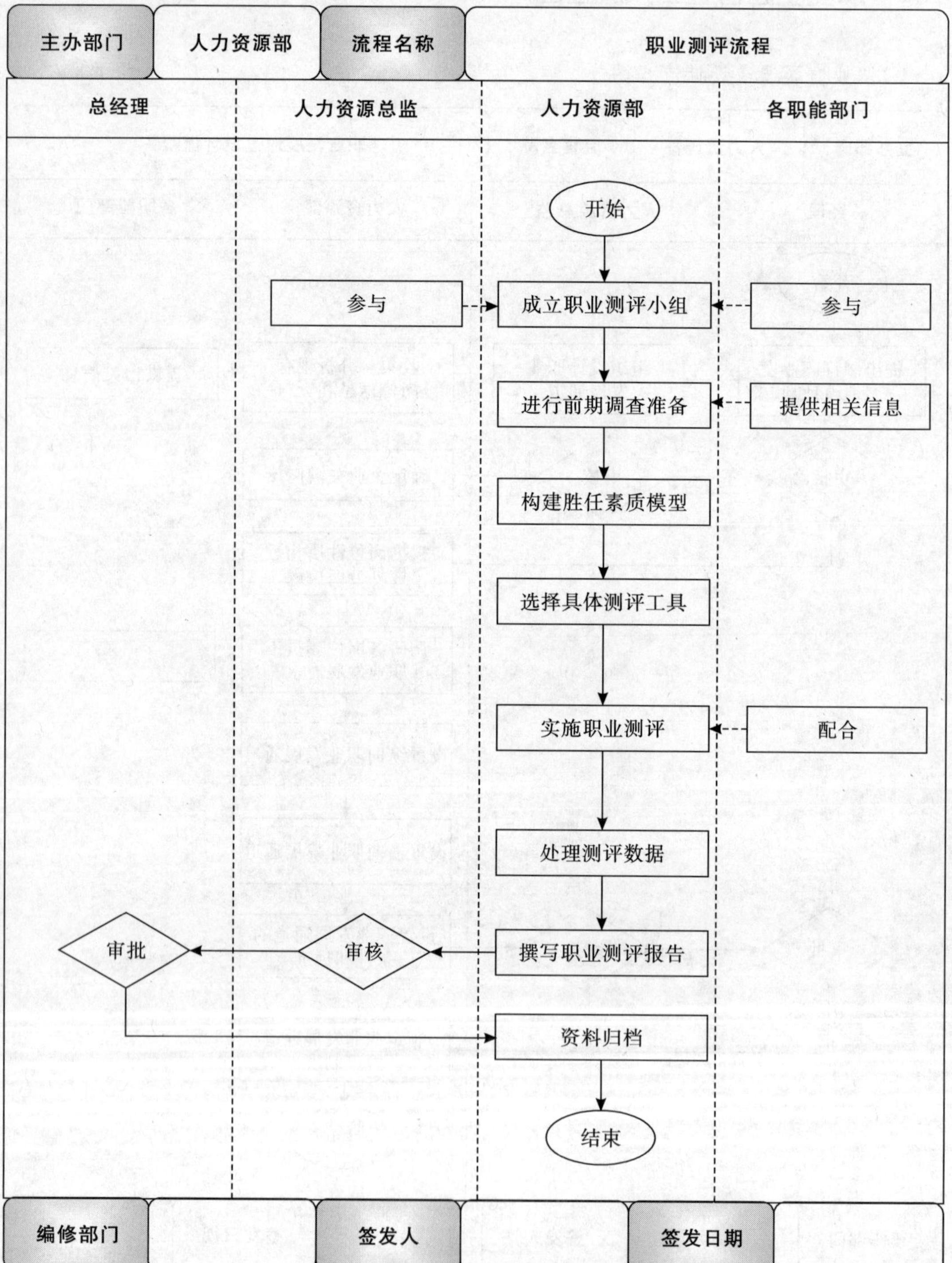
主办部门
人力资源部
流程名称
职业测评流程
总经理
人力资源总监
人力资源部
各职能部门
开始
参与
成立职业测评小组
参与
进行前期调查准备
提供相关信息
构建胜任素质模型
选择具体测评工具
实施职业测评
配合
处理测评数据
审批
审核
撰写职业测评报告
资料归档
结束
编修部门
签发人
签发日期

3. 职业生涯管理评估流程图

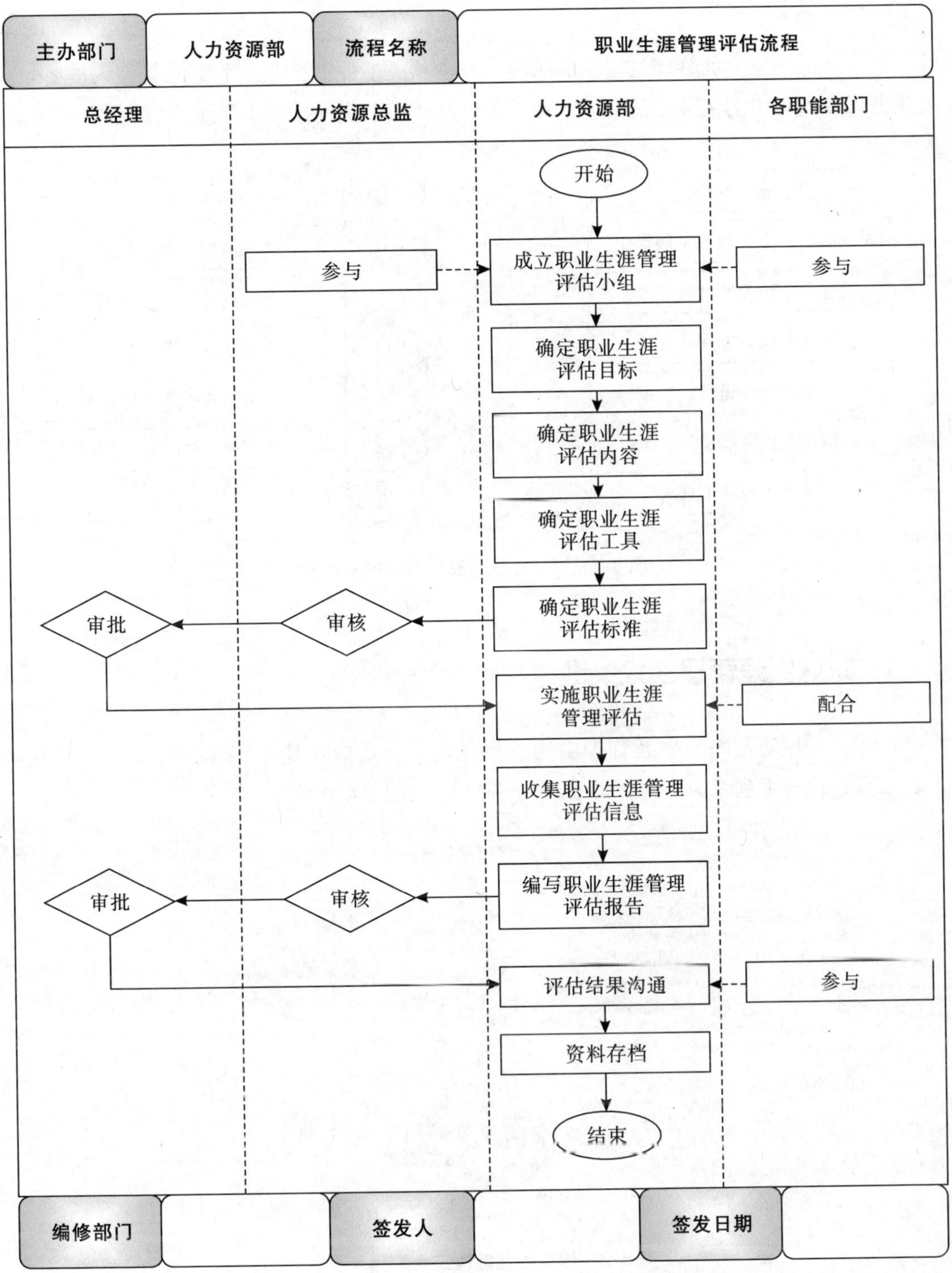

8.1.3 职业生涯管理流程关节点

为了降低职业生涯管理过程中的风险，减少相关损失，企业职业生涯管理人员要对职业生涯管理过程中的关节点进行规范和控制。具体关节点如图 8-1 所示。

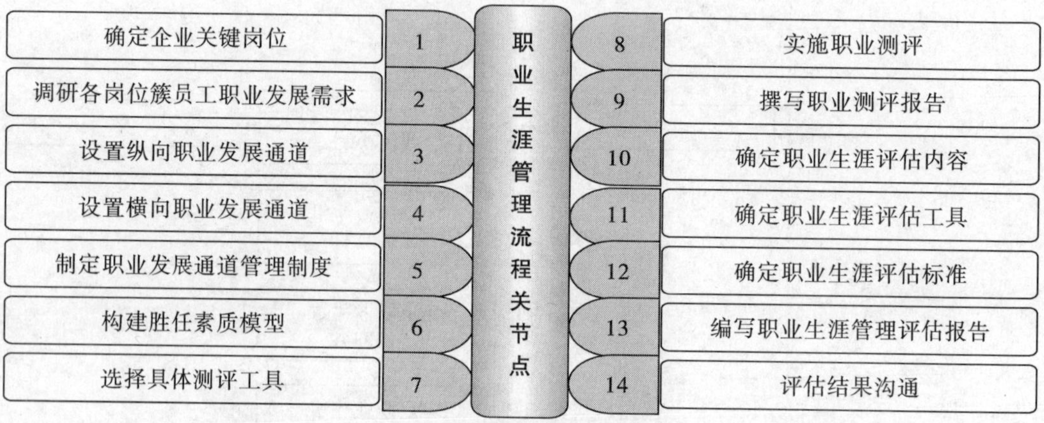

图 8-1　职业生涯管理流程关节点示意

8.1.4 职业生涯管理三大关键点

为了更好地防范职业生涯管理中的各种风险，企业应在梳理工作流程关节点的基础上，重点强化对下列三大关键点的管理和控制工作，具体如图 8-2 所示。

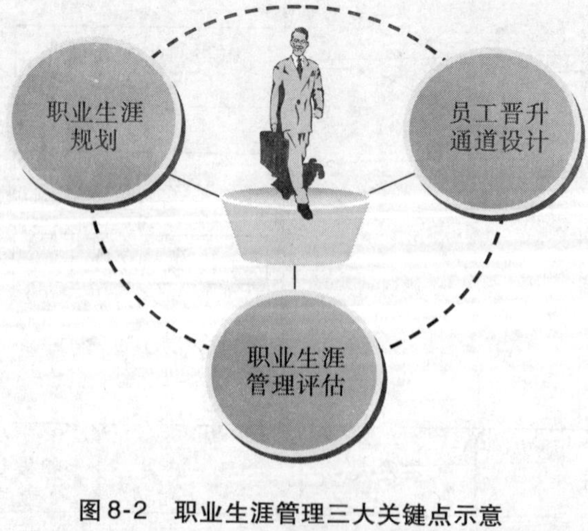

图 8-2　职业生涯管理三大关键点示意

8.2 关键点1：职业生涯规划

8.2.1 职业生涯规划流程图

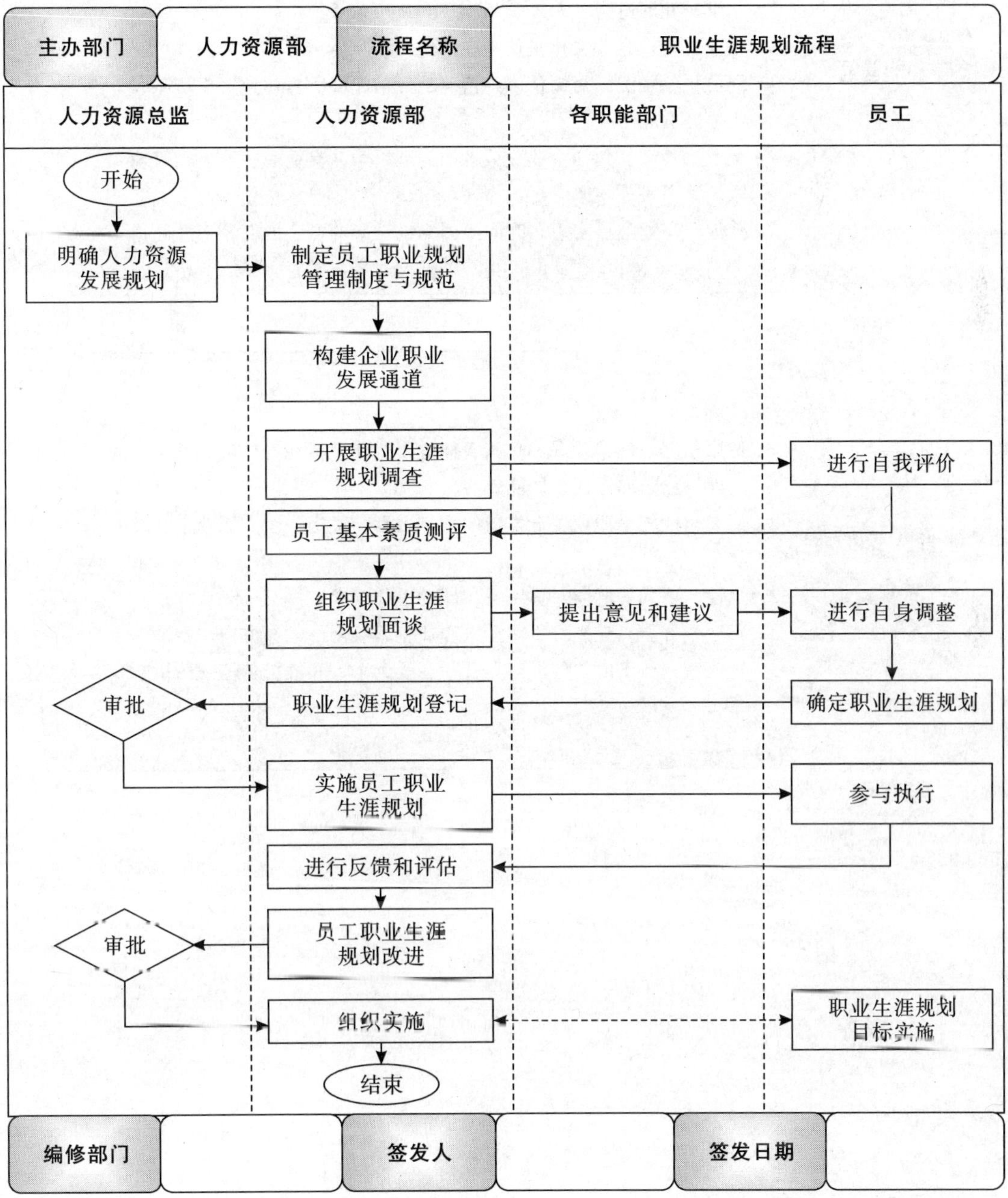

8.2.2 职业生涯规划要素图

组织要素

1. 组织结构与组织规模。主要指组织架构的形式，企业的经营规模
2. 企业目标与发展战略。企业目标与发展战略决定了组织的各条职业生涯发展道路
3. 企业文化。企业文化是员工在本组织找到发展可能性的条件
4. 岗位供给情况。对岗位供给情况的评估能够更具体地展现员工职业生涯发展图
5. 企业决策者。包括企业决策者的管理哲学、事业心、能力、管理风格等因素
6. 其他。企业经济实力、时间等因素也会影响员工的职业生涯规划

个人要素

1. 健康状况。健康状况不仅指身体健康，还包括在身体健康基础上的生理特点，如性别、体能等
2. 能力。能力是职业生涯发展的根本因素，决定一个人职业生涯发展状态
3. 个性。不同的职业对员工有不同的性格要求
4. 兴趣爱好。兴趣爱好影响个人职业生涯规划的选择方向
5. 价值观。员工职业生涯规划必然会受到个人和社会价值观的影响

8.2.3 测评与职业生涯规划分析

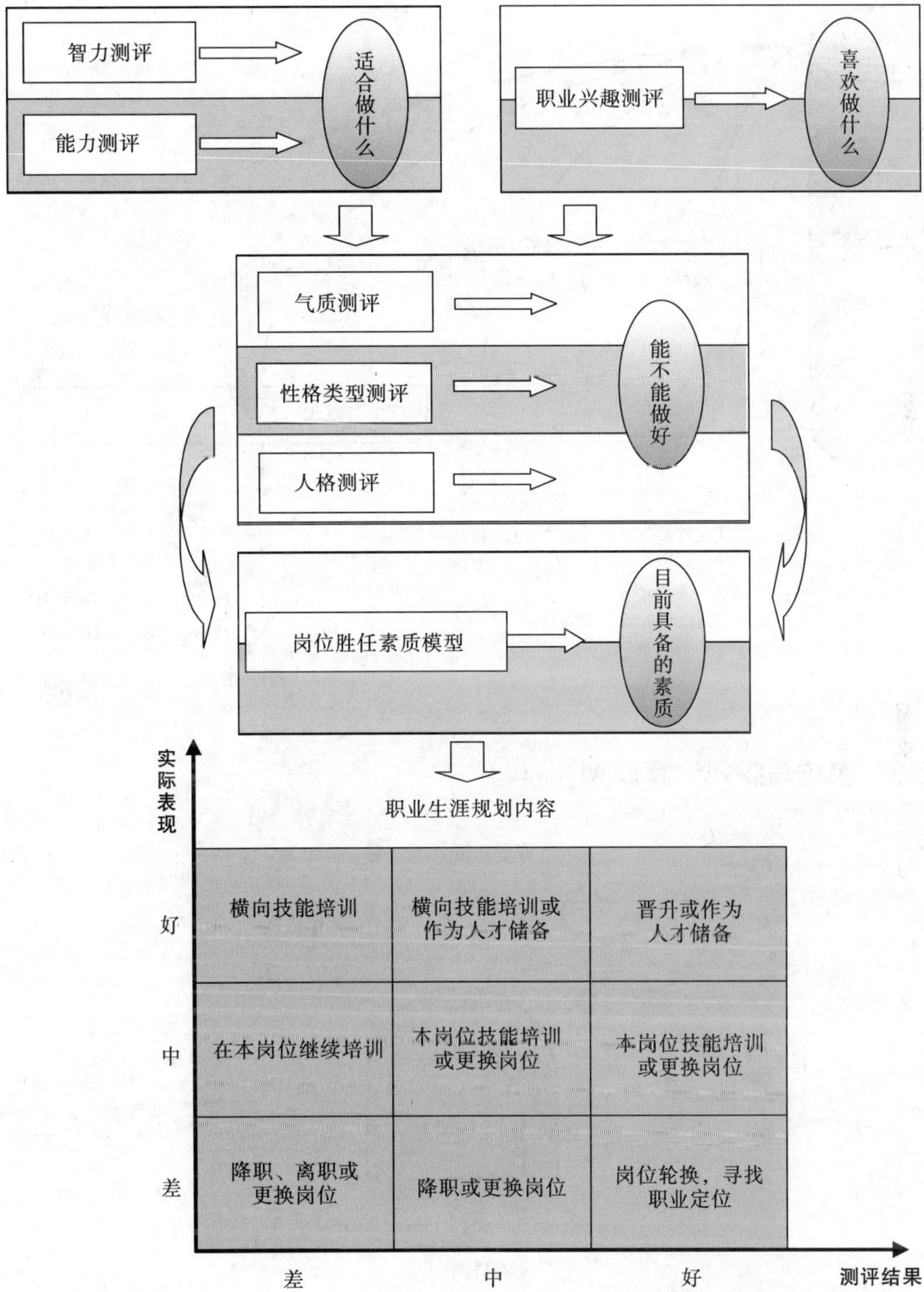

8.2.4 培训与职业生涯规划分析

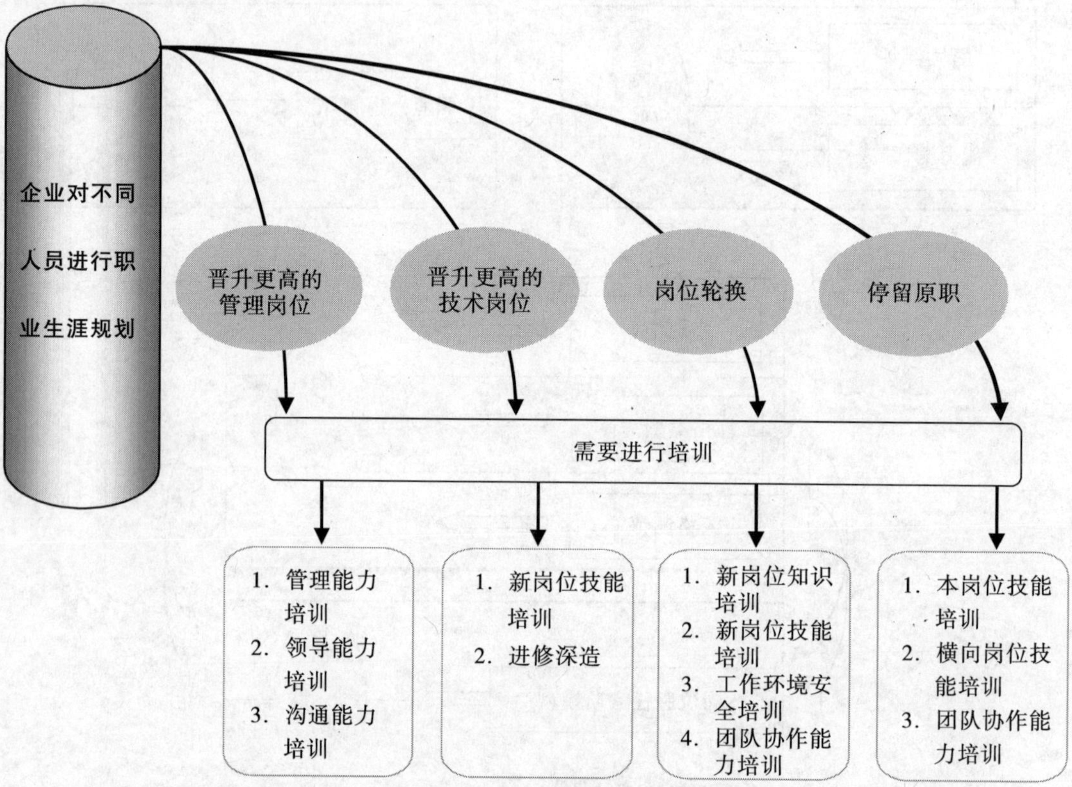

8.2.5 考核与职业生涯规划分析

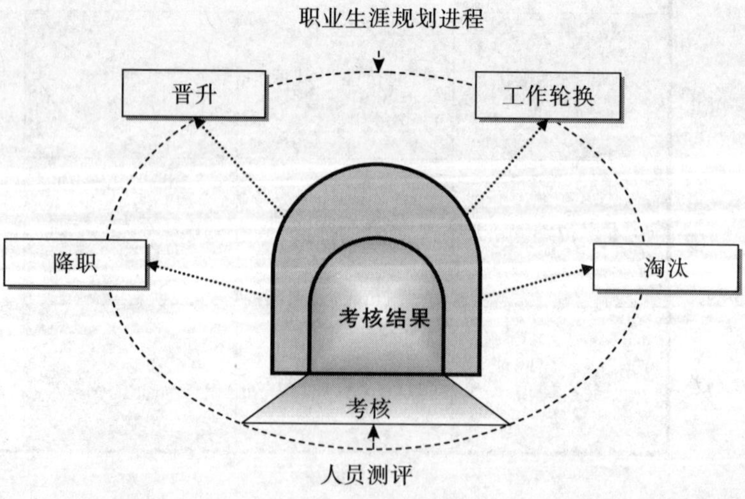

8.3 关键点2：员工晋升通道设计

8.3.1 员工晋升类型划分图

划分标准	划分类型	具体说明
晋升是否包含了权力的扩大	职务晋升	包含了权力的扩大，如业务范围扩大和管理人员范围的扩大等
	职级晋升	这种晋升只有级别上的上升，一般包含权力的扩大，是对职务晋升的一种补充
晋升来源	内部晋升	大多数企业采取内部晋升，有利于增强企业内部员工的进取心和上进心
	外部晋升	外部晋升就是从企业外部聘请相关的人员补充到企业管理的岗位上，外部晋升在为企业增加活力的同时易挫伤内部员工的进取心
晋升级别多少	逐级晋升	按照企业的晋升通道，一级一级地晋升，这是企业最常见的
	跳级晋升	一般针对非常优秀的员工。跳级晋升打破了逐级晋升的一般规律，使员工晋升到更高的级别上
晋升取向	直系晋升	在本部门内晋升到上一级，只是扩大了责任和人员的管理范围
	旁系晋升	晋升到其他部门的更高一级的岗位上去，有利于增加晋升者的经验

8.3.2 员工晋升的基本模式

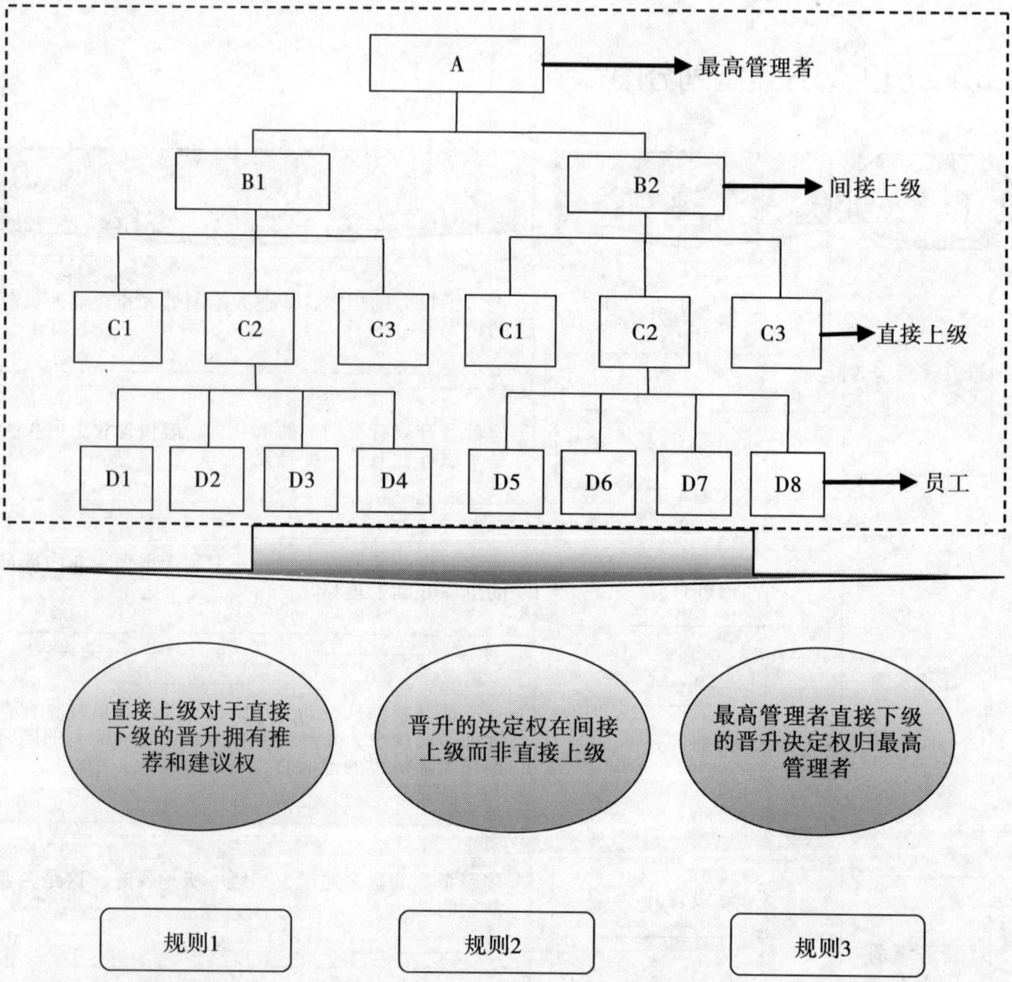

8.3.3 晋升通道及设计方法汇总

1. 晋升通道

员工的晋升通道可分为横向发展、纵向发展、横向发展和纵向发展相结合三种形式，具体内容如表 8-2 所示。

表8-2 员工晋升通道说明

晋升通道	含义
横向发展	序列内或跨序列的岗位调整，即轮岗、换岗
纵向发展	属于传统的发展道路，即行政管理级别的晋升
横向发展和纵向发展相结合	员工发展突出多方向发展的可能性和岗位轮换的机会

2. 晋升通道的设计方法

通过晋升通道设计，企业可以为不同专业序列和管理序列的员工提供晋升通道，使员工通过横向和纵向的发展实现自己的职业生涯目标，具体内容如图8-3所示。

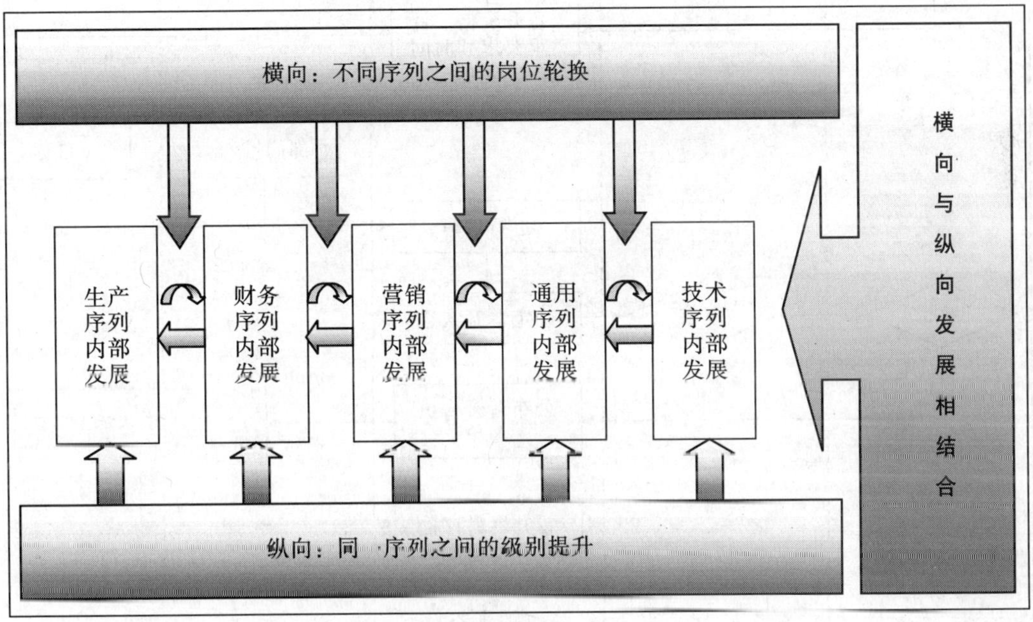

图8-3 员工晋升通道设计方法

8.3.4 岗位晋升方案实施流程图

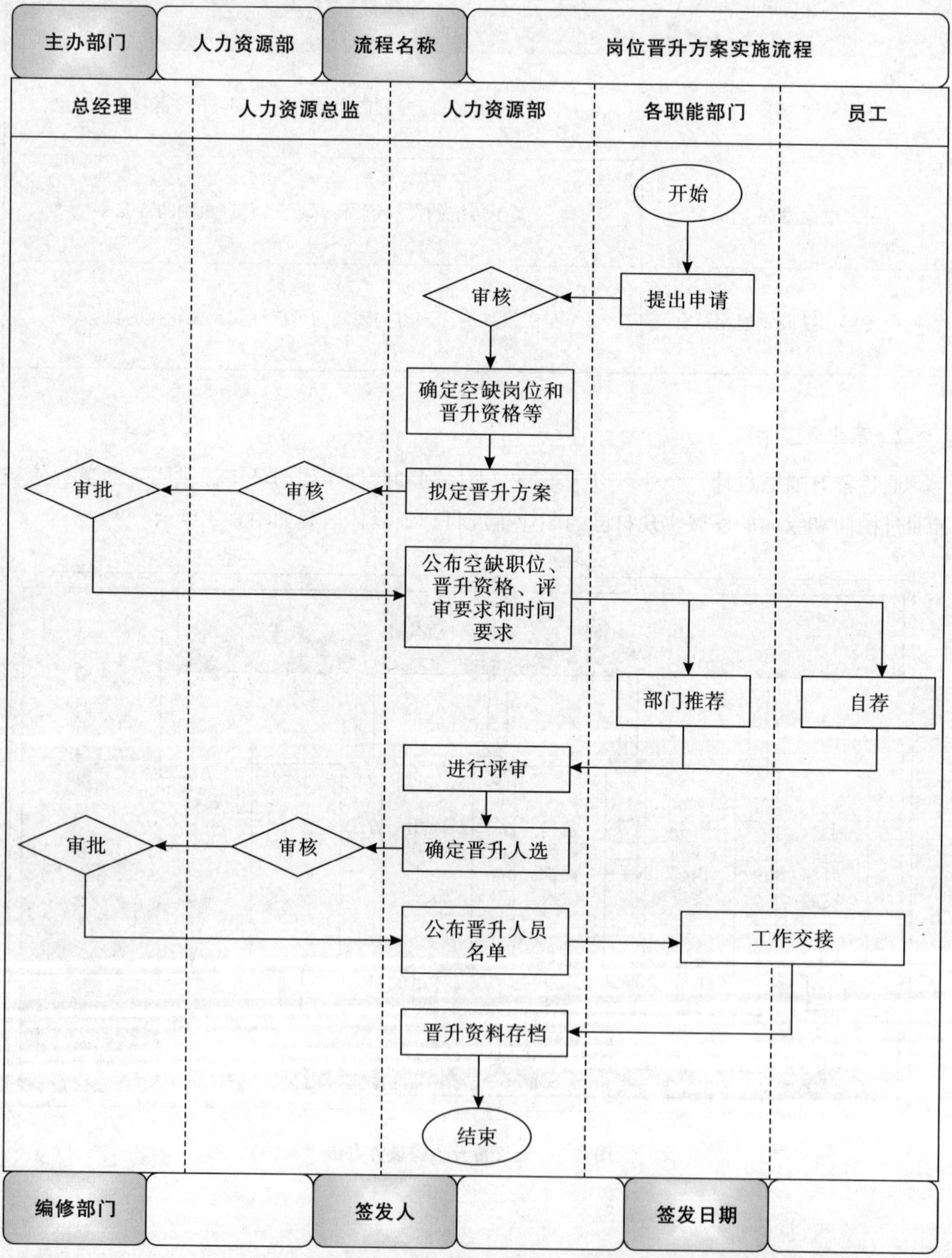

8.3.5 员工晋升评估的操作流程

步骤	说明
确定晋升评估标准	根据企业建立的胜任素质模型确定被评估者所在岗位的核心能力素质标准和专业素质能力标准
收集员工工作信息	通过企业考勤记录、考核记录、工作记录、员工档案等文件和座谈、访问等多种方式全面收集被评估者的工作表现等相关的信息
分析、判断所收集信息	对收集到的评估者的工作表现等相关信息采用定量分析和定性分析等方法进行分析和判断，并得出最终结果
确定评估等级	根据分析、判断的结果确定被评估者的能力素质等级
计算评估分数	根据权重和分值计算出被评估者的岗位素质评估分数
确定是否满足晋升所需能力	判断被评估者是否具备了晋升所需的核心能力和专业能力，并做出是否晋升的决策

8.4 关键点 3：职业生涯管理评估

8.4.1 职业生涯评审范围图解

职业生涯评审是对企业实施职业生涯发展规划进行周期性的评估，这有利于企业检查员工职业生涯发展效果，发现存在的问题，及时调整职业生涯规划，同时也可以让员工了解情况，积极参与并及时做出调整。职业生涯评审范围主要包括但不局限于以下七个方面，具体如图 8-4 所示。

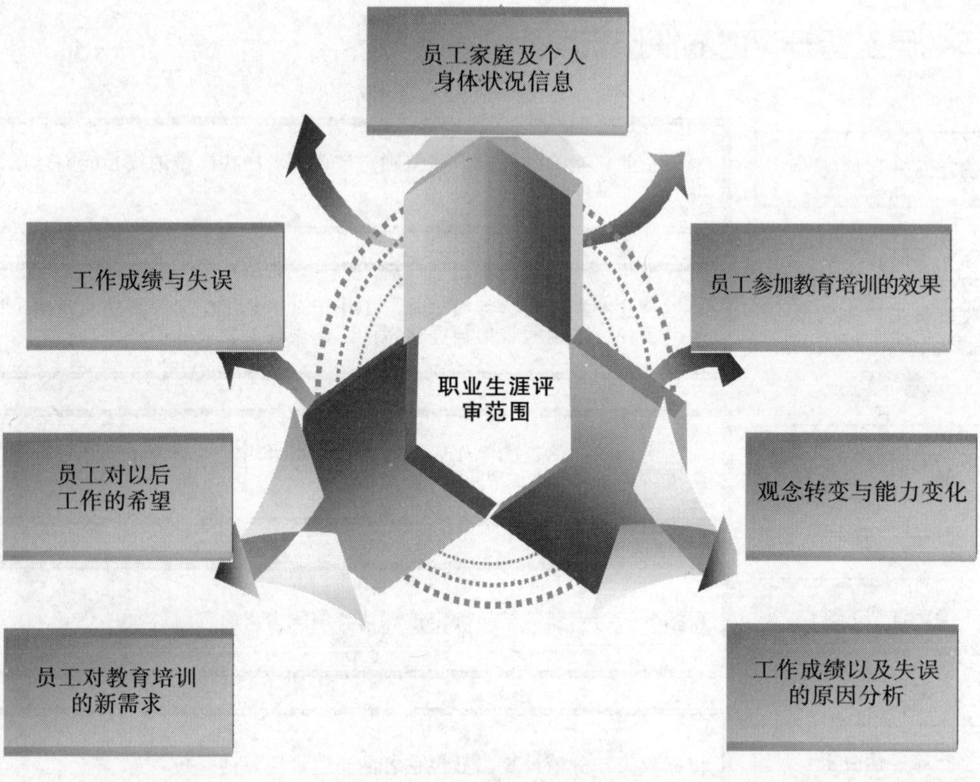

图 8-4　职业生涯评审范围示意

8.4.2　职业生涯年度评审程序

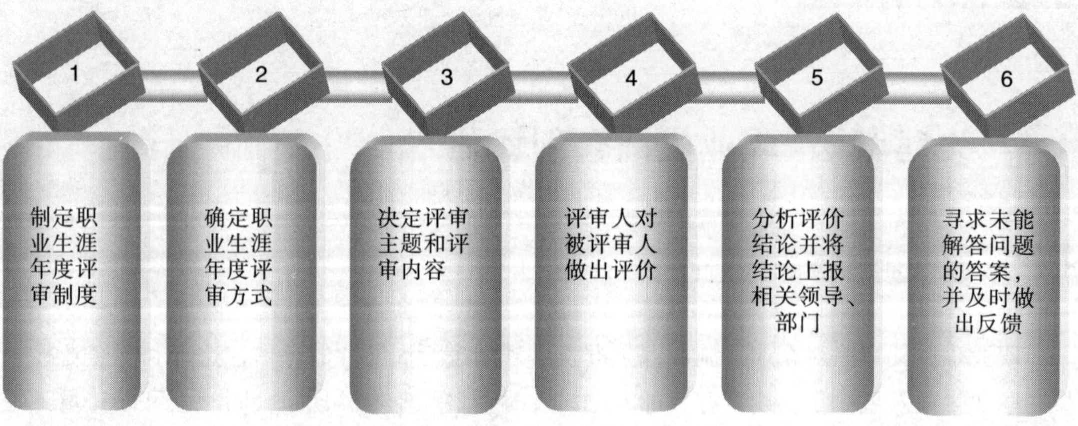

8.4.3 职业生涯年度评审会谈表

姓名			职位名称	
填写日期			任职时间	
员工填写内容	本年度主要成就			
	本年度最大的进步			
	成就及进步原因分析			
	对未来工作内容的需求			
	对未来培训的需求			
	对职业生涯规划调整的需求			
	个人职业生涯的中长期计划			
主管填写内容	对员工工作绩效的评价			
	对员工工作能力的评价			
	员工需改进的内容及改进形式			
	对员工目前担任职务的建议			
	对员工中长期发展目标的建议			

第9章

员工关系管理关键点

9.1 员工关系管理关键点分析

9.1.1 员工关系管理主要风险点

员工关系管理是指在企业人力资源体系中，各级管理人员和人力资源职能管理人员，通过拟定和实施各项人力资源政策，通过各种管理沟通手段调节企业和员工、员工与员工之间的关系，从而实现组织的目标，并确保为员工、社会增值。企业在员工关系管理方面应至少关注如表9-1所示的六种风险。

表9-1 员工关系管理主要风险点说明

序号	风险点名称	风险点说明
风险点1	《劳动合同》签订风险	1. 未根据国家的相关法律、法规与劳动者签订劳动合同，容易产生相关法律问题，增加企业管理成本 2. 签订劳动合同时未与劳动者进行充分沟通，可能产生劳动纠纷
风险点2	员工伤残鉴定风险	1. 未对员工伤残情况进行充分调查，致使员工伤残鉴定结果与员工伤残的实际情况不符 2. 未根据员工伤残标准进行鉴定，致使鉴定结果缺乏法律依据
风险点3	人事外包操作风险	1. 缺乏人事外包管理制度，导致人事外包工作中无章可循 2. 未对人事外包事项进行深入分析，容易导致对人事外包机构的选择脱离企业实际需要
风险点4	员工沟通风险	1. 企业与员工沟通不及时，容易使员工工作积极性下降，进而造成企业在一定时期内生产效率下降 2. 企业与员工进行沟通时采用的沟通方式不当，容易造成沟通结果与实际沟通目标相悖
风险点5	劳动纠纷处理风险	1. 企业未对劳动纠纷事件进行充分调查，可能导致劳动纠纷处理结果同企业的劳动纠纷处理目标不一致 2. 企业对劳动纠纷处理方式不当，可能损害企业利益、信誉和形象
风险点6	员工满意度调查风险	1. 企业未对员工满意度进行充分调查，致使调查结果不符合实际 2. 企业未对员工满意度调查结果进行深入分析，导致调查结果不能更好地反映员工的需求和期望

9.1.2 员工关系管理三大流程图

1. 劳动合同签订流程图

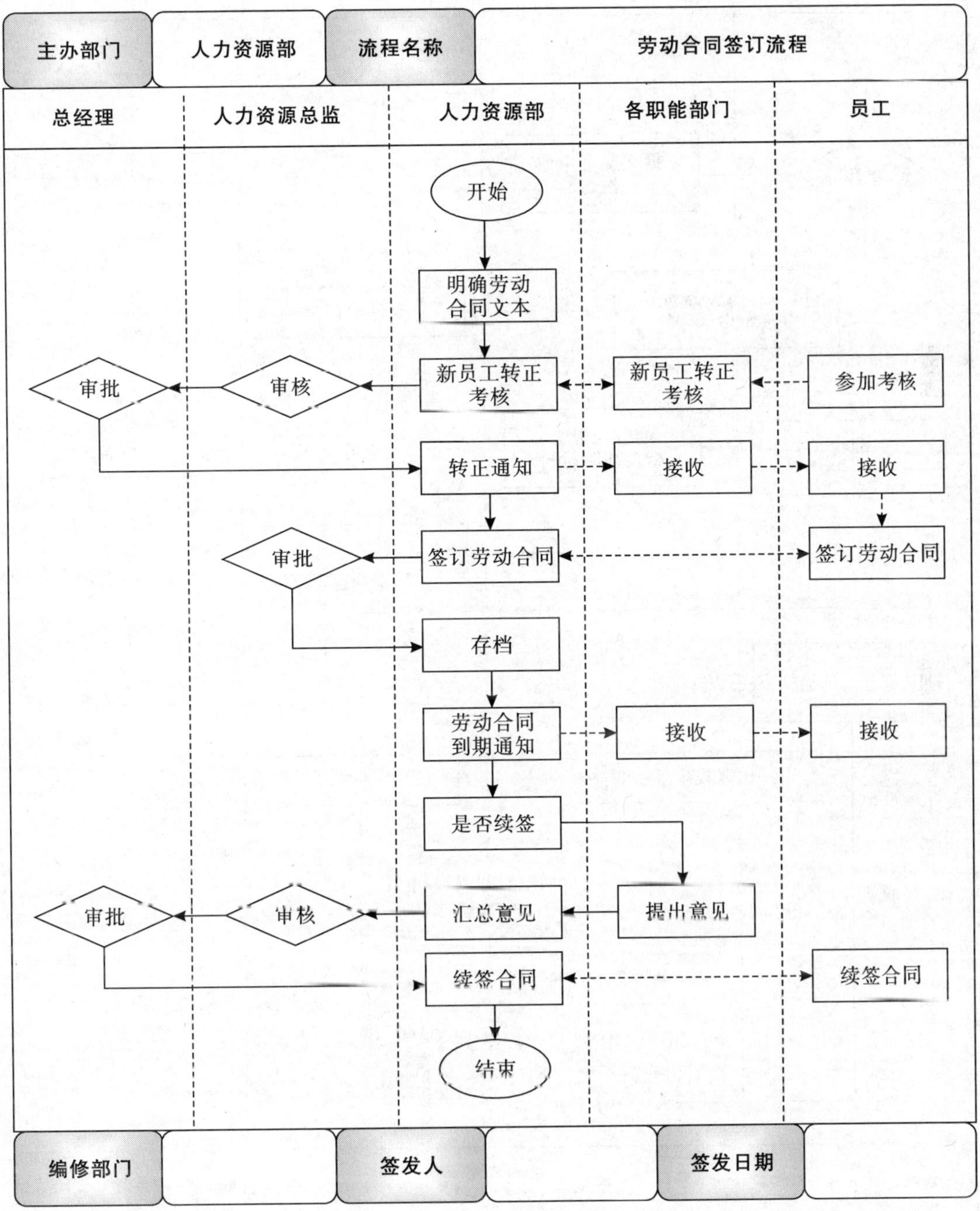

2. 员工伤残鉴定流程图

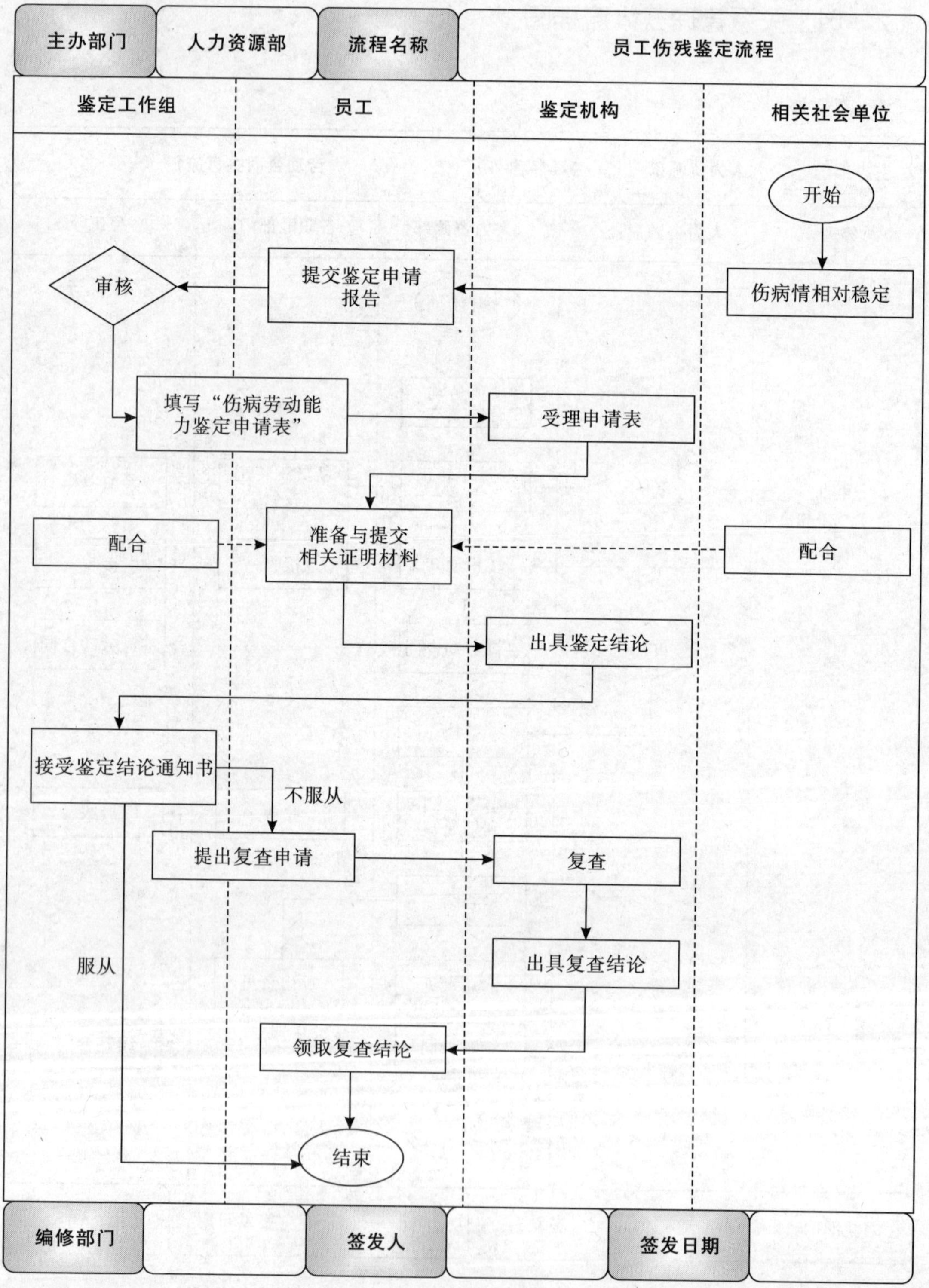
主办部门
人力资源部
流程名称
员工伤残鉴定流程
鉴定工作组
员工
鉴定机构
相关社会单位
开始
伤病情相对稳定
提交鉴定申请报告
审核
填写"伤病劳动能力鉴定申请表"
受理申请表
配合
准备与提交相关证明材料
配合
出具鉴定结论
接受鉴定结论通知书
不服从
提出复查申请
复查
出具复查结论
服从
领取复查结论
结束
编修部门
签发人
签发日期

3. 劳动纠纷处理流程图

主办部门	人力资源部	流程名称	劳动纠纷处理流程

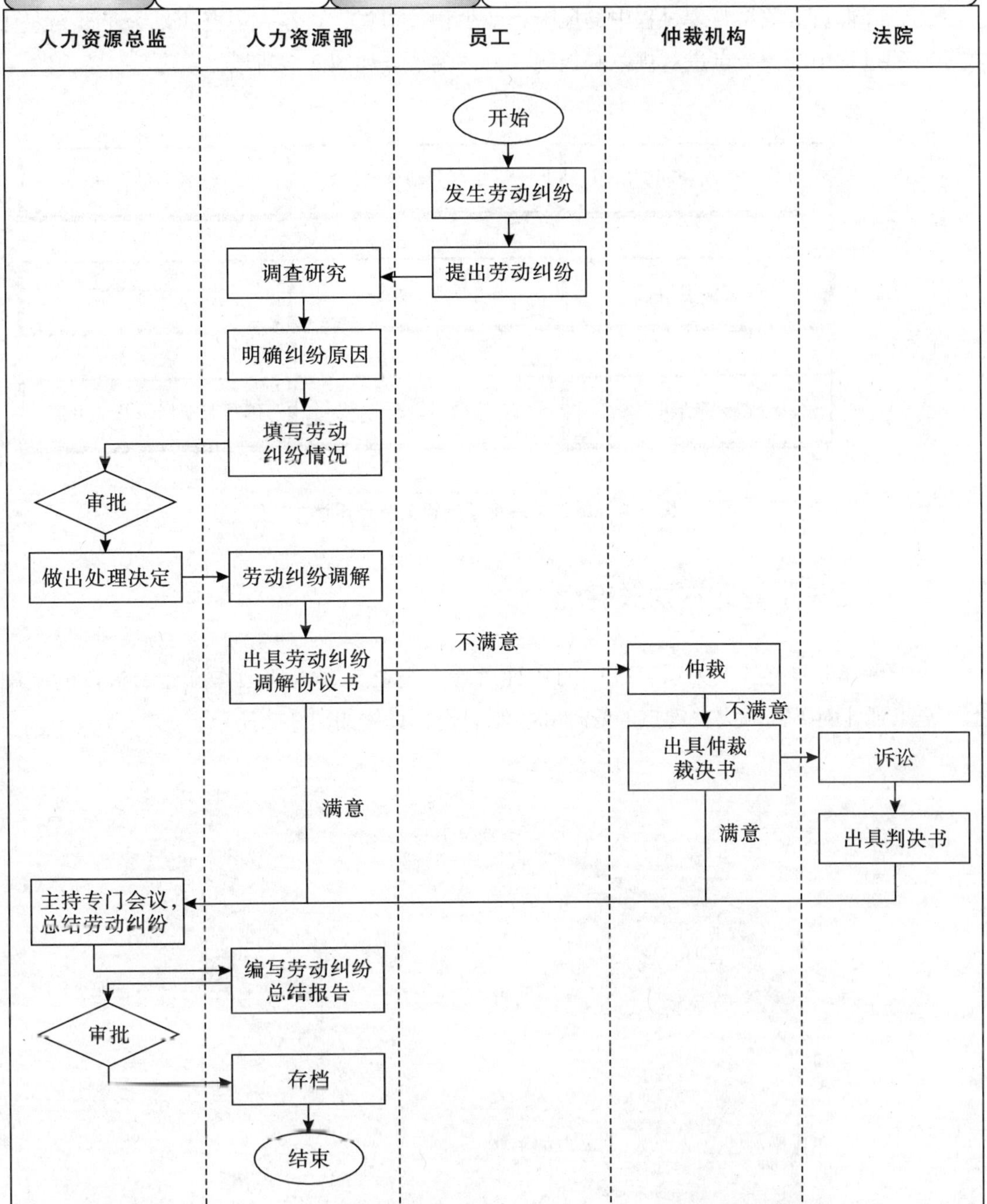

编修部门		签发人		签发日期	

9.1.3 员工关系管理流程关节点

为了降低员工关系管理过程中的风险，减少相关损失，企业人力资源部人员要对员工关系管理过程中的关节点进行规范和控制。具体关节点如图 9-1 所示。

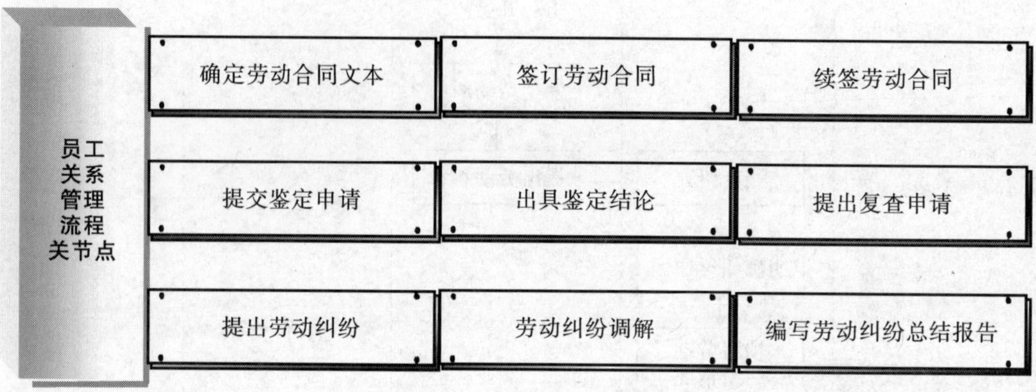

图 9-1　员工关系管理流程关节点示意

9.1.4 员工关系管理六大关键点

为了更好地防范员工关系管理中的各种风险，企业应在梳理工作流程关节点的基础上，重点强化对下列六大关键点的管理和控制工作，具体如图 9-2 所示。

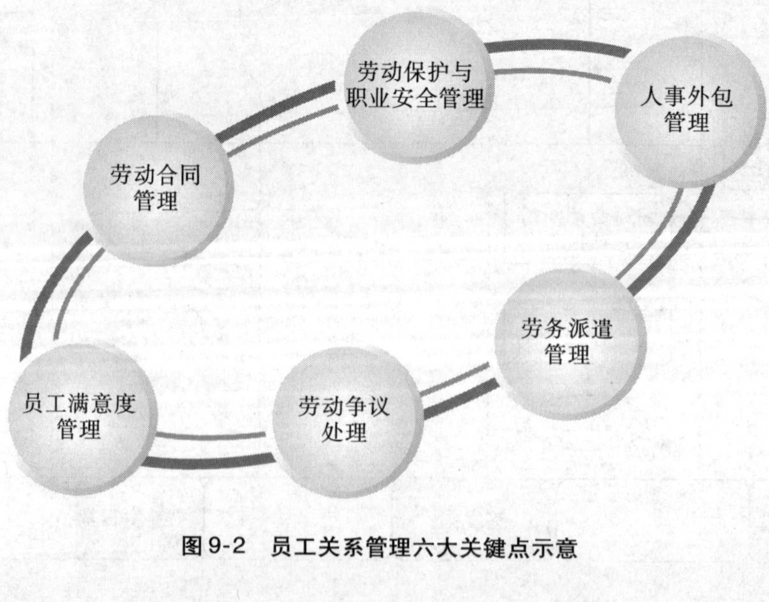

图 9-2　员工关系管理六大关键点示意

9.2 关键点1：劳动合同管理

9.2.1 劳动合同管理流程图

主办部门	人力资源部	流程名称	劳动合同管理流程

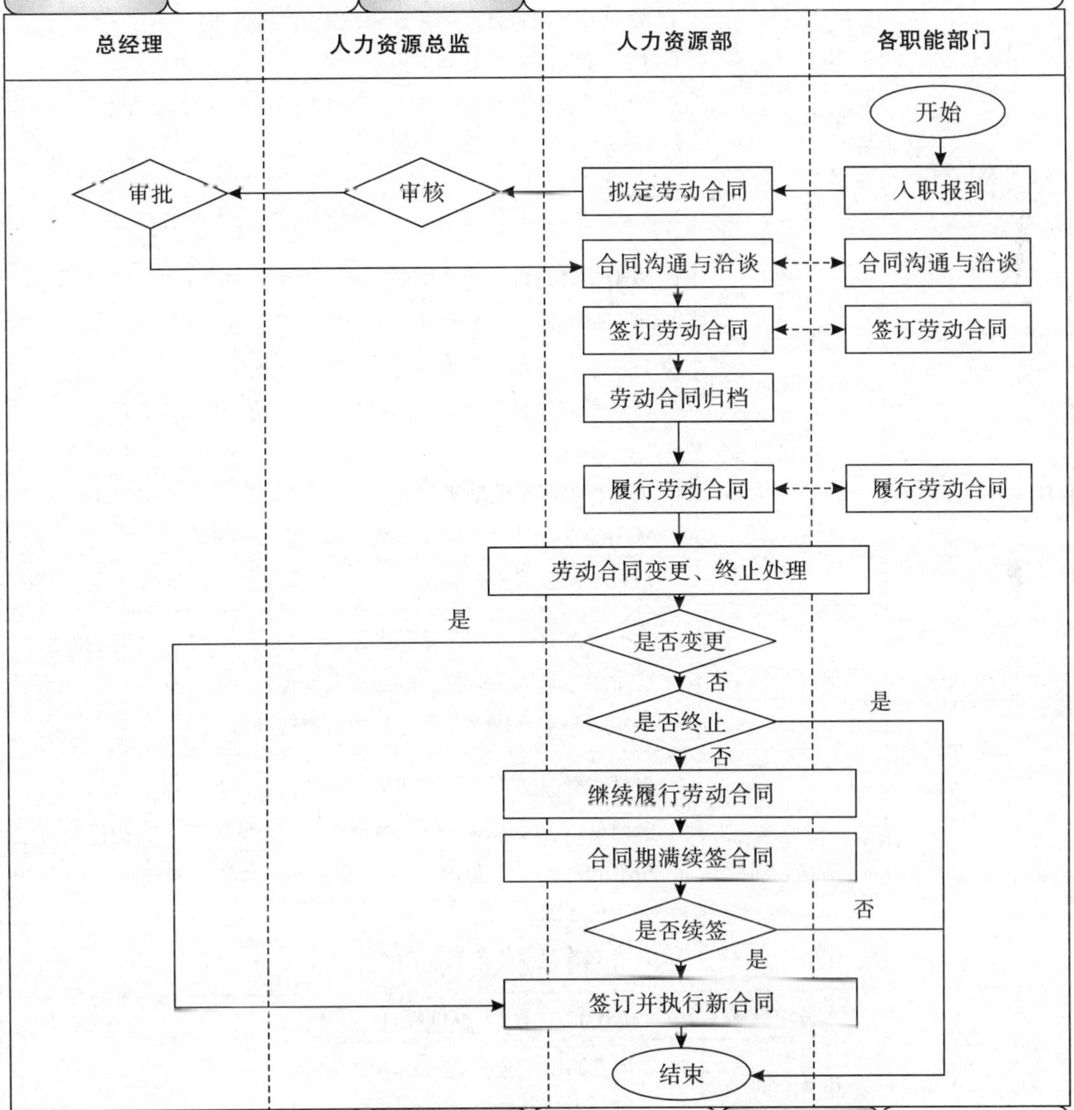

编修部门		签发人		签发日期	

9.2.2 劳动合同类型统计表

<table>
<tr><th>分类依据</th><th>劳动合同类型</th><th>含义及适用范围</th></tr>
<tr><td rowspan="3">劳动合同期限长短</td><td>有固定期限的劳动合同</td><td>1. 企业与劳动者订立的有一定期限的劳动合同
2. 如果双方同意，还可以续签合同，延长期限
3. 合同期限届满，双方的法律关系即行终止</td></tr>
<tr><td>无固定期限的劳动合同</td><td>1. 企业与劳动者订立的无期限规定的劳动合同
2. 用人单位不能无故辞退员工
3. 劳动者参加工作后，长期在一个用人单位内从事工作，不得无故离职
4. 适用于技术性强的工作岗位</td></tr>
<tr><td>以完成一定工作任务为期限的劳动合同</td><td>1. 以劳动者所负担的工作任务来确定合同期限的劳动合同
2. 带有临时性、季节性的劳动合同
3. 合同双方在合同存续期间建立的是劳动法律关系
4. 劳动者需要遵守企业内部规则，并享受企业的保险待遇</td></tr>
<tr><td rowspan="3">劳动合同产生的方式</td><td>录用合同</td><td>1. 企业根据国家劳动部门下达的劳动指标，通过公开招收、择优录用的方式订立的劳动合同
2. 适用于招收普通劳动者</td></tr>
<tr><td>聘任合同</td><td>1. 企业通过直接向特定劳动者发聘书，直接与之建立劳动关系
2. 适用于技术顾问职位、法律顾问职位
3. 适用于招聘有技术业务专长的特定劳动者</td></tr>
<tr><td>借调合同</td><td>1. 当借调合同终止时，借调员工仍然回原单位工作
2. 借调单位、被借调单位与被借调员工个人之间，为被借调员工从事的某种工作明确各方的责任、权利和义务而签订的劳动合同
3. 适用于借调单位急需使用的员工</td></tr>
<tr><td rowspan="2">劳动者一方人数不同</td><td>个人劳动合同</td><td>由劳动者个人与用人单位签订</td></tr>
<tr><td>集体合同</td><td>1. 集体合同由工会代表劳动者集体签订
2. 适用于中外合资企业合同的签订</td></tr>
</table>

9.2.3 劳动合同签订工作标准

序号	项目	工作执行标准	执行工具
1	编制劳动合同文本	1. 企业应与劳动者在协商一致的情况编制劳动合同文本 2. 人力资源总监根据劳动合同管理制度编制劳动合同文本，并将合同交由总经理审批 3. 劳动合同应以书面的形式订立 4. 劳动合同包括但不限于以下条款：劳动合同期限、工作内容、劳动保护和劳动条件、劳动报酬、劳动纪律、劳动合同终止的条件、违约责任	《劳动合同管理制度》 《中华人民共和国劳动合同法》
2	签订劳动合同	1. 人力资源部拟订劳动合同，并与各职能部门新员工就合同内容进行沟通和洽谈后，签订劳动合同 2. 劳动合同应一式两份，企业与员工各执一份，涉及企业机密的，视情况须签订保密协议、竞业禁止协议等	
3	劳动合同归档	1. 签订劳动合同后，人力资源部将已签订的劳动合同归档 2. 人力资源部指派专门的人员对劳动合同进行保管	
4	合同期满续签沟通	1. 劳动合同期满，人力资源部与员工应在平等协商的基础上商议是否续签劳动合同 2. 人力资源部应在____个工作日内向员工发出续签通知并签订劳动合同，若不再续签，人力资源部为员工办理离职手续	

9.2.4 劳动合同解除工作标准

<table>
<tr><th>劳动者提出解除劳动合同的工作标准</th></tr>
<tr><td>1. 劳动者单方解除：员工应提前 30 日以书面形式通知人力资源部，可解除劳动合同；员工试用期内提前 3 日通知人力资源部，可解除劳动合同
2. 用人单位有下列情形之一的，劳动者可以解除劳动合同：
（1）未按照劳动合同约定提供劳动保护或者劳动条件的；
（2）未及时足额支付劳动报酬的；
（3）未依法为劳动者缴纳社会保险费的；
（4）用人单位的规章制度违反法律、法规的规定，损害劳动者权益的；
（5）因《中华人民共和国劳动合同法》第二十六条第一款规定的情形致使劳动合同无效的；
（6）法律、行政法规规定劳动者可以解除劳动合同的其他情形。
用人单位以暴力、威胁或者非法限制人身自由的手段强迫劳动者劳动的，或者用人单位违章指挥、强令冒险作业，危及劳动者人身安全的，劳动者可以立即解除劳动合同，不需事先告知用人单位。</td></tr>
<tr><th>用人单位解除劳动合同的工作标准</th></tr>
<tr><td>1. 劳动者有下列情形之一的，用人单位可以解除劳动合同：
（1）在试用期间被证明不符合录用条件的；
（2）严重违反用人单位的规章制度的；
（3）严重失职，营私舞弊，给用人单位造成重大损害的；
（4）劳动者同时与其他用人单位建立劳动关系，对完成本单位的工作任务造成严重影响，或者经用人单位提出，拒不改正的；
（5）因《中华人民共和国劳动合同法》第二十六条第一款第一项规定的情形致使劳动合同无效的；
（6）被依法追究刑事责任的。
2. 有下列情形之一的，用人单位提前 30 日以书面形式通知劳动者本人或者额外支付劳动者 1 个月工资后，可以解除劳动合同：
（1）劳动者患病或者非因工负伤，在规定的医疗期满后不能从事原工作，也不能从事由用人单位另行安排的工作的；
（2）劳动者不能胜任工作，经过培训或者调整工作岗位，仍不能胜任工作的；
（3）劳动合同订立时所依据的客观情况发生重大变化，致使劳动合同无法履行，经用人单位与劳动者协商，未能就变更劳动合同内容达成协议的。
3. 用人单位单方解除劳动合同，应当事先将理由通知工会。用人单位违反法律、行政法规规定或者劳动合同约定的，工会有权要求用人单位纠正。用人单位应当研究工会的意见，并将处理结果书面通知工会。
4. 用人单位需要裁减人员 20 人以上或者裁减不足 20 人但占企业职工总数 10% 以上的，用人单位提前 30 日向工会或者全体职工说明情况，听取工会或者职工的意见后，裁减人员方案向劳动行政部门报告后，可以裁减人员。</td></tr>
</table>

（续表）

劳动合同解除的其他说明	
约定解除	用人单位与员工事先在合同中约定解除条件的，当符合条件时可解除劳动合同
发出解除通知	人力资源部应提前向部门发放解除劳动合同的通知
接收通知	1. 用人部门收到解除劳动合同的书面通知后应转交员工，并转报人力资源部门 2. 员工收到通知后，若对劳动合同的解除办法有异议，需经过调解、仲裁、诉讼或其他办法来终止劳动合同
办理交接手续	1. 用人部门安排员工按照相关规定办理工作交接手续 2. 工作交接完成后，相关人员在工作交接单上签字
薪资结算	1. 财务部结算并支付员工工资 2. 如有经济补偿的，应规定补偿标准并予以补偿
备案	人力资源部负责对解除劳动合同的文本原稿及电子档案进行备案

9.3 关键点2：劳动保护与职业安全管理

9.3.1 劳动保护工作事项图

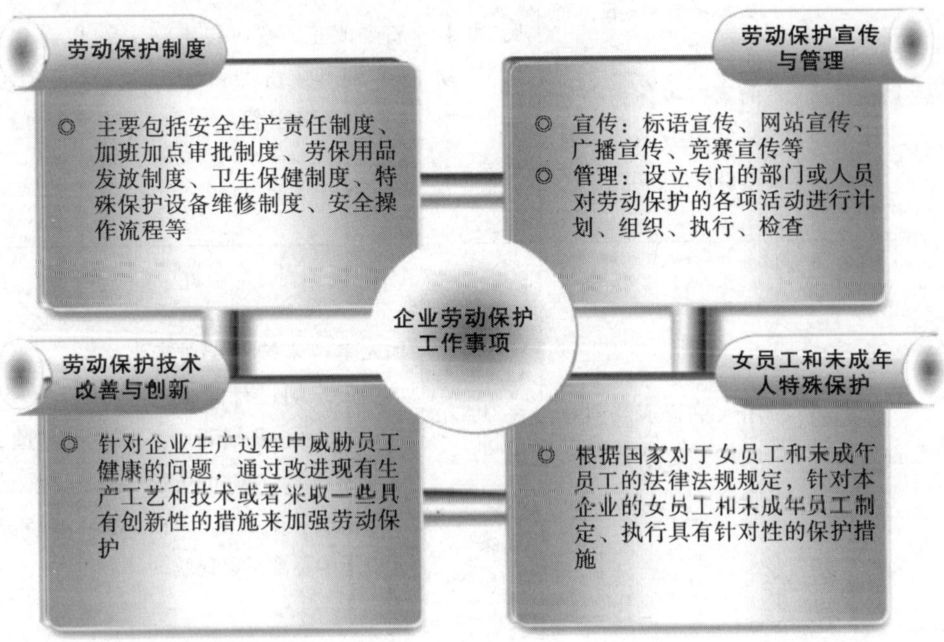

9.3.2 未成年人劳动保护规定

在《中华人民共和国劳动法》、《未成年工特殊保护规定》、《违反〈中华人民共和国劳动法〉行政处罚办法》等法律法规中对未成年工提出了保护规定，其内容如表9-2所示。

表9-2 《中华人民共和国劳动法》和《违反〈中华人民共和国劳动法〉行政处罚办法》的规定

内容规定		法规名称和条款	违反相关规定的处罚规定	法规名称和条款
未成年工的含义	未成年工是指年满十六周岁，未满十八周岁的劳动者	《中华人民共和国劳动法》第58条	用人单位非法招聘未满十六周岁未成年人的，由劳动行政部门责令改正，处以罚款；情节严重的，由工商行政管理部门吊销其营业执照	《中华人民共和国劳动法》第94条
未成年工禁止安排从事的劳动	不得安排未成年工从事矿山井下、有毒有害、国家规定的第四级体力劳动强度的劳动和其他禁忌从事的劳动	《中华人民共和国劳动法》第64条	责令改正，按每侵害一名未成年工罚款3 000元以下的标准处罚	《违反〈中华人民共和国劳动法〉行政处罚办法》第12条第4款
未成年工健康检查	用人单位应当对未成年工定期进行健康检查	《中华人民共和国劳动法》第65条	用人单位未按规定对未成年工定期进行健康检查，应责令限期改正，逾期不改的，按每侵害一名未成年工罚款3 000元以下的标准予以处罚	《违反〈中华人民共和国劳动法〉行政处罚办法》第15条

表 9-3　未成年工特殊保护规定

法律名称	未成年工特殊保护规定

第一条　为维护未成年工的合法权益，保护其在生产劳动中的健康，根据《中华人民共和国劳动法》的有关规定，特制定本规定。

第二条　未成年工是指年满十六周岁，未满十八周岁的劳动者。

未成年工的特殊保护是针对未成年工处于生长发育期的特点以及接受义务教育的需要，采取的特殊劳动保护措施。

第三条　用人单位不得安排未成年工从事以下范围的劳动：

（一）《生产性粉尘作业危害程度分级》国家标准中第一级以上的接尘作业；

（二）《有毒作业分级》国家标准中第一级以上的有毒作业；

（三）《高处作业分级》国家标准中第二级以上的高处作业；

（四）《冷水作业分级》国家标准中第二级以上的冷水作业；

（五）《高温作业分级》国家标准中第三级以上的高温作业；

（六）《低温作业分级》国家标准中第三级以上的低温作业；

（七）《体力劳动强度分级》国家标准中第四级体力劳动强度的作业；

（八）矿山井下及矿山地面采石作业；

（九）森林业中的伐木、流放及守林作业；

（十）工作场所接触放射性物质的作业；

（十一）有易燃易爆、化学性烧伤和热烧伤等危险性大的作业；

（十二）地质勘探和资源勘探的野外作业；

（十三）潜水、涵洞、涵道作业和海拔 3 000 米以上的高原作业（不包括世居高原者）；

（十四）连续负重每小时在 6 次以上并每次超过 20 千克，间断负重每次超过 25 千克的作业；

（十五）使用凿岩机、捣固机、气镐、气铲、铆钉机、电锤的作业；

（十六）工作中需要长时间保持低头、弯腰、上举、下蹲等强迫体位和动作频率每分钟大于 50 次的流水线作业；

（十七）锅炉司炉。

第四条　未成年工患有某种疾病或具有某些生理缺陷（非残疾型）时，用人单位不得安排其从事以下范围劳动：

（一）《高处作业分级》国家标准中第　级以上的高处作业；

（二）《低温作业分级》国家标准中第二级以上的低温作业；

（三）《高温作业分级》国家标准中第二级以上的高温作业；

（四）《体力劳动强度分级》国家标准中第三级以上体力劳动强度的作业；

（五）接触铅、苯、汞、甲醛、二硫化碳等易引起过敏反应的作业。

（续）

第五条　患有某种疾病或具有某些生理缺陷（非残疾型）的未成年工，是指有以下一种或一种以上情况者：

（一）心血管系统：先天性心脏病；克山病；收缩期或舒张期二级以上心脏杂音。

（二）呼吸系统：中度以上气管炎或支气管哮喘；呼吸音明显减弱；各类结核病；体弱儿，呼吸道反复感染者。

（三）消化系统：各类肝炎；肝、脾肿大；胃、十二指肠溃疡；各种消化道疝。

（四）泌尿系统：急、慢性肾炎；泌尿系感染。

（五）内分泌系统：甲状腺机能亢进；中度以上糖尿病。

（六）精神神经系统：智力明显低下；精神忧郁或狂暴。

（七）肌肉、骨骼运动系统：身高和体重低于同龄人标准；一个及一个以上肢体存在明显功能障碍；躯干四分之一以上部位活动受限，包括强直或不能旋转。

（八）其他：结核性胸膜炎；各类重度关节炎；血吸虫病；严重贫血，其血色素每升低于九十五克。

第六条　用人单位应按下列要求对未成年工定期进行健康检查：

（一）安排工作岗位之前；

（二）工作满一年；

（三）年满十八周岁，距前一次的体检时间已超过半年。

第七条　未成年工的健康检查，应按《未成年工特殊保护规定》所附的“未成年工健康检查表”列出的项目进行。

第八条　用人单位应根据未成年工的健康检查结果安排其从事适合的劳动，对不能胜任原劳动岗位的，应根据医务部门的证明，予以减轻劳动量或安排其他劳动。

第九条　对未成年工的使用和特殊保护实行登记制度。

（一）用人单位招收使用未成年工，除符合一般用工要求外，还须向所在地的县级以上劳动行政部门办理登记。劳动行政部门根据“未成年工健康检查表”、“未成年工登记表”，核发《未成年工登记证》。

（二）各级劳动行政部门须按本规定第三、四、五、七条的有关规定，审核体检情况和拟安排的劳动范围。

（三）未成年工须持《未成年工登记证》上岗。

（四）《未成年工登记证》由国务院劳动行政部门统一印制。

第十条　未成年工上岗前用人单位应对其进行有关的职业安全卫生教育、培训；未成年工体检和登记，由用人单位统一办理和承担费用。

第十一条　县级以上劳动行政部门对用人单位执行本规定的情况进行监督检查，对违犯本规定的行为依照有关法规进行处罚。

各级工会组织对本规定的执行情况进行监督。

第十二条　省、自治区、直辖市劳动行政部门可以根据本规定制定实施办法。

第十三条　本规定自1995年1月1日起施行。

9.3.3 女职工劳动保护的规定

我国关于女职工劳动保护的主要法律规定详见表9-4。

表9-4 女职工劳动保护主要法律规定

内容规定	法规名称和条款	违反相关规定的处罚规定或权利维护规定	法规名称和条款
不得安排女职工从事矿山井下、有毒有害、国家规定的第四级体力劳动强度的劳动和其他禁忌从事的劳动	《中华人民共和国劳动法》第59条	责令改正，并按每侵害一名女员工罚款3 000元以下的标准予以处罚	《违反〈中华人民共和国劳动法〉行政处罚办法》第12条第1款
女职工在怀孕期间，所在单位不得安排其从事国家规定的第三级体力劳动强度的劳动和孕期禁忌从事的劳动	《中华人民共和国劳动法》第61条	责令改正，并按每侵害一名未成年工罚款3 000元以下的标准予以处罚	《违反〈中华人民共和国劳动法〉行政处罚办法》第13条
对怀孕7个月以上（含7个月）的女职工，一般不得延长工作时间或安排其从事夜班劳动	《中华人民共和国劳动法》第61条	责令改正，并按每侵害一名未成年工罚款3 000元以下的标准予以处罚	《违反〈中华人民共和国劳动法〉行政处罚办法》第13条

（续表）

<table>
<tr><th>内容规定</th><th>法规名称和条款</th><th>违反相关规定的处罚规定或权利维护规定</th><th>法规名称和条款</th></tr>
<tr><td>女职工生育享受不少于 90 天的产假</td><td>《中华人民共和国劳动法》第 62 条</td><td rowspan="4">用人单位违反本规定第六条第二款、第七条、第九条第一款规定的，由县级以上人民政府人力资源社会保障行政部门责令限期改正，按照受侵害女职工每人 1 000 元以上 5 000 元以下的标准计算，处以罚款。
用人单位违反本规定附录第一条、第二条规定的，由县级以上人民政府安全生产监督管理部门责令限期改正，按照受侵害女职工每人 1 000 元以上 5 000元以下的标准计算，处以罚款。用人单位违反本规定附录第三条、第四条规定的，由县级以上人民政府安全生产监督管理部门责令限期治理，处 5 万元以上 30 万元以下的罚款；情节严重的，责令停止有关作业，或者提请有关人民政府按照国务院规定的权限责令关闭</td><td rowspan="4">《女职工劳动保护特别规定》第 13 条</td></tr>
<tr><td>女职工生育享受 98 天产假，其中产前可以休假 15 天；难产的，增加产假 15 天；生育多胞胎的，每多生育 1 个婴儿，增加产假 15 天。
女职工怀孕未满 4 个月流产的，享受 15 天产假；怀孕满 4 个月流产的，享受 42 天产假</td><td>《女职工劳动保护特别规定》第 7 条</td></tr>
<tr><td>对哺乳未满 1 周岁婴儿的女职工，用人单位不得延长劳动时间或者安排夜班劳动
用人单位应当在每天的劳动时间内为哺乳期女职工安排 1 小时哺乳时间；女职工生育多胞胎的，每多哺乳 1 个婴儿每天增加 1 小时哺乳时间</td><td>《女职工劳动保护特别规定》第 9 条</td></tr>
<tr><td>不得安排女职工在哺乳未满一周岁的婴儿期间从事国家规定的第三级体力劳动强度的劳动和哺乳期禁忌从事的其他的劳动，不得安排其延长工作时间或从事夜班劳动</td><td>《中华人民共和国劳动法》第 63 条</td></tr>
</table>

9.3.4 职业安全事故预防对策

企业安全事故的管理重在防范，企业为防止安全事故的发生可采取如表9-5所示的预防对策。

表9-5 职业安全事故预防对策

预防项目	预防对策
机械设备管理	◆ 及时、有效地进行机械设备的保养和维护，为机械增加防护物，进行定期检查等
个人防护	◆ 个人防护主要是对头、眼睛、面部、脚、腿等的防护。其他防护包括穿工作服戴防护手套等
消除不安全动作	◆ 加强安全教导及职前训练，举行安全讲座会议和活动，加强对员工安全操作规程的检查
开展安全教育	◆ 开展三级安全教育，即开展公司、部门和岗位三级针对安全的培训 ◆ 开展日常教育，即开展日常安全常识的教育 ◆ 开展专门教育，即针对特殊岗位和特殊机器进行的安全教育
其他	◆ 保证工作间休，指定专门吸烟场所，在危险处张贴标语、漫画，建设有序、合理的工作环境，进行合理的工厂布局，提供正常、有益的休闲及娱乐场地与设施等

9.4 关键点3：人事外包管理

9.4.1 实行人事外包原因分析图

人事外包是指企业根据需要将某一项或几项人力资源管理工作或职能外包出去，交由其他企业或组织进行管理。企业实行人事外包的主要原因如图9-3所示。

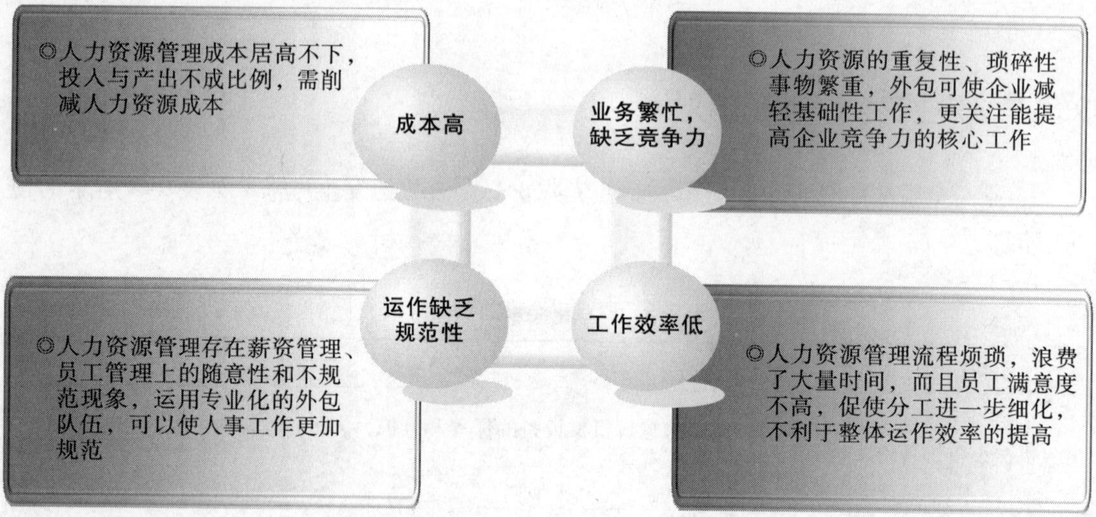

图 9-3　企业实行人事外包的原因分析

9.4.2　人事外包具体事项统计表

具体事项	相关说明
代理企业招聘工作	◎ 代理企业利用自身专业的优势，通过各种渠道（如招聘会、互联网、海报、招聘专栏等）发布招聘广告，为用人单位搜集、推荐、代招所需专业人才
代办员工入职手续	◎ 为用人单位代办员工的入职手续，包括应届毕业生就业申报、社会人员招聘、劳动合同签订、员工入职信息备案等
人事关系和档案管理	◎ 代理企业承担用人单位员工的人事档案管理、出具人事证明、工作调动手续、档案传递等工作
代办工资发放、个税申报	◎ 代理企业承担用人单位员工工资的发放工作和员工个人所得税的申报工作，负责办理相关的手续
代办保险和公积金	◎ 代理企业承担用人单位的社会保险（包括工商、养老、医疗、失业、生育等）的参保、变动手续和住房公积金增减手续的代办工作
事故和纠纷的处理	◎ 代理企业负责处理用人单位发生的工伤事故和产生的劳动纠纷工作，代办各种劳动仲裁和劳动诉讼等
代办员工离职手续	◎ 代理企业代办由于用人单位员工劳动合同期满不再续签、合同期内辞职、辞退或解除劳动合同等的解聘、退工等有关手续

（续表）

具体事项	相关说明
提供人力资源专业咨询	◎ 为用人单位提供人事劳动有关政策法规等方面的咨询服务，提供人力资源管理技术（如招聘、培训、薪酬、绩效等方面）的专业咨询服务
其他方面的代理服务	◎ 代理企业还可以提供职业生涯管理、员工体检、员工文化活动等用人单位认为可以进行人事代理的服务

9.4.3 进行人事外包的操作程序

确定外包内容

◎ 用人单位分析企业本身的核心人力资源管理职能，确定可以进行人事外包的具体内容

↓

考察服务供应商

◎ 用人单位人力资源部通过考察3～5个备选供应商的资质、信誉、经验等，分析服务供应商的综合服务能力

↓

确定服务供应商

◎ 用人单位人力资源部在对供应商进行综合分析的基础上选择综合能力最强的供应商

↓

进行委托服务洽谈

◎ 用人单位与选定的服务供应商就委托的具体内容进行协商和谈判，并确定委托合同的具体内容

↓

签订《人事外包合同》

◎ 用人单位与服务供应商依法签订《人事外包合同》，明确双方的权利、义务和应承担的法律责任

↓

执行《人事外包合同》

◎ 用人单位与服务供应商按照已签订的《人事外包合同》行使权利、义务

9.4.4 人事外包方式的关节点

人事外包方式的关节点具体如图 9-4 所示。

外包方式	关节点
全面人事职能外包	◎ 是指将企业绝大部分的人事职能包给服务商去完成的外包方式 ◎ 目前实行全面人事职能外包的只要是小型企业，原因为小型企业的人事职能相对简单
部分人事职能外包	◎ 是目前企业普遍采用的人事外包方式 ◎ 企业根据自身的实际需要，将特定的人事活动外包出去，同时在企业内部保留一些人力资源职能
人事职能人员外包	◎ 是指企业保留所有人事职能，但让一个外部服务商来提供维持企业内部人事职能运作的人员 ◎ 企业常常要求外部服务商雇用现有的人事工作人员
分时外包	◎ 企业计划系统和设备的使用时间，由服务商提供技术人员，集中处理企业人事事务 ◎ 采用分时外包关键要做好企业资源的分配计划

图 9-4　人事外包方式的关节点示意

9.5 关键点 4：劳务派遣管理

9.5.1 劳务派遣主体间关系分析图

劳务派遣是一种人事服务业务，该业务模式的特点是：劳务派遣单位“招人不用人”，用工单位“只用人不招人”。劳务派遣单位、用工单位和被派遣劳务人员三方构成了既相互联系又相互独立的劳务派遣体系。劳务派遣各主体之间的关系如图 9-5 所示。

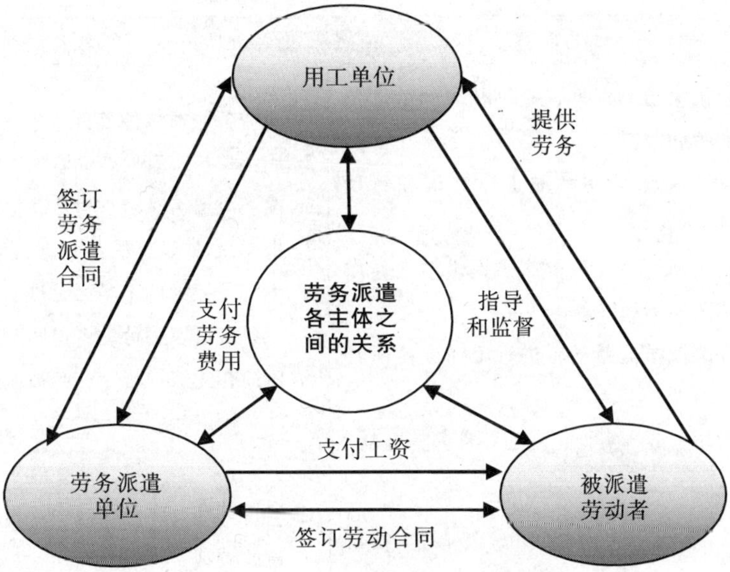

图9-5　劳务派遣各主体之间的关系

9.5.2　劳务派遣各主体权利义务表

主体	义务	权利
劳务派遣单位	1. 应将劳务派遣协议的内容、派遣岗位、派遣期限、劳动报酬等事项告知被派遣劳动者 2. 劳务派遣单位不得克扣用工单位照劳务派遣合同支付给被派遣劳动者的报酬 3. 被派遣劳动者在无工作期间，劳务派遣单位应当按照所在地人民政府规定的最低工资标准向其按月支付费用 4. 对被派遣劳动者负有保护照顾、办理社会保险等义务 5. 向被派遣劳动者支付解除、终止劳动合同的经济补偿的义务	与用工单位签订劳务派遣协议的权利

（续表）

主体	义务	权利
用工单位	1. 执行国家劳动标准，提供相应的劳动条件和劳动保护 2. 告知被派遣劳动者的工作要求和劳动报酬 3. 支付加班费、绩效奖金，提供与工作岗位相关的福利待遇 4. 对在岗被派遣劳动者进行工作岗位所必需的培训 5. 连续用工的，实行正常的工资调整机制	1. 与劳务派遣单位签订劳务派遣协议的权利 2. 用工单位享有对劳动者的指挥监督的权利 3. 向被派遣劳动者支付劳动报酬的权利 4. 根据《中华人民共和国劳动合同法》第三十九条和第四十条第一项、第二项规定，用工单位可以将劳动者退回劳务派遣单位 5. 依照相关法律规定，与被派遣劳动者解除劳动合同的权利
被派遣劳动者	1. 根据劳动合同要求完成工作任务的义务 2. 提高职业技能的义务 3. 遵守职业道德和劳动纪律的义务 4. 执行劳动安全卫生规程的义务	1. 签订劳动合同，获取劳动报酬，参加社会保险的权利 2. 在用工单位获得劳动保护、接受培训的权利 3. 劳务派遣合同的知情权（包括派遣岗位、派遣期限、劳动报酬、社会保险费的数额等） 4. 选择参加工会组织的权利 5. 与被派遣单位劳动者同工同酬的权利 6. 与劳务派遣单位协商解除劳动合同的权利

9.5.3 劳务派遣管理规定

下面是某企业制定的劳务派遣管理规定，供读者参考。

<table>
<tr><td rowspan="2">规定名称</td><td colspan="3" rowspan="2">企业劳务派遣管理规定</td><td>规定编号</td><td></td></tr>
<tr><td>受控状态</td><td></td></tr>
<tr><td>执行部门</td><td></td><td>监督部门</td><td></td><td>生效日期</td><td></td></tr>
<tr><td colspan="6">第 1 章　总则
第 1 条　目的
为了增强企业依法管理的规范性和员工遵纪守法的自觉性，维护本企业、用工单位和被派遣员工三方利益，依据《中华人民共和国劳动合同法》及其他相关规定，结合本企业劳务派遣管理实际情况，特制定本规定。</td></tr>
</table>

（续）

第2条　适用范围

本规定适用于企业劳务派遣用工单位的选择、劳动关系管理、劳动报酬和福利待遇管理、社会保险管理和派遣终止及派遣人员的退回管理等工作。

第2章　用人单位的选择

第3条　用人单位由企业人力资源部负责选择并确定。

第4条　企业人力资源部负责处理用工单位和被派遣人员对用人单位的投诉，每年对用人单位服务质量进行一次综合评估。

第5条　在评估中由企业人力资源部对未达到劳务被派遣协议书约定基本服务标准的用人单位进行督导，连续两次或累计三次被督导的用人单位将被终止合作关系。

第6条　为确保服务质量，向用工单位提供劳务派遣服务的用人单位由企业根据用人单位以往的业绩、行业经验等综合服务能力指定，由用工单位与用人单位签订劳务派遣协议书，各部门不得自行选择。

第3章　劳动关系管理

第7条　被派遣人员的人事及劳动关系均隶属于用人单位，所有与人事及劳动关系相关事宜均由用人单位负责。

第8条　派遣期限由企业与用人单位按照劳务派遣协议书约定确定。派遣期限一般不少于10个月。

第9条　企业可以为被派遣人员设定试用期，试用期期限根据派遣期确定且计入派遣期。试用期设定具体为：大专及以上学历的，试用期为三个月；无学历的岗位操作工，试用期为一个月。

第10条　被派遣人员的党、团关系由用人单位负责。用人单位应按有关规定为被派遣人员每年至少组织一次团员活动或党员民主生活会等党的活动。

第11条　被派遣人员的档案由用人单位负责管理。档案管理应按照人事档案管理标准，由用人单位负责收集、甄别、整理、归档、装订、保管、转移等工作，做到规范管理、妥善保存。企业应积极配合用人单位，提供档案管理所需资料。

第4章　劳动报酬与福利待遇管理

第12条　企业应按照被派遣人员的工作岗位，根据岗位要求和当地劳动力市场价格，会同用人单位合理确定被派遣人员的劳动报酬标准及其试用期间的劳动报酬，并在《劳务派遣协议书》中列明。

第13条　被派遣人员试用期内的劳动报酬不得低于约定工资的80%，并不得低于被派遣人员工作所在地人民政府规定的最低工资标准。

第14条　被派遣人员的劳动报酬以银行卡打卡形式支付，工资发放日一般为每月5日（遇节假日顺延）。

第15条　被派遣人员的工资、奖金、加班费、社会保险费、意外伤害保险费、团体医疗保险费及以货币形式支付的津补贴等，由企业以劳务费的形式转账给企业与用人单位签订的托管协议指定账户。用人单位负责薪酬发放、社会保险费缴纳、个人所得税代扣代缴、意外伤害保险费及团体医疗保险费缴纳等。

（续）

第16条 被派遣人员的福利由用工单位规定并发放。

第17条 企业应依法向被派遣人员提供符合政府有关劳动保护规定的工作场所、工作条件。被派遣人员从事有职业危害工作的，企业应依照国家相关政策提供职业危害防护，并在派遣期内安排对其进行职业健康检查以及按国家规定保证派遣人员的休息休假。

第18条 被派遣人员各种休假、旷工及因工培训期间的薪酬待遇由企业人力资源部根据政府有关规定及参照企业薪酬管理制度，并抄予用人单位备查。

第19条 企业按照整体安排调整员工工资时，对连续使用的被派遣人员按正常机制调整。对被派遣人员的人数、工资、奖金、加班费、津补贴、社会保险费、福利费及人身意外伤害和医疗保险费等，人力资源部相关负责人按企业人力资源管理要求单列统计、分项载明。

第20条 企业人力资源部根据相关法律要求及企业实际对派遣人员的社会保险进行管理，具体管理如下。

1. 用工单位应当按照社会保险经办机构规定，按月为被派遣人员支付法定社会保险参保费用，由用人单位负责及时办理参保手续和缴纳相关费用。

2. 社会保险缴纳基数，由用工单位按约定在《劳务派遣协议书》中列明。社会保险缴费基数按当地社保机构规定执行，但不得低于当地的最低缴费基数。

3. 被派遣人员在派遣期间发生工伤的，用工单位应在事发24小时内立即电话或书面通知用人单位，并及时将受伤的被派遣人员送往工伤治疗医院治疗。需要垫付医疗费用的，可由用工单位垫付，治疗结束后再进行报销。

4. 被派遣人员的工伤认定申请和伤残等级鉴定申请由用人单位负责（鉴定费由用人单位承担）办理。

5. 被派遣人员的工伤待遇除由社会保险基金及劳务派遣协议书约定的团体保险支付的保险赔偿金额外，不足的部分由用工单位承担。

6. 被派遣人员工伤医疗期间及确认为丧失或部分丧失劳动能力的，用人单位与用工单位应主动协作，共同按照国家有关政策规定和用工单位内部规章制度妥善处理。

7. 为分散用工单位工伤、医疗“空档期”风险，用工单位可根据岗位风险需要，员工入厂时应及时向用人单位预警。

8. 用工单位向用人单位支付了人身意外伤害保险和医疗保险费后，若因用人单位原因未及时办理参保手续而发生事故应由保险公司支付的赔偿费用由用人单位承担。

9. 用工单位向用人单位提供了当月劳务派遣新增人员信息且用人单位已经申报社会保险费用后，若被派遣人员离职且社会保险经办机构不予退费时，已产生的社会保险费用由用工单位承担。

10. 被派遣人员派遣期届满后，社会保险关系的转移等手续由用人单位负责办理。

第5章 派遣终止及被派遣人员的退回管理

第21条 用工单位可将存在如下情形的被派遣人员退回用人单位，且无须向用人单位支付经济补偿，但应提前5个工作日以书面形式通知用人单位，用人单位应配合用工单位提供相应证据和依据。

（续）

1. 被派遣人员在试用期内被发现不符合录用条件的；

2. 被派遣人员严重违反用工单位的规章制度和劳动纪律的；

3. 被派遣人员严重失职、营私舞弊，给用工单位的利益造成重大损害的；

4. 被派遣人员与第三方建立劳动关系，对用工单位工作造成严重影响，或经用工单位提出拒不改正的；

5. 被派遣人员被司法机关依法追究刑事责任的；

6. 被派遣人员以欺诈或胁迫的手段，致使用人单位在违背真实意思的情况下订立或变更劳动合同的；

7. 其他符合政策规定的情形。

第22条　用工单位可将存在如下情形的被派遣人员退回用人单位，但应提前35日通知用人单位，并向用人单位支付经济补偿。

1. 被派遣人员因病或不是因工负伤的医疗期满后，不能从事原工作，也不能从事用工单位另行安排的工作的；

2. 用工单位提供的证据证明被派遣人员不能胜任派遣岗位工作，且经用工单位调岗或培训后仍不能胜任工作的；

3. 经用工单位、用人单位和被派遣人员协商，达成书面协议同意解除派遣的；

4. 被派遣人员的派遣期限届满而终止派遣的；

5. 本协议订立时所依据的客观情况发生重大变化，致使用工单位接收被派遣人员的条件不复存在的。

第23条　被派遣人员提起仲裁、诉讼时，经仲裁委员会或法院认定，用工单位提供的资料及证据存在不实或不足时，用工单位应按要求予以核实、补充。

第24条　被派遣人员与用人单位发生劳动争议或法律纠纷时，由用人单位负责处理，用工单位劳动争议调解委员会予以配合。

第25条　因争议或纠纷产生的赔偿金、经济补偿金及诉讼费等按劳务派遣协议书约定办理。

第26条　用工单位可将达到法定退休年龄或已经开始享受基本养老保险待遇的被派遣人员退回用人单位。

第27条　被派遣人员退休手续由用人单位负责办理并负责退休后管理。退休人员社会化管理机构收取的社会化管理费和政府医疗保险经办机构收取的已退休被派遣人员补充医疗保险费按劳务派遣协议书约定办理。

第28条　对于存在下列情形的被派遣人员，用工单位不得终止或解除使用，并不得退回用人单位。

1. 从事接触职业病危害作业而未进行离岗前职业健康检查或者疑似职业病在诊断或医学观察期间的；

2. 在用工单位患职业病或因工负伤并被确认丧失或部分丧失劳动能力的；

（续）

3. 患病或非因工负伤，在医疗期内的；

4. 女性被派遣人员在孕期、产期、哺乳期内的；

5. 法律法规规定的其他情形。

第29条　被派遣人员因以下原因提出与用人单位解除劳动合同并根据劳务派遣协议书规定应得的经济补偿金及依法所得的赔偿金由用工单位最终承担。

1. 用工单位未按照法律规定或本合同的约定提供劳动保护和劳动条件的；

2. 因用工单位原因未能及时向用人单位足额支付劳动报酬的；

3. 因用工单位原因未依法向用人单位支付社会保险费的；

4. 用工单位的规章制度违反法律、法规的规定，损害劳动者权益的。

第30条　被派遣人员派遣期限届满前，用工单位如继续使用该人员的，应在派遣期限届满前15日内书面通知用人单位。

第31条　用工单位接到被派遣人员的离职通知后，应在5日（如遇国家法定节假日顺延）内书面告知用人单位并将经被派遣人员本人签字的辞职申请或其他证据资料交用人单位。

第32条　被派遣人员向用人单位提出解除或终止劳动合同的，按劳务派遣协议书约定办理。

第6章　附则

第33条　本规定由公司人力资源部制定，解释权和修改权归人力资源部所有。

第34条　本规定由公司总经理审批通过后自发布之日起执行。

编制日期		审核日期		批准日期	
修改标记		修改处数		修改日期	

9.6　关键点5：劳动争议处理

9.6.1　劳动争议处理范围图解

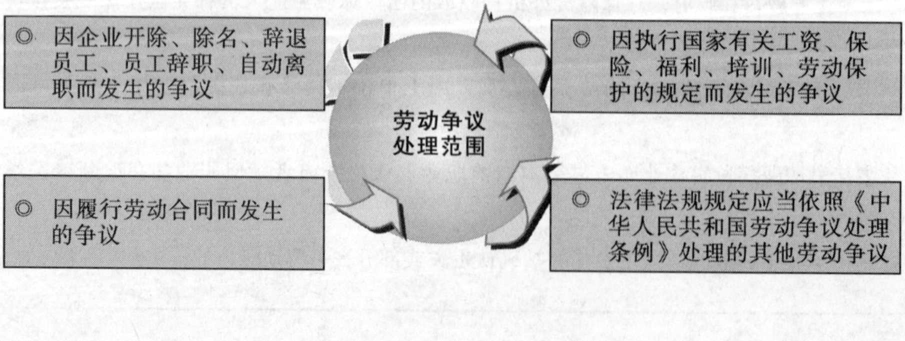

9.6.2 劳动争议处理方式图解

协商解决	◎ 协商主体：当事人双方 ◎ 也可由工会或第三方共同协商
企业调解	◎ 协商主体：当事人双方，调解组织 ◎ 可作为调节的组织有：企业劳动争议委员会，依法设立的基层人民调解组织等
劳动仲裁	◎ 协商主体：当事人双方，劳动争议仲裁委员会 ◎ 劳动争议由劳动合同履行地或用人单位所在地的劳动争议仲裁委员会管辖
提起诉讼	◎ 协商主体：原告、被告，人民法院 ◎ 劳动争议当事人对仲裁裁决不服的，可以自收到仲裁裁决书之日起15日内向人民法院提起诉讼

9.6.3 劳动争议处理管理制度

下面是某企业制定的劳动争议处理管理制度，供读者参考。

制度名称	企业劳动争议处理管理制度			规定编号	
				受控状态	
执行部门		监督部门		生效日期	

第 1 章　总则

第 1 条　目的

为了进一步加强公司人事档案管理工作，保护企业与员工双方的合法权益，维护正常的生产经营秩序，培养良好的劳动关系，依据国家相关法律法规，并结合企业劳动关系的实际情况，特制定本制度。

（续）

第 2 条　适用范围

本制度适用于公司与员工之间劳动争议的处理，主要包括如下内容。

1. 因企业开除、除名、辞退员工和员工辞职、自动离职发生的争议。

2. 因执行有关工资、保险、福利、培训、劳动保护的规定发生的争议。

3. 因履行劳动合同发生的争议。

4. 法律、法规规定的应当受理的劳动争议。

第 2 章　劳动争议预防

第 3 条　各部门管理人员应及时了解下属员工的情绪和劳动关系矛盾，并协同人力资源部采取有效措施，以防患于未然。

第 4 条　人力资源部应广开言路，积极深入企业员工生活、工作中，了解企业员工的整体思想动态。

第 5 条　公司应对现有劳动关系形式进行分析，预见可能发生的劳动纠纷问题，及时加以了解和解决。

第 3 章　劳动争议协商

第 6 条　劳动争议或纠纷发生后，双方当事人可在合法及兼顾双方利益的前提下进行协商。

第 7 条　协商的目的是使双方自愿达成协议、解决争议、消除隔阂、加强团结，防止事态进一步恶化。

第 8 条　任何一方都不能强迫对方进行协商，一方不愿协商或协商不成的，可以申请调解；调解不成的，可以向劳动争议仲裁委员会申请仲裁，当事人也可以直接向劳动争议仲裁委员会申请仲裁；对仲裁裁决不服的，可以向人民法院起诉。

第 4 章　劳动争议调解

第 9 条　在协商无效的情况下，劳资纠纷双方进入劳动纠纷调解程序。

第 10 条　公司设立劳动争议调解委员会，负责调解本公司发生的劳动争议。

第 11 条　劳动争议调解委员会调解劳动争议，应当自当事人申请调解之日起 30 日内结束，到期未结束的，视为调解不成。

第 12 条　劳动争议调解委员会接到调解申请后，对其进行审查，确定是否受理。

第 13 条　经审查决定受理的劳动争议，劳动争议调解委员会以书面形式通知双方当事人，说明调解的时间、地点，若不受理，应向当事人说明原因。

第 14 条　调查委员会向双方当事人调查，听取双方当事人的意见和要求，搜集有关证据。

第 15 条　调查委员会委员召开全体会议，对调查取证材料进行分析整理，确定调解方案和调解意见。

第 16 条　劳动争议调解委员会在查明事实、分清责任的基础上，根据争议的轻重程度等具体情况对当事人进行当面调解，也可在调查过程中试行调解。

第 17 条　劳动争议调解委员会调解劳动争议时应当遵循当事人双方自愿的原则，经调解达成协议的，制作调解协议书，调解不成的，当事人在规定时间内可以向劳动争议仲裁委员会申请仲裁。

（续）

第18条　有下列情况之一者，可视为调解申请结束。

1. 申请调解的当事人撤回申请。

2. 经调解双方当事人达成协议，并签署调解协议书。

3. 调解不成。

4. 自当事人申请调解之日起30天内未调整结束。

第5章　仲裁与诉讼

第19条　调解不成的，向当地市劳动纠纷仲裁委员会申请仲裁。劳动争议申请仲裁的时效期为1年。

第20条　对仲裁裁决不服的，可以在收到仲裁裁决书之日起15日内向人民法院提起诉讼。

第6章　附则

第21条　本制度由公司人力资源部制定，解释权和修改权归人力资源部所有。

第22条　本制度由公司总经理审批通过后自发布之日起执行。

编制日期		审核日期		批准日期	
修改标记		修改处数		修改日期	

9.6.4　劳动争议风险规避指引手册

下面是某企业制定的劳动争议风险规避指引手册，如下所示。

<table>
<tr><td rowspan="2">制度名称</td><td rowspan="2" colspan="3">劳动争议风险规避指引手册</td><td>规定编号</td><td></td></tr>
<tr><td>受控状态</td><td></td></tr>
<tr><td>执行部门</td><td></td><td>监督部门</td><td></td><td>生效日期</td><td></td></tr>
<tr><td colspan="6">

一、劳动争议风险规避指引手册前言

（略）

二、劳动争议管理制度

（略）

三、劳动争议情形的明确

劳动争议的情形主要有：因确认劳动关系发生的争议；因订立、履行、变更、解除和终止劳动合同发生的争议；因企业开除、除名、辞退员工和员工辞职、自动离职而发生的争议；因工作时间、休息休假、社会保险、福利、培训以及劳动保护发生的争议；因劳动报酬、工伤医疗费、经济补偿或者赔偿金等发生的争议；法律法规规定的其他劳动争议。

</td></tr>
</table>

（续）

<table>
<tr><td colspan="6">

四、预防劳动争议风险规避指引

（一）企业规章制度方面。应建立健全企业规章制度，确保制定规章制度的程序和内容合法合规性。

（二）劳动合同签订方面。首先，员工入职时，应对其进行离职调查，了解该待聘员工的离职真实性及是否存在未了解的劳资纠纷，以便降低劳动用工风险。其次，劳动合同条款应按照劳动法律、法规制定，避免出现条款无效的情形。

（三）员工入职培训方面。员工入职时，必须要学习公司规章制度，每次学习都要由员工对学习内容进行书面确认，以便尽到企业的告知义务，存档备查，发生劳动争议时，便于案件处理。

（四）薪资福利方面。

在薪资福利方面，企业应从以下几点入手规避劳动争议的风险。

1. 企业要及时发放员工工资、提供福利，反之应取得职工代表大会、工会认可，做好员工的安抚工作，并及时公示公告。

2. 对于不愿意购买社会保险的员工或不愿意将外地社会保险转入本地的员工，建议采取劳务派遣方式，尽量将风险转移出去。

3. 如果必须和员工签订劳动合同，社会保险仍可以委托当地人力资源公司代为购买，目前劳动部门一般认可这种方式。

4. 如果员工拒绝购买社会保险，则应由员工本人说明原因，并做出承诺，尽管这种承诺未必有效，但至少可以应对劳动部门的检查，同时发生劳动争议时，也有理可辩，避免措手不及。

（五）奖惩方面。对于奖励，应按制度执行，以避免奖金数额方面的争议。对于处罚，也应严格按制度执行，做到有理有据，并征求工会意见，同时要求该员工进行书面确认，如员工拒绝签字，则宜用手机短信、邮件告知其本人，必要时可采用快递。并应在企业公告栏张贴告示，拍照作为证据使用。

五、处理劳动争议风险规避指引

处理劳动争议时，企业应从以下几点入手规避劳动争议的风险。

1. 一旦发生劳动争议，应首先分析劳动争议产生的原因和利弊，如果对企业明显不利，则应与员工说明相关情况，争取协商处理；如属于员工问题，则应坚决抵制。

2. 在劳动仲裁或诉讼阶段，应注重证据，因为根据现行法律法规，很大程度上是企业承担举证责任，此时员工档案管理工作的重要性就显得尤为突出了。

3. 做好与仲裁机构、法院的沟通工作，企业确实违法的地方，应坦然承认，并及时改正，配合案件顺利进行；员工违法的地方，应坚决指出，争取使企业的做法得到审理人员的认可和理解。

4. 企业面对劳动争议案件，一般可采取战术性的拖延。

5. 对于群体劳动争议，应根据实际情况，以降低企业损失、影响为宗旨，分阶段地分化利益群体，实行能调则调、能裁则裁的措施。

</td></tr>
<tr><td>编制日期</td><td></td><td>审核日期</td><td></td><td>批准日期</td><td></td></tr>
<tr><td>修改标记</td><td></td><td>修改处数</td><td></td><td>修改日期</td><td></td></tr>
</table>

9.7 关键点6：员工满意度管理

9.7.1 员工满意度调查流程图

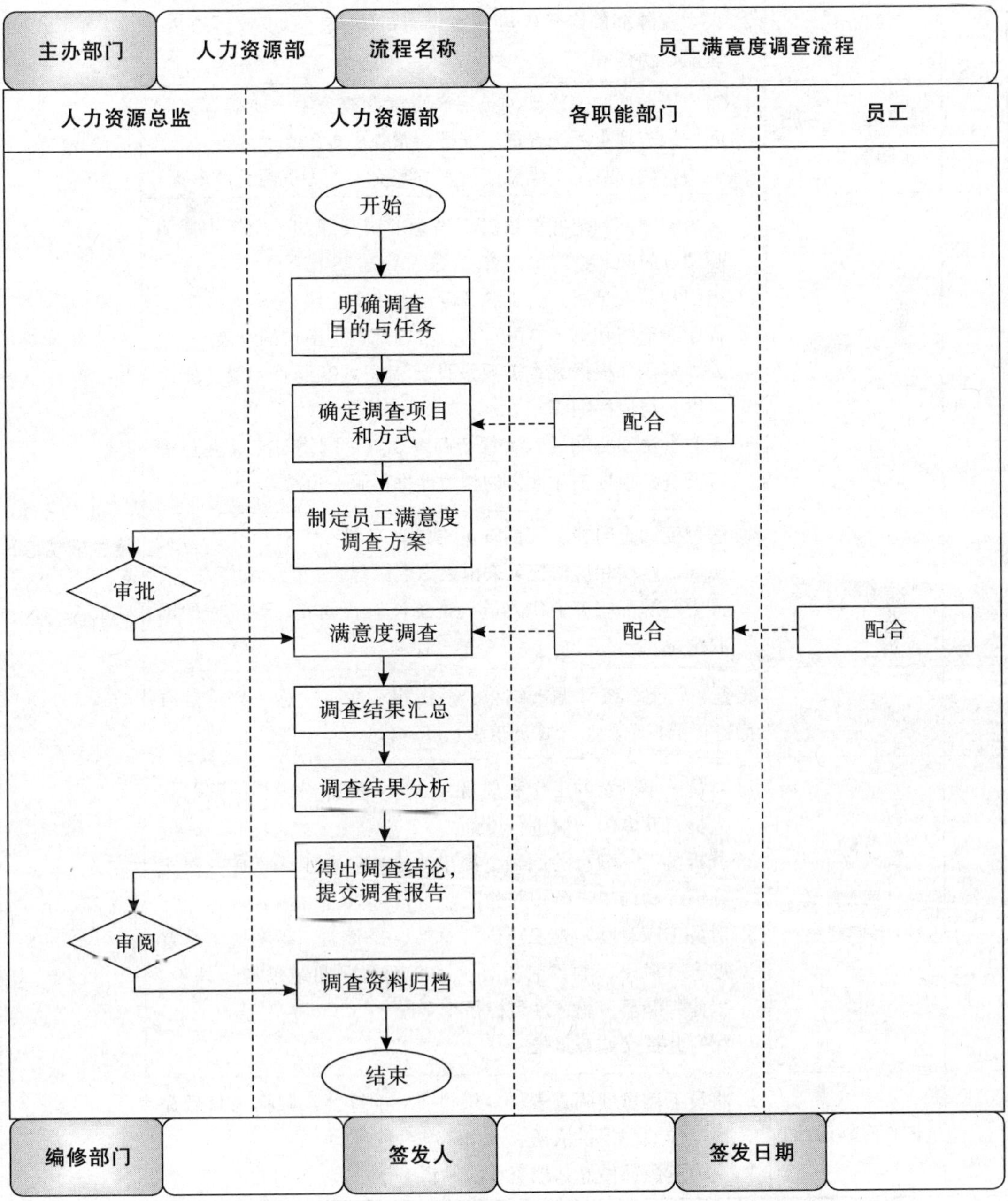

9.7.2 员工满意度管理工作标准

序号	工作事项	工作执行标准	执行工具
1	确定调查项目和方式	1. 确定员工满意度调查项目，如员工对工作环境的满意度、对工资的满意度等 2. 人力资源部确定员工满意度调查的方式，如发放调查表、座谈、访谈等	《员工满意度管理规范》 "员工满意度调查问卷"
2	制定员工满意度调查方案	1. 人力资源部制定详细的员工满意度调查方案，明确调查时间、调查地点、调查进度安排、调查成本预算等内容 2. 人力资源部将员工满意度调查方案交由人力资源总监审批	
3	满意度调查	1. 人力资源部制定并发出员工满意度调查通知，通知中需明确调查时间、方式等内容 2. 组织相关人员召开员工满意度调查工作会议 3. 各职能部门和员工需配合人力资源部调查工作的开展 4. 人力资源部根据调查需要设计员工满意度调查问卷、座谈提纲、访谈提纲等 5. 人力资源部实施员工满意度调查要点：围绕员工关注点进行调查；根据工作性质的相关性进行服务追踪	
4	调查结果汇总	1. 满意度调查问卷由被调查员工的上级领导汇总后交人力资源部。座谈和访谈记录表由人力资源部统一记录和汇总 2. 人力资源部相关工作人员负责统计调查问卷、记录表的回收情况	
5	调查结果分析	检查、归类、统计调查结果，从图表、文字、总体评价等方面进行数据分析，计算员工满意度评分	
6	得出调查结论，提交调查报告	1. 对员工不满意的工作和项目，人力资源部组织相关部门和人员召开专门会议进行讨论 2. 分析员工不满意的原因，提出改进措施并组织实施，对实施情况和结果进行跟踪验证 3. 对员工满意度调查工作进行总结，并与上一年度员工满意度进行对比，对目前的员工满意度情况和结果进行评价，以此判断员工满意度目标是否实现 4. 撰写并提交调查报告	
7	调查资料归档	1. 将员工满意度调查表、分析报告、计算公式归档为日后提高工作效率提供依据 2. 人力资源部做好归档资料的保管工作	

9.7.3 员工满意度调查问卷

以下是某企业的员工满意度调查问卷，供读者参考。

<table>
<tr><td rowspan="2">文书名称</td><td colspan="3" rowspan="2">企业员工满意度调查问卷</td><td>规定编号</td><td></td></tr>
<tr><td>受控状态</td><td></td></tr>
<tr><td>执行部门</td><td></td><td>监督部门</td><td></td><td>生效日期</td><td></td></tr>
<tr><td colspan="6">

此次问卷调查的目的是为了了解公司目前的员工满意度现状，调查结果作为评价及改善公司管理工作的依据。公司对问卷调查的信息只作统计使用并严格保密。感谢您的积极参与！

调查问卷说明

1. 本次调查采用不记名的方式进行。

2. 本调查问卷表共有45道题目，请认真填写。

请选择您的部门（打“√”）

□ 生产部 □ 工程部 □ 品质部 □ 设备部 □ 财务部 □ 销售部 □ 人事部 □ 采购部 □ 市场部

您的职务是：________________。

您在公司的工作年限______________。

1. 您认为公司的管理制度完善、规范、合理（ ）

A. 非常同意 B. 同意 C. 不确定 D. 部分不同意 E. 非常不同意

2. 您认为公司的管理制度能否得到严格的执行和落实（ ）

A. 是 B. 基本是 C. 大部分情况是 D. 不是 E. 不知道

3. 您认为现行考勤制度是否合理？若不合理，请说明原因（ ）

A. 合理 B. 不合理，原因：

4. 公司内部处理日常事务是否有序（ ）

A. 非常有序 B. 一般 C. 比较混乱 D. 极其混乱 E. 不知道

5. 您认为目前公司的工作环境（ ）

A. 很好 B. 较好 C. 一般 D. 较差 E. 很差

6. 工作时间的安排（ ）

A. 很合理 B. 较合理 C. 一般 D. 较不合理 E. 很不合理

7. 您清晰了解您的岗位职责吗（ ）

A. 完全了解 B. 基本了解 C. 不太了解 D. 不了解 E. 很不了解

8. 如果您对当前的岗位职责理解尚不清晰，其原因是什么（ ）

A. 没有明确的岗位要求

B. 上级对自己的工作范围界定不明确

</td></tr>
</table>

（续）

C. 工作变动频繁，导致岗位不稳定

D. 与本岗位无关的临时性工作太多，以至无所适从

9. 您对上级决定的赞同情况（　　）

A. 总是　　B. 经常　　C. 有时　　D. 极少　　E. 几乎从不

10. 公司管理层（您的上级）对您的工作非常了解（　　）

A. 非常同意　B. 同意　　C. 不确定　　D. 部分不同意　　E. 非常不同意

11. 公司管理层（您的上级）在工作上给予您有效帮助（　　）

A. 非常同意　B. 同意　　C. 不确定　　D. 部分不同意　　E. 非常不同意

12. 当您工作出色时上级是否对您表示赞赏（　　）

A. 总是　　B. 经常　　C. 有时　　D. 极少　　E. 几乎从不

13. 您认为哪些方式将有助于提高您的工作热情（　　）

A. 公平、及时、恰当的激励

B. 良好的工作氛围和团队协作精神

C. 加强内部竞争，实行员工的优胜劣汰

D. 不断参加培训，获得与岗位相关的知识

14. 工作中所需的资源和供给（　　）

A. 几乎总是能够及时供应

B. 经常能够及时供应

C. 有时

D. 经常不能

E. 几乎总是不能

15. 您认为工作的挑战性如何（　　）

A. 很有挑战性　　B. 较有挑战性　　C. 一般

D. 较无挑战性　　E. 无挑战性

16. 您认为自己的能力是否得到了充分发挥（　　）

A. 是　　B. 不太充分　C. 很不充分　D. 说不清楚

E. 没有让您施展的机会

17. 您的工作是否得到了领导及同事的认可（　　）

A. 非常认可　B. 较认可　　C. 一般　　D. 较不认可　E. 非常不认可

18. 您与同事的工作关系是否融洽（　　）

A. 很融洽　　B. 较融洽　　C. 一般　　D. 较不融洽　E. 很不融洽

19. 在需要相关部门合作的事务中，您认为各部门之间的责任界定（　　）

A. 非常明确　B. 比较明确　C. 不明确　　D. 非常不明确

E. 不太清楚

（续）

20. 您与其他部门的合作是否融洽（　　）
A. 很融洽　　B. 较融洽　　C. 一般　　D. 较不融洽　　E. 很不融洽
21. 您是否受多重领导（　　）
A. 总是　　B. 经常　　C. 有时　　D. 偶尔　　E. 没有
22. 您认为自己的才能在目前的岗位上能否得到发挥（　　）
A. 已经充分发挥　　B. 基本发挥　　C. 有些方面没有发挥　　D. 完全没有发挥
23. 您认为下列哪些方式能够更好地提高您的工作积极性和创造性（　　）
A. 收入提高　　B. 职务晋升　　C. 福利改善　　D. 有挑战性的工作
E. 培训机会　　F. 领导的认可　　G. 其他
24. 您与上级的沟通（　　）
A. 总是　　B. 经常　　C. 有时　　D. 很少　　E. 几乎不沟通
25. 公司沟通渠道的多样性与畅通性（　　）
A. 非常满意　　B. 满意　　C. 不确定　　D. 不满意　　E. 很不满意
26. 公司能够通过不同的方法，寻求员工关于管理上的意见（　　）
A. 同意　　B. 部分同意　　C. 不确定　　D. 有些不同意　　E. 不同意
27. 在工作中，您很容易应用到在培训中所学到的知识（　　）
A. 非常同意　　B. 同意　　C. 不确定　　D. 部分不同意　　E. 非常不同意
28. 总体而言，您对公司对您所在岗位提供的相关培训很满意（　　）
A. 非常同意　　B. 同意　　C. 不确定　　D. 部分不同意　　E. 非常不同意
29. 如果是技术认证培训，并且需要个人出资，您最大的承受能力是多少（　　）
A. 500 元以内　　B. 1 000 元以内
C. 如果该项培训对自己很重要，还可以承担更多
30. 您希望公司为您提供哪些方面的培训？
____。
31. 您是否赞同公司使用的工作业绩评价方法（　　）
A. 非常同意　　B. 同意　　C. 不确定　　D. 部分不同意　　E. 非常不同意
32. 您所在岗位得到的报酬相对其他公司来说（　　）
A. 极高　　B. 较高　　C. 一般　　D. 较低　　E. 很低
33. 除薪酬外，您最看重（　　）
A. 提高自己能力的机会　　B. 好的工作环境
C. 和谐的人际关系　　D. 工作的成就感　　E. 其他
34. 您认为当前公司人力资源管理方面的最大问题在什么地方（　　）
A. 招聘　　B. 培训　　C. 薪酬
D. 考评　　E. 其他____________________。

（续）

35. 您认为公司目前薪酬制度能够起到吸引人才的作用（　　）

A. 非常同意　B. 同意　C. 不确定　D. 部分不同意　E. 非常不同意

36. 您认为公司目前薪酬制度对员工具有激励性（　　）

A. 非常同意　B. 同意　C. 不确定　D. 部分不同意　E. 非常不同意

37. 您认为公司薪酬方面的管理制度完整规范（　　）

A. 非常同意　B. 同意　C. 不确定　D. 部分不同意　E. 非常不同意

38. 和付出的努力相比，公司给了您公平的薪酬福利（　　）

A. 非常同意　B. 同意　C. 不确定　D. 部分不同意　E. 非常不同意

39. 公司离职员工相当大的一部分是因为薪酬原因（　　）

A. 非常同意　B. 同意　C. 不确定　D. 部分不同意　E. 非常不同意

40. 您了解您的薪酬（工资、奖金、福利）是如何确定的（　　）

A. 非常同意　B. 同意　C. 不确定　D. 部分不同意　E. 非常不同意

41. 您的业绩能够对报酬产生较大影响（　　）

A. 非常同意　B. 同意　C. 不确定　D. 部分不同意　E. 非常不同意

42. 您最希望公司提供的其他福利是（　　）

A. 购房补贴　B. 购车补贴　C. 带薪休假

D. 股票期权　E. 其他，请注明____________________

43. 如果公司组织文体活动，您会（　　）

A. 积极参加　B. 参加　C. 公司有要求才参加，没要求则不参加

D. 不参加，您不想参加的原因：____

44. 您认为现任公司领导的优势是什么（可多选）（　　）

A. 年富力强　B. 知识丰富　C. 开拓创新　D. 有凝聚力　E. 较强的管理能力

F. 工作效率高　G. 尊重人才

H. 其他____________________

45. 您对公司的其他建议。

（1）____。

（2）____。

第10章

人员流动控制管理关键点

10.1 人员流动控制管理关键点分析

10.1.1 人员流动控制主要风险点

人员流动是指员工与企业相互选择而实现职业、岗位、就职企业等的变换。企业要加强对人员流动的控制，确保企业各项工作的有序进行，提高人力资源利用率，就需要对人员流动中可能存在的风险进行全面了解。企业需要关注的人员流动的主要风险如表 10-1 所示。

表 10-1 人员流动控制主要风险点说明

序号	风险点名称	风险点说明
风险点 1	人员流动控制体系建立风险	1. 未以企业的内外部环境为依据建立人员流动控制体系，导致人员流动控制体系不适应企业发展的要求 2. 未严格按照企业战略规划和人力资源发展规划建立人员流动控制体系，导致人员流动控制体系缺乏前瞻性
风险点 2	人员流入风险	1. 招聘人员缺乏法律知识，导致招聘广告和劳动合同等存在法律风险 2. 由于招聘过程中的信息不对称，导致招聘到不符合岗位需求的员工
风险点 3	人员内部流动风险	1. 企业未正确认识员工个人素质和各岗位的素质模型，致使人员内部流动过程中产生“人才—岗位”不匹配的问题 2. 人员内部流动的不合理性和不公平性，容易导致员工对企业制度产生质疑，形成逆反心理，降低工作效率
风险点 4	人员流出风险	1. 高层人才的流出，容易导致企业商业机密或核心技术的外泄 2. 企业知识型员工的流失，可能导致企业关键岗位的空缺 3. 大规模人才流失，特别是集体离职，会影响企业的正常生产，致使其他员工士气低落，增大招聘成本，影响企业信誉
风险点 5	人员流动控制风险	1. 企业未及时、合理地对员工进行激励，容易引起人才的大规模流动 2. 不合适的人员流入、不合理的内部人员流动和大规模的人员流失，都会导致人员流动成本提高（替换或招聘成本、培训成本和管理成本等）

10.1.2 人员流动控制三大流程图

1. 人员流动管理体系建立流程图

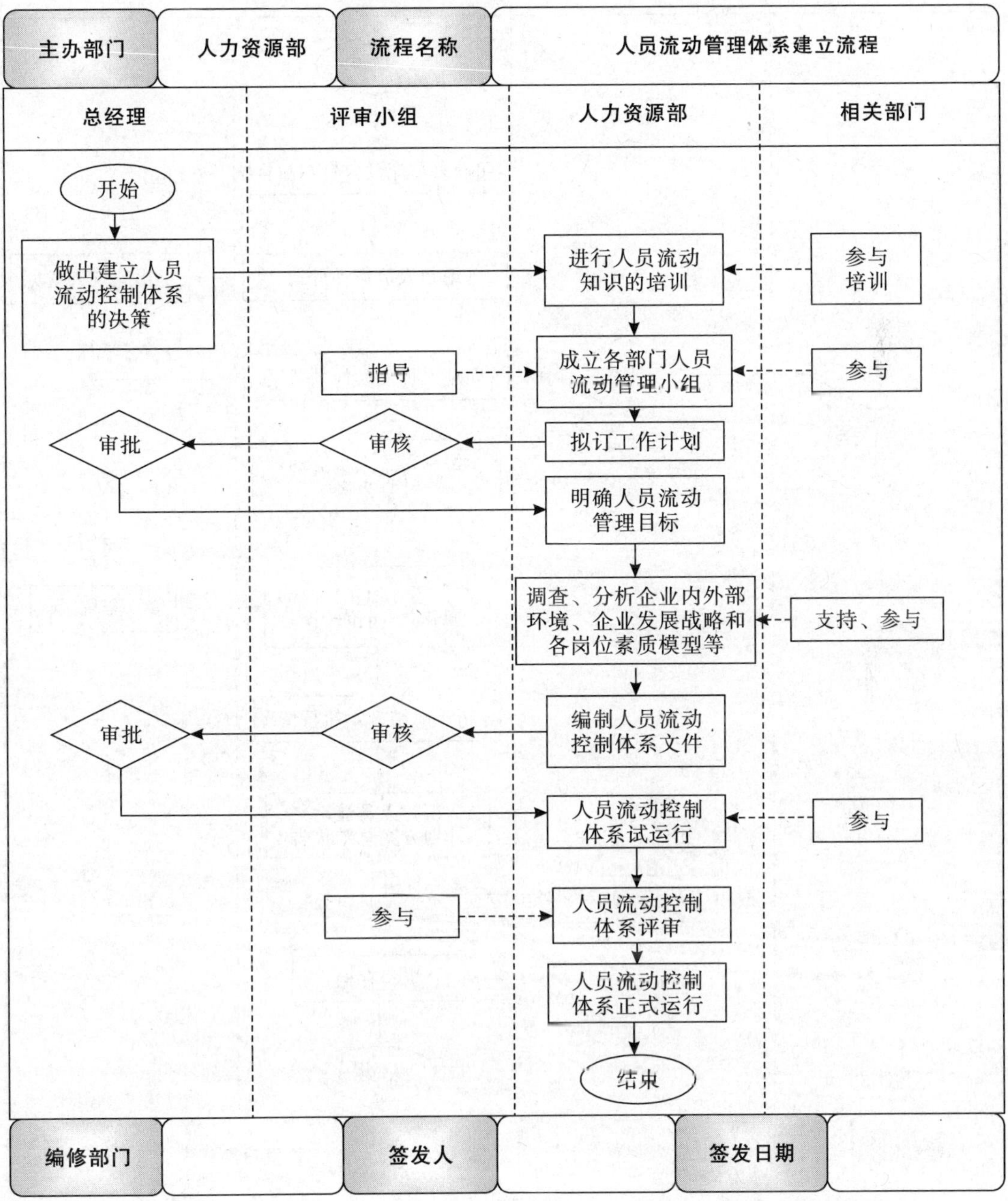

2. 人员流动计划制订流程图

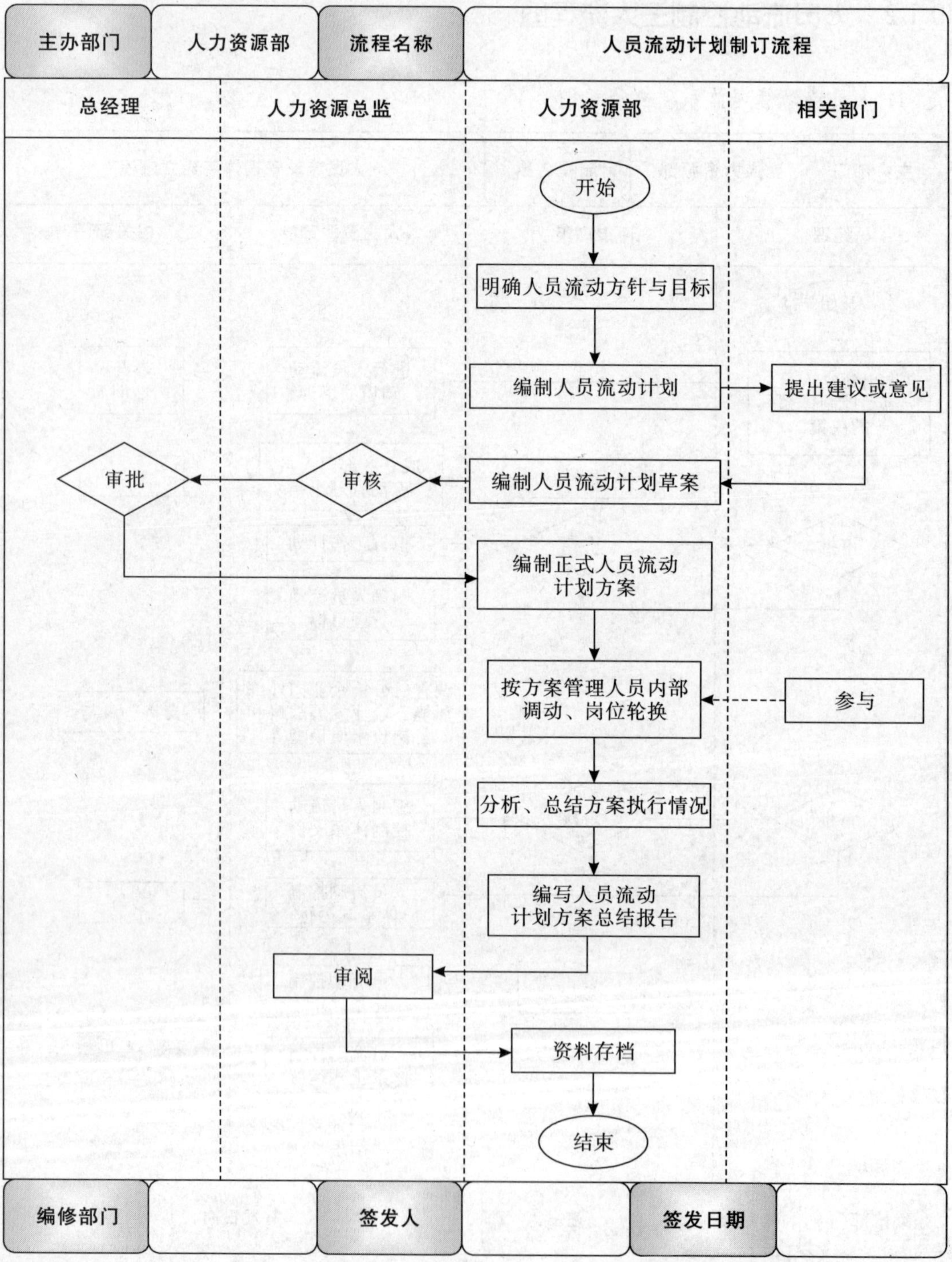

3. 人员流动控制管理流程图

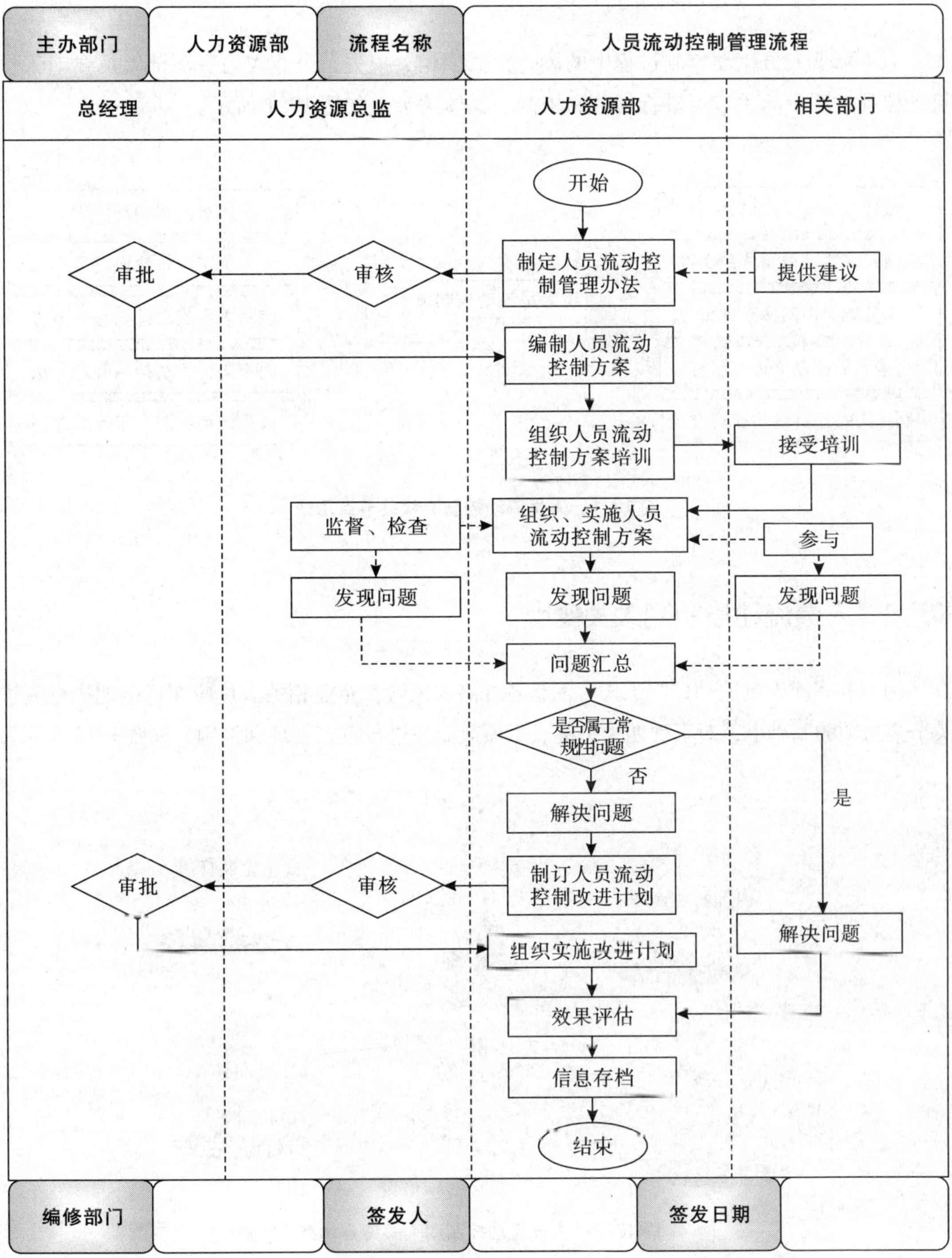

10.1.3 人员流动控制流程关节点

为了降低人员流动控制过程中的风险，减少相关损失，企业人力资源部人员要对人员流动控制过程中的关节点进行规范和控制。具体关节点如图 10-1 所示。

图 10-1　人员流动控制流程关节点示意

10.1.4 人员流动控制四大关键点

为顺利完成人员流动控制工作，消除各种潜在风险，企业相关人员应在规范地执行流程关节点事项的基础上，对下列四大关键点事项或业务进行重点管理和控制，如图 10-2 所示。

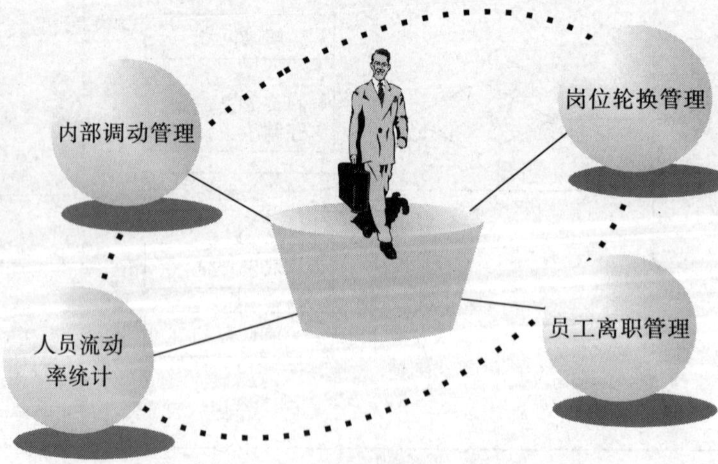

图 10-2　人员流动控制四大关键点示意

10.2 关键点1：内部调动管理

10.2.1 内部调动管理流程图

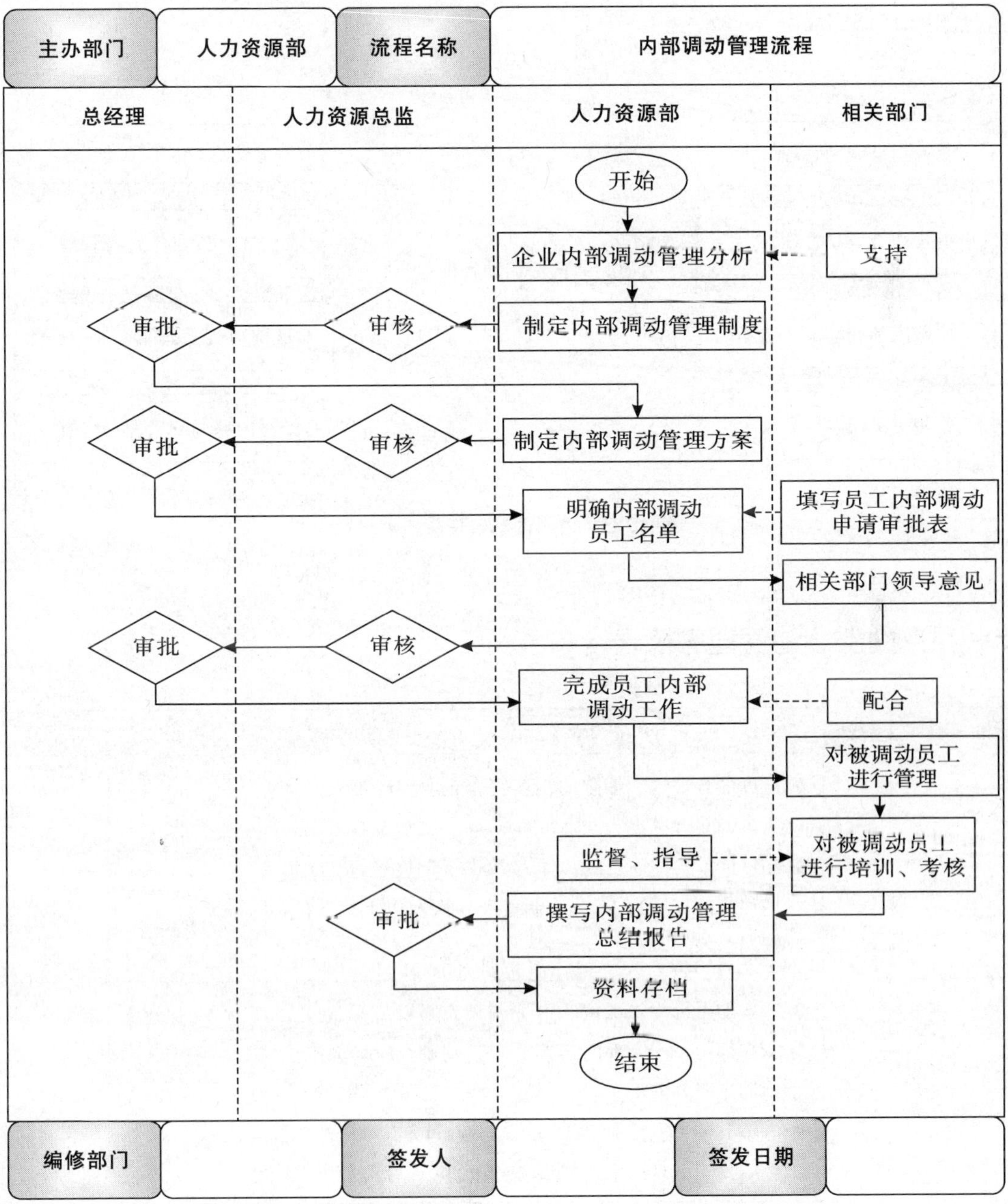

10.2.2 内部调动管理关节点

员工的内部调动包括纵向调动和横向调动两种，其中纵向调动一般指员工的安置、晋升、降级、辞职和退休等，横向调动一般指员工的平行调动和岗位轮换等。在内部调动管理过程中，企业人力资源工作者应加强对工作中关节点的规范和控制，具体关节点的设置情况如图 10-3 所示。

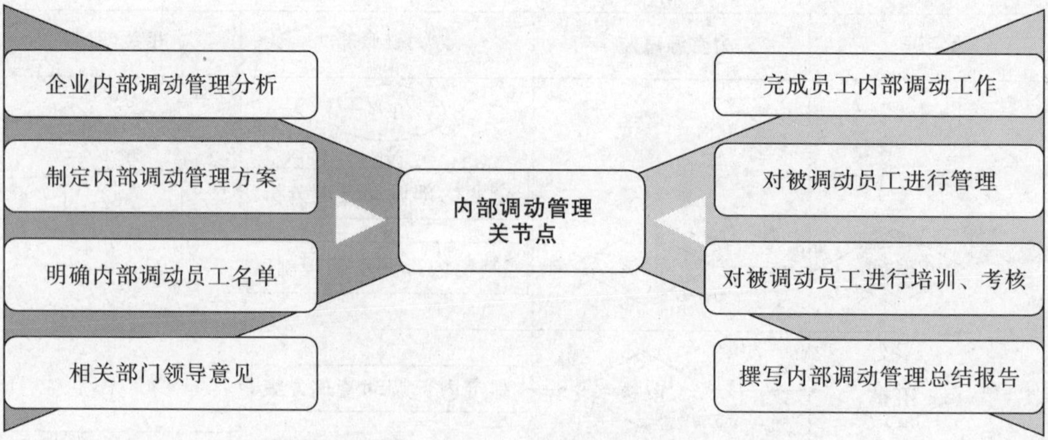

图 10-3 内部调动管理关节点示意

10.2.3 内部调动管理考核表

考核项目	分数	考核标准	人力资源总监	总经理
编制内部调动管理制度	30 分	◆ 制度的合理性。编制的制度符合企业实际情况及人力资源管理标准，合理可行 ◆ 制度能 1 次性通过的，计为 20 分；制度经过 2 次以内修改的，计为 16 分；制度经 3 次及以上修改的，计为 14 分		
编制内部调动方案	15 分	◆ 方案的可行性。拟定的内部调动方案以员工、员工所在部门、用人部门三方需求为基础，应最大限度地满足三方需求 ◆ 方案 1 次性通过，计为 15 分；方案经过 2 次修改的，计为 12 分；方案经过 3 次及以上修改的，计为 10 分		

（续表）

考核项目	分数	考核标准	人力资源总监	总经理
员工内部调动名单	5分	◆ 提交员工内部调动名单的及时性。在内部调动管理方案规定的时间内提交名单，计为5分；逾期3个小时以内提交的，计为3分；逾期3个小时以上提交的，计为1分		
	10分	◆ 选择内部调动人员时的公平性和合理性。在名单公布时无投诉现象，计为10分；若有投诉现象且确实不公平、不合理的，计为0分		
完成员工内部调动工作	10分	◆ 办理调动手续的规范性。根据员工内部调动管理制度中关于调动手续办理的相关规定执行的，计为5分；未按规定执行的，计为0分		
	10分	◆ 更新员工档案的及时性。在员工调入新部门后的一个工作日内，完成员工档案更新，计为5分，否则计为0分		
内部调动管理总结	10分	◆ 总结报告具有真实性、全面性和指导性，计为10分，否则计为0分		
信息存档	10分	◆ 规定的相关资料在3个工作日内完成存档的，计为10分；逾期2天以内完成的计为8分；逾期2天以上完成的，计为4分		

10.2.4 内部调动申请审批表

个人概况	姓名		性别		出生日期	
	毕业院校		最后学位		专业	
	现技术职称		现工作岗位		申请调往岗位	
本人调动申请	申请人签字：________时间：__________					

（续表）

现任及拟调往岗位涉密情况	人力资源部涉密人员管理责任人签字：__________时间：__________
调出部门意见	调出部门经理签字：__________时间：__________
调入部门意见	调入部门经理签字：__________时间：__________
人力资源部意见	人力资源部经理签字：__________时间：__________
总经理意见	总经理签字：__________时间：__________

10.3 关键点2：岗位轮换管理

10.3.1 岗位轮换管理流程图

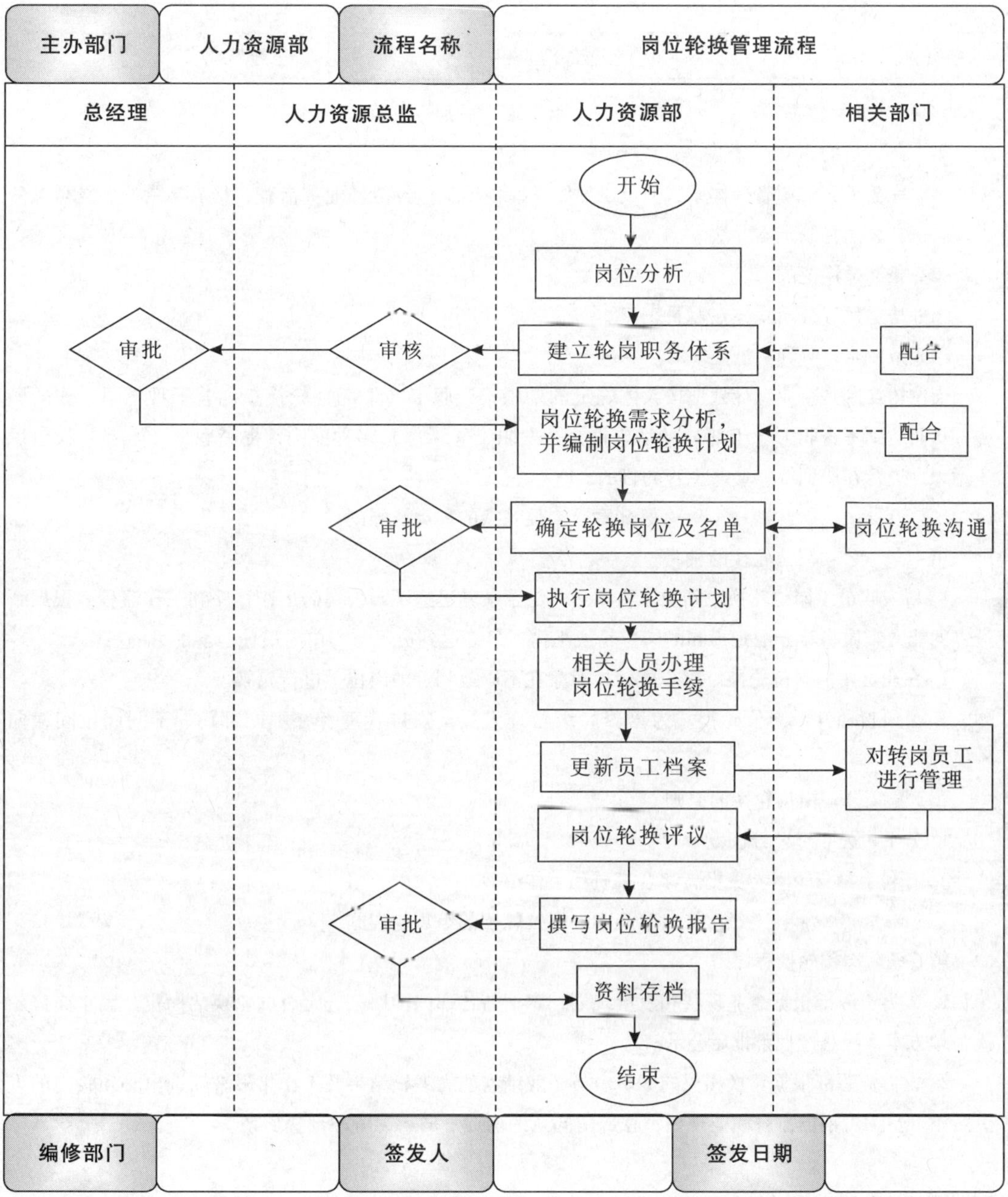

10.3.2 岗位轮换管理办法

下面是某企业制定的岗位轮换管理办法，供读者参考。

制度名称	企业岗位轮换管理办法			规定编号	
				受控状态	
执行部门		监督部门		生效日期	

第1章　总则

第1条　目的

为了完善人力资源管理体系，使员工熟练掌握各项工作技能和业务流程，培养高素质、复合型的人才队伍，公司特制定本办法。

第2条　适用范围

本办法适用于公司全体在职员工。

第3条　术语解释

岗位轮换制是企业有计划地按大体确定的期限，让职工（干部）轮换担任若干种不同工作的做法，从而达到考查职工（干部）的适应性，开发职工（干部）多种能力，提高职工（干部）换位思考意识，进行在职训练，培养主管的目的。

第2章　岗位轮换的种类及原则

第4条　公司岗位轮换的种类

1. 新入职员工岗位轮换。新员工入职后，为了使其迅速了解公司的运作程序和工作流程，根据新员工的能力素质将其分配到不同的岗位轮换工作，最终达到员工与岗位的最佳匹配的目的。

2. 在职员工的岗位轮换。对全体轮换对象在不同或相近的岗位上进行轮换。

3. 公司管理骨干岗位轮换。为培养高级管理人员，安排管理者在不同部门、不同岗位间横向轮换。

第5条　公司岗位轮换的原则

1. 公平、公正、公开、竞争。

2. 有利于参与轮岗人员提高综合素质和工作绩效。

第3章　岗位轮换的组织与实施

第6条　岗位轮换程序

1. 人力资源部根据企业现状和发展规划，定期与各部门沟通，选定可以轮换的岗位，制定岗位轮换管理方案，经总经理审批后公示。

2. 人力资源部根据轮换岗位的职责、员工业绩与能力考核结果及工作年限来筛选出必须轮岗的人员名单。员工可根据自身职业规划，在部门同意的前提下向人力资源部提申请。

（续）

3. 人力资源部根据岗位轮换要求，对轮换人员进行素质能力测评，确认其与要轮换岗位的匹配度，最终确定出岗位轮换人员名单，报总经理审批。

第7条　轮岗时限

基层员工每三个月轮岗一次；主管级岗位每半年轮岗一次；经理级岗位每一年轮岗一次。

第8条　轮岗员工的培训

1. 培训内容。主要涉及转入部门的部门架构、部门职能、岗位说明书、岗位操作流程、业务技能等。

2. 培训方式。与新员工一起参加入职培训、一对一地指导或外派培训等。

第9条　轮岗人员考核

公司对轮岗人员每季度进行一次考核，主要考核其工作态度、工作能力、发展潜力、工作绩效。其直接主管对考核结果负责，考核结果报人力资源部备案。

第4章　附则

第10条　本办法由人力资源部制定，其解释权和修订权归人力资源部所有。

第11条　本办法自公布之日起实施。

编制日期		审核日期		批准日期	
修改标记		修改处数		修改日期	

10.3.3　岗位轮换考核说明

序号	关键事项	考核指标与目标值
1	岗位轮换需求分析，编制岗位轮换计划	岗位轮换计划按时编制率，目标值为100%
		岗位轮换计划修改率，目标值应控制在____%内
2	岗位轮换沟通	沟通及时率，目标值为100%
		沟通有效性，与岗位轮换员工、员工所在部门、轮换部门的沟通顺畅，能及时、有效地解决岗位轮换中调到的问题
3	确定轮换岗位及名单	轮换岗位及名单出错的次数，目标值为0次
4	相关人员办理岗位轮换手续	手续办理准确率，目标值为100%
		手续办理按时完成率，目标值100%
5	岗位轮换评议	评议的客观性，对员工岗位轮换评议应以轮换员工绩效考核结果及其轮换效果为依据，应客观、公正
		评议的指导性，岗位轮换评议报告对后期岗位轮换调整及其他员工岗位轮换工作具有高度指导性，避免了____项以上轮换错误的发生

10.3.4 岗位轮换申请审批表

<table>
<tr><td rowspan="4">个人资料</td><td>申请人</td><td></td><td>性别</td><td></td><td>出生年月</td><td></td></tr>
<tr><td>学历</td><td></td><td>毕业院校</td><td></td><td>专业</td><td></td></tr>
<tr><td>所在部门</td><td></td><td>所在项目</td><td></td><td>现任职务</td><td></td></tr>
<tr><td>入职（现任职位）时间</td><td></td><td>申请轮换部门</td><td></td><td>申请轮换岗位</td><td></td></tr>
<tr><td colspan="2">申请原因</td><td colspan="5"></td></tr>
<tr><td colspan="2">所在部门意见</td><td colspan="5"></td></tr>
<tr><td colspan="2">调入部门意见</td><td colspan="5"></td></tr>
<tr><td colspan="2">人力资源部意见</td><td colspan="5"></td></tr>
<tr><td colspan="2">总经理意见</td><td colspan="5"></td></tr>
</table>

10.4 关键点3：员工离职管理

10.4.1 员工离职管理流程图

离职申请	员工填写“员工离职申请表”，将其上报相关部门，部门将其提交至人力资源部
离职面谈	人力资源部与员工进行离职调查与面谈，对表现优秀的员工，人力资源部设法挽留
离职确认	经过离职面谈后，挽留成功的员工直接回到原岗位参加工作，未挽留成功的员工，人力资源部向其发放员工离职通知，并通知其办理离职手续
办理离职手续	离职人员到人力资源部领取“员工离职交接记录表”，并到行政部、人事部、财务部等相关部门办理离职手续
离职交接	1. 离职员工所在部门经理专门委派部门内部人员与其进行工作文件交接、任务进度交接等 2. 行政部负责人与离职员工进行办公用品的交接等 3. 离职人员与财务部进行财务交接等 4. 交接过程中发现的问题，相关负责人必须及时处理
薪资结算	人力资源部人员收到的“离职交接单”中各项事宜均交接完毕时，由人事部对离职人员的工资进行核算，经领导签批后，由财务部发放
关系转移	办理劳动关系和档案转移等事项
离职证明	人力资源部负责为离职员工开具离职证明，此证明一式三份，一份由公司保存，一份交离职者保存，一份放入劳动者档案
资料存档	将离职人员离职期间产生的资料存档

10.4.2 员工离职管理制度

下面是某企业制定的员工离职管理制度，供读者参考。

<table>
<tr><td rowspan="2">制度名称</td><td colspan="3" rowspan="2">员工离职管理制度</td><td>规定编号</td><td></td></tr>
<tr><td>受控状态</td><td></td></tr>
<tr><td>执行部门</td><td></td><td>监督部门</td><td></td><td>生效日期</td><td></td></tr>
<tr><td colspan="6">

第 1 章　总则

第 1 条　目的

为了规范公司员工离职管理工作，确保日常工作和生产任务的连续性，维护公司与员工双方的合法权益，公司特制定本制度。

第 2 条　适用范围

本制度适用于公司员工的离职管理工作，具体包括：合同离职、员工辞职、自动离职、企业辞退和解聘以及企业开除等。

第 3 条　相关部门职责

1. 人力资源部负责员工的离职管理工作。
2. 离职人员所在部门协助人力资源部完成工作、事务的交接手续。
3. 财务部负责员工在公司期间所经手款项的审查与薪资的支付。

第 2 章　离职界定

第 4 条　合同离职

员工因终止履行受聘合同或协议而离职。

第 5 条　员工辞职

员工因个人原因申请辞去工作，有如下两种情形。

1. 公司同意，且视为辞职员工违约。
2. 公司同意，但视员工为部分履行合同（视实际情况由双方商定）。

第 6 条　自动离职

员工因个人原因离开公司，有如下两种情形。

1. 不辞而别。
2. 申请辞职，但未获得公司同意而离职。

第 7 条　公司辞退、解聘

1. 员工因各种原因不能胜任其工作岗位，公司予以辞退。
2. 因不可抗力等原因，公司可与员工解除劳动关系，但应提前发布辞退通告。
3. 因员工违反企业、国家相关法规、制度，公司予以解聘。

</td></tr>
</table>

（续）

第3章　离职申报

第8条　离职申报

1. 离职申请提出人分别为：员工（个人辞职）、员工直接上级主管（公司辞退）。

2. 离职员工，不论是何种方式都应填写“员工离职申报表”报送直接上级及办公室。

3. 普通员工离职的书面申报表，应提前____天报送，管理员、技术人员应提前____天报送，中高级岗位应提前____天。

第4章　离职面谈管理

第9条　人力资源部对离职员工进行离职面谈，了解离职原因。对于表现优秀的员工，人力资源部设法挽留。人事专员应将面谈内容进行记录并保存。

第10条　离职面谈时，人事专员若发现公司存在明显的管理不善等问题，需在一个工作日内以书面形式反馈给人力资源部经理。

第11条　各部门经理原则上无权查阅离职人员访谈记录，如确需查阅记录时应经总经理审批同意。

第5章　离职交接和结算管理

第12条　离职交接管理

员工离职交接指离职员工将本人经办的各项工作、保管的各类工作性资料、各类业务的款项等移交至指定的交接人员，并要求交接人在“员工离职交接记录表”上签字确认，具体内容如10.4.3所示。“员工离职交接记录表”一式两份，离职员工与人力资源部各执一份。

以上各项交接均应由移交人、接交人、监交人签字确认，并经办公室审核、备案后方可视为交接完成。

第13条　离职结算管理

1. 结算条件：当交接事项全部完成，并经直接上级、行政部、总经理三级签字认可后，方可对离职员工进行相关结算。

2. 结算部门：离职员工的工资、违约金等款项的结算由财务部、行政部共同进行。

3. 结算项目

（1）违约金：培训违约金、《保密、竞业协议》违约金。

（2）赔偿金：包括物品损失赔偿金等。

（3）工资。

第14条　关系转移

1. 转移条件

（1）交接工作全部完成（以各相关接收人签字为准）。

（2）违约金、赔偿金等结算完成。

2. 转移内容

公司在劳动合同解除或终止的15个工作日内为员工转移档案关系和社保关系。

（续）

第6章　附则					
第15条　本制度由公司人力资源部制定，其解释权和修改权归人力资源部所有。 第16条　本制度由公司总经理审批通过后自发布之日起执行。					
编制日期		审核日期		批准日期	
修改标记		修改处数		修改日期	

10.4.3　员工离职交接记录表

<table>
<tr><td>姓名</td><td></td><td>职位编号</td><td></td><td>入职时间</td><td></td></tr>
<tr><td>部门</td><td></td><td>职务/工种</td><td></td><td>离职时间</td><td></td></tr>
<tr><td>离职原因</td><td colspan="5">□ 辞职　□ 离职　□ 辞退　□ 解聘　□ 开除　□ 其他</td></tr>
<tr><td colspan="6">工作交接</td></tr>
<tr><td colspan="2">交接部门与事项</td><td colspan="2">交接人签字</td><td colspan="2">备注</td></tr>
<tr><td rowspan="4">本部门</td><td>工作职责交接</td><td colspan="2"></td><td colspan="2"></td></tr>
<tr><td>工作资料交接</td><td colspan="2"></td><td colspan="2"></td></tr>
<tr><td>工作进度交接</td><td colspan="2"></td><td colspan="2"></td></tr>
<tr><td>……</td><td colspan="2"></td><td colspan="2"></td></tr>
<tr><td rowspan="4">行政部</td><td>固定资产交接</td><td colspan="2"></td><td colspan="2"></td></tr>
<tr><td>办公室钥匙交接</td><td colspan="2"></td><td colspan="2"></td></tr>
<tr><td>劳保用品交接</td><td colspan="2"></td><td colspan="2"></td></tr>
<tr><td>……</td><td colspan="2"></td><td colspan="2"></td></tr>
<tr><td rowspan="3">财务部</td><td>备用金交接</td><td colspan="2"></td><td colspan="2"></td></tr>
<tr><td>发票交接</td><td colspan="2"></td><td colspan="2"></td></tr>
<tr><td>……</td><td colspan="2"></td><td colspan="2"></td></tr>
<tr><td rowspan="3">人事部</td><td>员工手册交接</td><td colspan="2"></td><td colspan="2"></td></tr>
<tr><td>最后月份考勤核对</td><td colspan="2"></td><td colspan="2"></td></tr>
<tr><td>……</td><td colspan="2"></td><td colspan="2"></td></tr>
</table>

（续表）

<table>
<tr><td colspan="8">工资结算</td></tr>
<tr><td>结算期限</td><td colspan="2"></td><td>总共出勤天数</td><td colspan="4"></td></tr>
<tr><td>工资总额</td><td colspan="2"></td><td>应扣工资</td><td colspan="4"></td></tr>
<tr><td>实发工资</td><td colspan="2"></td><td>实发工资大写</td><td colspan="4"></td></tr>
<tr><td>部门经理</td><td></td><td>财务经理</td><td></td><td>人事经理</td><td></td><td>离职人员</td><td></td></tr>
</table>

10.4.4 离职管理风险控制手册

下面是某企业制定的离职管理风险控制手册，供读者参考。

<table>
<tr><td rowspan="2">制度名称</td><td colspan="3" rowspan="2">离职管理风险控制手册</td><td>规定编号</td><td></td></tr>
<tr><td>受控状态</td><td></td></tr>
<tr><td>受控状态</td><td></td><td>编　　号</td><td></td><td>编修部分</td><td></td></tr>
</table>

第1章　总则

第1条　目的

为了保障公司生产经营活动的顺利进行，降低人员流失率和招聘成本，将离职风险控制在最低范围内，特制定本手册。

第2条　适用范围

本公司内的所有在职员工。

第2章　员工辞职和合同终止风险控制

第3条　转正后的员工需提前30天以书面形式向公司申请辞职，在试用期内员工需提前3日向公司申请辞职。

第4条　劳动合同终止的前30天，人力资源部人员通知相关人员不续签劳动合同的通知。

第5条　离职面谈

1. 人力资源部人员收到辞职申请时，与该员工进行面谈，明确员工辞职的个人原因、组织原因等，并将其记录在案。

2. 对于掌握公司商业机密和技术信息的高层管理者和技术人员等，人力资源部要在其入职时，与其签订《竞业限制协议》，防止其在离职时泄露公司机密。

（续）

3. 对于确定要离职的员工，离职面谈时要向其告知相关的离职规定。

第6条　工作交接

确定工作交接完成标准，该标准可以在劳动合同中约定、在员工手册中规定或交接前拟一份工作交接完全标准确认书让离职员工签署。

自愿辞职和合同终止的员工应在劳动合同存续期内办理交接手续，包括工作交接、物品交接、财务交接等。

第7条　离岗

自动辞职的员工本岗位如无其他任务，且交接手续已办完，可以提前离开岗位。

劳动合同终止的员工，需在劳动合同到期之日离开岗位，如经领导特批，可以提前离开岗位。

第8条　人力资源部负责开具离职证明，其必备要素包括劳动合同期限、解除或终止劳动合同的日期、工作岗位、在本单位的工作年限等。

第9条　员工离开工作岗位时，人力资源部在当日进行工资核算，由财务部发放。

第10条　在解除或终止劳动关系15日之内办理社保和档案转移手续。

第3章　公司辞退风险控制

第11条　过失性辞退

员工有下列情形之一的，公司可以解除劳动合同。

1. 在试用期间被证明不符合录用条件的。

2. 严重违反公司规章制度的。

3. 严重失职，营私舞弊，给用人单位造成重大损害的。

4. 劳动者同时与其他用人单位建立劳动关系，对完成本公司的工作任务造成严重影响，或者经本公司提出，拒不改正的。

5. 被依法追究刑事责任的。

第12条　进行过失性辞退时应具有一定的证据

公司经合法程序制定了有明确权责关系的《员工手册》、奖惩制度等，在员工入职时，人力资源部应对其进行培训，并由员工签字。

公司注意保留员工违纪等事实证据，以便后期进行举证，如员工严重失职给公司造成重大损害的图片、视频、证人等。

第13条　无过失性辞退

有下列情形之一的，公司将提前30日以书面形式通知员工本人或者额外支付员工1个月工资后，可以解除劳动合同。

1. 员工患病或者非因工负伤，在规定的医疗期满后不能从事原工作，也不能从事由公司另行安排的工作的。

2. 员工不能胜任工作，经过培训或者调整工作岗位，仍不能胜任工作的。

3. 劳动合同订立时所依据的客观情况发生重大变化，致使劳动合同无法履行，经公司与员工协商，未能就变更劳动合同内容达成协议的。

（续）

第14条　辞退注意事项

人力资源部人员及时与相关人员进行沟通，运用员工容易接受的语言表明公司立场。

按照离职程序办理离职手续，员工离职时结算离职工资并按照辞退方式发放经济补偿金。

第4章　经济性裁员的风险控制

第15条　当公司依照企业破产法规定进行重整、生产经营发生严重困难或经营方式调整等情况发生时，需裁减人员20人以上或者裁减不足20人但占公司职工总数10%以上的，公司提前30日向全体职工说明情况，听取职工的意见后，向劳动行政部门提交裁减人员方案。

第16条　裁减人员时，公司优先留用与本单位订立较长期限的固定期限劳动合同的，与本单位订立无固定期限劳动合同的和家庭无其他就业人员、有需要扶养的老人或者未成年人的人员。

第17条　公司六个月内重新招用人员的，应及时通知被裁减的人员，在同等条件下优先招用被裁减人员。

第18条　公司裁员后的注意事项

如果辞退员工数量较多，人力资源部要慎重准备新闻发言稿，考虑好如何公布某员工被辞退的消息。

相关部门对被解雇人员可能会采取的非理性行动要有所准备。

第5章　日常工作中的风险控制

第19条　员工入职时，人力资源部门组织员工参加公司规章制度的培训，培训完成后由员工签字。

第20条　人力资源部门定期进行培训分析调查，根据实际情况编制员工培训计划，并组织实施，以保证员工能胜任岗位工作。

第21条　建立充分、通畅、及时的沟通通道

1. 在公司生活区建立员工意见箱，或设立专用投诉邮箱，使员工的意见及时、有效地向上级传达。

2. 行政部积极组织各项文体活动，丰富员工的业余生活，以加强员工之间的沟通。

3. 公司提倡各部门领导办公期间将办公室的门打开，以及时听取员工的建议和意见。

第22条　建立员工激励体系

根据绩效考核结果，兑现对员工的物质激励和精神激励承诺。

绩效考核方案应与薪酬和岗位调整相结合，以提高员工工作的积极性。

第23条　坚持实行人性化管理，尊重员工。

第6章　附则

第24条　本手册由人力资源部编制，解释权归人力资源部。

第25条　本手册自颁布之日起实施。

编制日期		审核日期		批准日期	
修改标记		修改处数		修改日期	

10.5 关键点4：人员流动率统计

10.5.1 人员流动率计算方法汇总

人员流动率一般用某一时期的流动百分比来表示，其中员工流动率的计算方法如图10-4所示。

指标	计算方法
员工离职率	员工离职率=（某时期内离职人数÷同期员工平均人数）×100%
自愿辞职率	自愿辞职率=（某时期内主动辞职的员工总数÷同期员工平均人数）×100%
被动离职率	被动离职率=（某时期内被动离职的员工总数÷同期员工平均人数）×100%
员工辞退率	员工辞退率=（某时期内因某种原因被辞退的员工总数÷同期员工平均人数）×100%
人员新进率	人员新进率=（新进人数÷同期员工平均人数）×100%
净流动率	净流动率=（补充人数÷同期员工平均人数）×100%
员工留存率	员工留存率=（某时期内某类别在职员工数÷同期期初员工总数）×100%
员工流失率	员工流失率=（某时期内某类别流出员工数÷同期期初员工总数）×100%

图10-4 人员流动率计算方法汇总示意

10.5.2 人员流动率分析图解

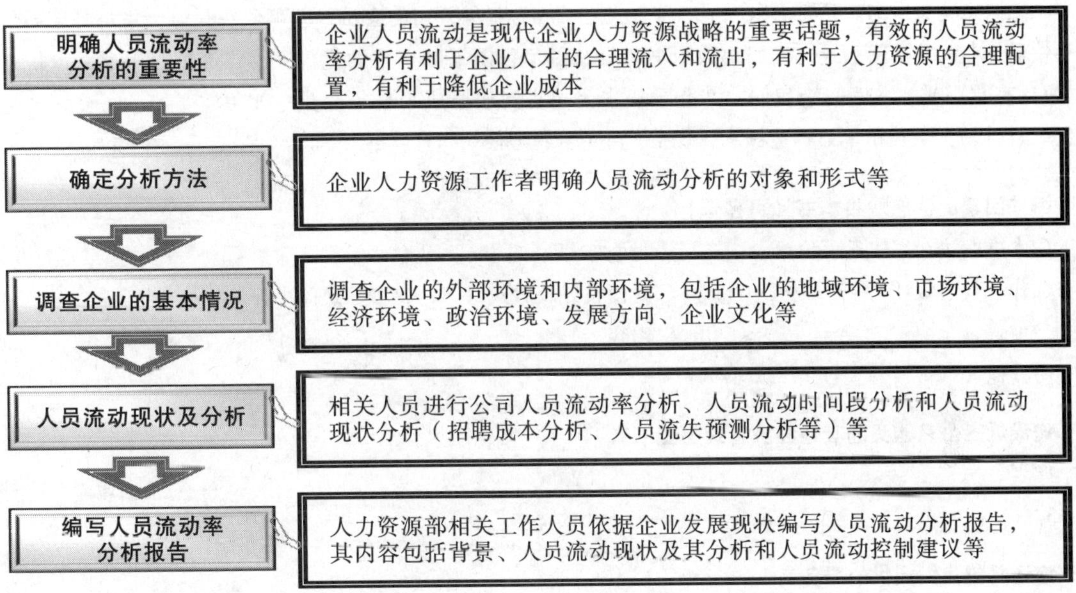

10.5.3 人员流动率分析关节点

在进行人员流动率分析的过程中，企业人力资源部人员应加强对工作中关节点的规范和控制，具体关节点的设置情况如图10-5所示。

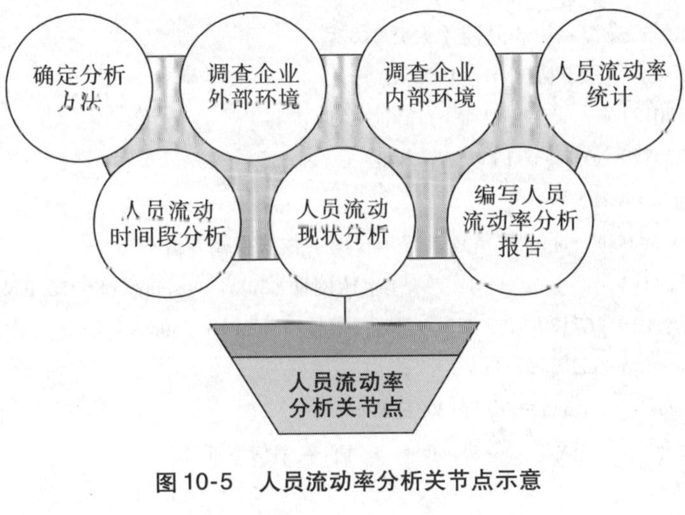

图10-5 人员流动率分析关节点示意

《人力资源管理关键点精细化设计》

编读互动信息卡

亲爱的读者：

感谢您购买本书。只要您以以下三种方式之一成为普华公司的会员，即可免费获得普华每月新书信息快递，在线订购图书或向我们邮购图书时可获得免付图书邮寄费的优惠：①详细填写本卡并以传真（复印有效）或邮寄返回给我们；②登录普华公司官网注册成为普华会员；③关注微博：@普华文化（新浪微博）。会员单笔订购金额满300元，可免费获赠普华当月新书一本。

哪些因素促使您购买本书（可多选）

〇本书摆放在书店显著位置　〇封面推荐　〇书名

〇作者及出版社　〇封面设计及版式　〇媒体书评

〇前言　〇内容　〇价格

〇其他（　　　　　　　　　　）

您最近三个月购买的其他经济管理类图书有

1.《　　　　》　2.《　　　　》

3.《　　　　》　4.《　　　　》

您还希望我们提供的服务有

1. 作者讲座或培训　2. 附赠光盘

3. 新书信息　4. 其他（　　　　）

请附阁下资料，便于我们向您提供图书信息

姓　名　联系电话　职　务

电子邮箱　工作单位

地　址

地　址：北京市东城区龙潭路甲3号翔龙大厦218室

北京普华文化发展有限公司（100061）

传　真：010－67120121

读者热线：010－67129879　010－67133459转820

编辑邮箱：puhuabook821@126. com

投稿邮箱：tougao@puhuabook. com，或请登录普华官网“作者投稿专区”。

购书电话：010－67129212　淘宝店网址：http：//shop60686916. taobao. com

媒体及活动联系电话：010－67129872－830　邮件地址：liujun@puhuabook. com

普华官网：http：//www. puhuabook. com. cn

博　客：http：//blog. sina. com. cn/u/1812635437

新浪微博：@普华文化（关注微博，免费订阅普华每月新书信息速递）